岭南学术与心学文化

宁新昌／主编

上海辞书出版社

图书在版编目（CIP）数据

岭南学术与心学文化／宁新昌主编．—上海：上海辞书出版社，2022

ISBN 978-7-5326-5947-0

Ⅰ．①岭…　Ⅱ．①宁…　Ⅲ．①心学—文集　Ⅳ．①B244.8-53

中国版本图书馆 CIP 数据核字（2022）第 133556 号

LINGNAN XUESHU YU XINXUE WENHUA

岭南学术与心学文化

宁新昌　主编

责任编辑　张　恬
装帧设计　黄　骏
责任印制　王亭亭

出版发行　上海世纪出版集团
　　　　　上海辞书出版社（www.cishu.com.cn）
地　　址　上海市闵行区号景路 159 弄 B 座（邮政编码：201101）
印　　刷　上海新华印刷有限公司
开　　本　700 毫米×960 毫米　1/16
印　　张　17.5
字　　数　238 000
版　　次　2022 年 12 月第 1 版　2022 年 12 月第 1 次印刷
书　　号　ISBN 978-7-5326-5947-0/B・338
定　　价　79.00 元

目录

前言

黑格尔说过，我们之所以是我们，是因为我们有历史。历史是我们的根，我们从历史中走来。

所谓“文化”，即“人文化成”之意。人是环境的产物，我们是在人文环境中成长的，正是“人文”环境化育了我们，成就了我们。文化是我们的魂，它指明了我们所要去的方向。

这就是历史和文化的意义，因为我们不能没有根，也不能没有魂。

我们生活在这个世界上，不能脱离自己所赖以生存的现实。今天的现实是历史造就的结果，是由历史“合力”形成的。时光不可倒流，历史不能逆转，“凡是合理的都是现实的，凡是现实的都是合理的”（黑格尔《法哲学原理》）。“合理”就是合乎社会历史发展的必然规律，只是这个规律通过人们的自觉实践活动表达出来。

我们的责任是在中国这块文化土地上建设好中国的现代化社会，建设好中国的当代文明。我们的建设必须立足于自己的文化，我们不能、也不应该把自己的文明建立在别人的地基上，因为那既不客观，也不现实。我们不应“抛却自家无尽藏，沿门托钵效贫儿”（王阳明《咏良知四首示诸生》其四），但我们也不反对积极地借鉴吸收世界其他文明的优秀成果。

我们应该清楚：我们的精神家园在于自己的文化，我们的文化命根亦在于自己的文化，我们对于未来的信心更来自自己的文化。

当然，我们对于自己文化的研究不会局限于已有的范式，不应简单地从原则出发，而应从史实入手，经由同情了解之路径，即“对于古人之学说，应具了解之同情，方可下笔”（陈寅恪《冯友兰〈中国哲学史〉上册审查报告》）。在读其书、知其人的基础上，进而明其意、达其理。

尽管任何思想家的学说都有其局限性，我们的研究则是要发现其具有普遍意义的所在，即哪些思想具有超越时代的价值，还能为当代人提供借鉴。

岭南心学是明清以来中国文化思想史上的“重镇”，在岭南这块土地上曾经涌现出了一大批突破地域局限的思想大家，其中陈、湛师徒最为突出，江门学派、甘泉学派影响深远。陈白沙（名献章）虽未登第，但其弟子大多进士出身，与其交游者如罗伦、庄昶、章懋、黄仲昭等，均乃当朝名士，皆性格耿直，学术自主。白沙的友人中，罗伦乃成化二年（1466）状元。白沙的弟子中，梁储做过内阁首辅；再传弟子伦文叙是弘治十二年（1499）的状元，与王阳明同科；其他弟子如湛若水、张诩、林光、李承箕、贺钦等，在明代思想史上皆有一席之地。陈白沙是明代四人入祀孔庙者之一（另三人分别是薛瑄、胡居仁、王阳明），罗伦、黄宗羲皆对其有较高评价，由此可见其历史地位。

明初学术比较僵化，其表现是“此亦一述朱，彼亦一述朱”，程朱思想居于绝对主流位置，学术不免泛滥词章、训诂、记诵之类，而白沙学的出现，则有着破旧革新的意义，即“有明之学，至白沙始入精微。其吃紧工夫，全在涵养。喜怒未发而非空，万感交集而不动”（黄宗羲《白沙学案》）。白沙学术，直归“心”“性”，主张“静养”；“静”是“虚明静一”，其意在于“自得”，所谓“自得”，即有得于“心”。故而才有“君子一心，万理完具，事物虽多，莫非在我”。可见君子处世，根在于“心”。“心”亦即“理”，“理”

是超越的，他说：“此理干涉甚大，无内外，无始终，无一处不到，无一息不运，会此则天地我立，万化我出，而宇宙在我矣。”（陈献章《与林郡博》）“心”有认知属性，它能体会、觉悟“理”的意义，如此方显“心”的绝对；“天地我立”，突出其绝对主体性，所谓绝对就是本体，在白沙那里主体就是本体。所以“心”“理”合一，既是工夫，也是人格。“喜怒未发而非空，万感交集而不动”，“未发”之中必有“中”在，“交集”过程毕竟有“理”，“不动”本质上乃属于“定”，“定”是定力，即坚定、淡定和镇定。

湛若水是白沙的衣钵传人，白沙肯定他的“体认天理”，并说：“日用间随处体认天理，着此一鞭，何患不到古人佳处也。”（陈献章《与湛民泽》）他的“随处体认天理”中的“随处”，是随物、随心、随意、随身，随家、随国、随天下，随动静、随已发未发，等等；其中兼括了内和外、形上和形下，并注意了“日用间”的意义。是谁在“体认天理”？是人之“心”。“心”是经验的，也是先验的，所以“心无所不贯也”，“心无所不包也”，“包与贯，实非二也。故心也者，包乎天地万物之外，而贯乎天地万物之中者也。中外非二也，天地无内外，心亦无内外”（湛若水《心性图说》）。他批评阳明说：“盖阳明与吾看心不同。吾之所谓心者，体万物而不遗者也，故无内外；阳明之所谓心者，指腔子里而为言者也，故以吾心之说为外。”（湛若水《答杨少默》）他不同意阳明的观点，也不认可阳明的指责，他既坚持“心”之形上的“无内外”，又重视形下意义上的内外统一。但是，他的四传弟子黄宗羲由于在学术上归宗于阳明，故对他的观点不以为然，并批评说：“若以天地万物之理，即吾心之理，求之天地万物，以为广大，则先生仍为旧说所拘也。”（《明儒学案·甘泉学案》）何谓旧说，即程朱学说。

有明之学，“至阳明而后大”；所谓“大”，乃心学之光大。阳明之学悟于龙场，源自生死。正是基于对生死境遇的深切体验，他从生命深处领悟到“圣人之道，吾性自足，向之求理于事物者误也”（钱德洪《王阳明先生年谱》）。

意即世间一切事物皆为相对，只有“性”才是绝对，它是人的命根，是生命的原本，所谓人之世界就应从此出发，因为它是人存在的根据，也是人活着的理由。所以，世间的一切事物皆因人的“心”“性”“良知”而有价值，“你未看此花时，此花与汝心同归于寂；你来看此花时，则此花颜色一时明白起来，便知此花不在你的心外”（王阳明《传习录下》）。看此花者，良知主体也。没有良知主体，世界便是一片静寂。即“天没有我的灵明，谁去仰他高”，“我的灵明”即“良知”，世界的意义皆由于“良知”的存在而“昭明”。故需要“致良知”，“致良知”实际就是“意之所在”。

湛、王两人过从甚密，志趣相投，皆为一代宗师；但思想分歧不小，他们都在探索着如何做人的工夫，“道并行而不悖”，虽然殊途，但可同归。

人们无需是王非湛，也无需是湛非王。他们的学问就是他们的人格，也都源自他们丰富的人生阅历，其中也包含了对于人之生命存在的透彻理解。

在明代官场遭遇弹劾是寻常之事，湛若水能幸免，或曰不被弹劾成，有其必然性；至于他和严嵩的关系也不必过度解读，他的处世之道与阳明有别。我认为他的人格是“内秉纯洁，外同乎俗”。他不“乡愿”，也不苟且，他有自己的独立人格。日本学者冈田武彦这样评价他：“湛甘泉豪迈峻敏，虽在力量上不如使其学风靡一代的阳明，但却比阳明资格稍老。他始终以体认之学为宗，其学与王学相互出入。阳明死后，湛甘泉又保持三十余年的长寿，在救正当时朱子学亚流之弊的同时，又致力于救正王学亚流的猖狂之弊。”这个评价比较公允。

在岭南学术中，黄佐学说独持一论，全祖望评价他是“别有一宗，不附白沙、甘泉，不附阳明，而以穷理格物教人者，曰泰泉黄文裕公之学，实与鼎足而立”；并说：“若者白沙之学，若者泰泉之学，若者粤人私淑阳明之学，是粤中学派三大支也。”黄佐稍晚于湛、王，但他在正德十五年（1520）登第进士时，湛、王都还在朝廷为官。他不同意阳明学说，认为阳明学说“本于心之知觉，实由佛氏”，认为儒者应该本之于“天”。又批评说：“‘无善无恶者理之静，有善有恶者气之动。不动于气，即无善无恶，是谓至善。’此又畔孟子性善之说矣。既曰‘无善’，安得又曰‘是谓至善’？是自相矛盾也。”客观说来，阳明心学自为一贯，但自身潜含有内在矛盾，其后学分化便是明证，故黄佐批评并非没有道理。他也批评同乡湛若水的学说是“异端”，针对此种批评，湛氏则说：“孟子言能距杨墨者，圣人之徒也。人或皆唯唯听之，泰泉公然之辟之，即圣人之徒矣。”由此可见湛氏的气量和对待批评者的态度。黄佐宗奉程朱之学，所坚持者，理气学说也，最后落脚仍在“心”“性”。黄宗羲评价黄佐的学问：“博而反约于心，则视听言动之中礼，喜怒哀乐之中节，彝伦经权之中道，一以贯之而无遗矣。”（《明儒学案·诸儒学案》）但又批评他：“先生尚拘牵于旧论耳。”客观言之，黄宗羲的批评只能说明，在哲学意义上黄佐哲学是一种对象性的思维方式，与王阳明等人的类似于西方现象学的思维方式不甚相契。学术就是这样发展的，在相互坚持和批评中进步。

清季岭南学术转之汉学，阮元创立学海堂，邀请岭南名士讲习于书院，或习经传，或解文字，或析道理，或讨史志，等等。因此也涌现出一批诸如侯康、林伯桐、陈澧、朱次琦、梁耀枢等著名学者，对岭南学术的发展影响很大。

正是有了以往的学术积淀，或主要是自明以来的学术积淀，岭南才涌现出了后来的像康有为、梁启超、孙中山这样的思想大家；正是有了以往历史文化的积累，也才有了今天社会进步的精神动力。

本书是广东岭南心学研究会举办的“岭南心学文化与当代社会建设”学术会议的论文选集，主要涉及岭南学术与心学理论方面的问题，各位作者均有自己观察问题的视角，以及对于问题的思考与研究，读后也许能明人以理，启人以思。

宁新昌

广东省岭南心学研究会会长

2021 年 6 月

明代心学的历史场域

——从思想世界到历史世界

广东省社会科学院历史与孙中山研究所研究员　邢益海

【摘　要】思想世界的异同需要回到历史世界寻求解释，深入考察明代心学的历史场域，心学家们的为学宗旨、成圣目标，和道学家、理学家并无二致，仍是讲道统，讲内圣外王，这是共法。王阳明与朱熹共同点很多，反而心学家内部如陈献章与王阳明的差异颇大，如陈献章放弃事功和外王追求，吟风弄月、自得自乐。但在为学方法和入手功夫上，尤其是对格物致知的理解，明代心学家不仅与程朱理学相异，阵营内部如王阳明、湛若水、方献夫的理解也互不相同。

【关键词】明代；心学；思想世界；历史世界

明代心学仍在宋代的道学和理学脉络中，以陈献章、王阳明为代表的明代心学，他们以圣学自许，生前遭到或禅学、或异学（非正学）的攻击，但后来官方表彰仍称其为理学。那么，陈献章、王阳明以及湛若水、方献夫等人为什么要提倡圣学？他们所批评的俗学也即明代官方理学问题出在哪里？如果要给明代心学的时空坐标定个位，就必须考察它登场的逻辑进程（内在理路）与客观现实的历史发展进程（社会史、政治经济文化教育史场域）。思想世界的异同需要回到历史世界寻求解释，明代心学研究仍须求得逻辑与历史的统一。

一、理（道）学与理学史的研究

思想史、哲学史上经常把阳明学一派称陆王心学，与程朱理学相对，又习惯将二者通称“宋明理学”。刘述先提出：

> 宋明儒学的主流是宋明理学。而“理学”有广狭二义。狭义指程朱理学，与陆王心学相对。广义则兼摄狭义的理学与心学。正如钱穆先生所指出的，理学并非不重心，心学并非不重理，不能望文生义，作出泾渭分明的区隔。……理学既有广狭二义，不免有时会造成不便，需要加以改善。我提议以“宋明新儒学”代替广义的“宋明理学”，程朱理学与陆王心学是下面的两个分支。[1]

但特指理学、心学的“宋明新儒学”不又与断代史相撞吗？“宋明”新儒学恐又不止两个分支，比如气学便是理学、心学之外学术界讨论最多的，牟宗三先生又分出性学一系。冯达文师的论著即以“宋明新儒学”为题，将心学又区分为陆王主志、白沙和泰州学派主情。[2]至于陈亮、叶适、罗钦顺、王廷相等人的“反理学”思想，历史上本就与理学相伴、共生，杨儒宾近著《异议的意义》对此有专门讨论，并指出：

> 理学与反理学同是一个完整的儒学世界的不同成分，或不同阶层的成

1 刘述先：《论儒家哲学的三个大时代》，香港：香港中文大学出版社，2008 年，第 74 页。
2 参冯达文：《宋明新儒学略论》，《冯达文文集》第二卷，石家庄：河北教育出版社，2020 年。

分，它们的龃龉应当被当成一种辩证之矛盾关系，而不是敌我关系。[1]

这里有必要考察理学的兴起。在北宋，它最初被称作道学，是一些儒家士大夫为讲儒家道统而形成的一套学问。

道学（理学）的中心内容是讲儒家道统论，讨论理、气、心、性等问题，也可称“心性学”“性理学”。从儒学发展史看，今人称之为（宋明）新儒学。[2]关于宋明新儒学意义上的理学、心学出现时间的学术史考证，向世陵提出：

> “理学”一词至迟于南宋中期便已出现，即便是严格意义的“理学”概念，到宋末黄震时也已经予以了规范的表达，而且这比后来张九韶的归类还要更为确切。……胡宏、黄震都已有一般理学意义上的“心学”概念，议论的中心是围绕人心道心问题进行阐发。到明代，在陈真晟之前，宋濂、王祎等都是把六经、圣贤之学表述为心学的。到王守仁，则接续了宋代以人心道心之学定义“心学”的精神。可以说，“心学”一词自宋至明一直被学者所使用。[3]

1 杨儒宾：《异议的意义：近世东亚的反理学思潮》序，上海：上海古籍出版社，2019 年。

2 刘述先认为“新儒家”一词是外转内销的结果。冯友兰 1923 年的哥伦比亚大学博士论文《人生哲学》里有一章为“New-Confucianism”，用“新儒家”一词介绍王阳明思想。但冯氏《中国哲学史》却认为“近所谓新儒家之学”只是一般用语，“道学”才能明确界定宋明新儒学的内容。卜德《中国哲学史》英译本却又将道学翻译为“New-Confucianism”，被西方汉学界普遍接受为“宋明理学”的专门用语。冯友兰英文《中国哲学简史》也直承：“新儒家一词是相当于道学为西方造的新词。”参氏著《论儒家哲学的三个大时代》第 72—73 页。杜维明对宋明新儒学以所谓“儒学的第二期发展”相称。20 世纪末，他提出当代新儒家、儒学的第三期发展问题，在大陆学术界影响极大。

3 向世陵：《理气性心之间——宋明理学的分系与四系》，北京：人民出版社，2008 年，第 255 页。

对道学、理学家及其学派的研究最早始于朱熹，他在《伊洛渊源录》中抛出北宋五子说；后又与吕祖谦合编《近思录》。他自己的《四书章句集注》被后人奉为程朱理学的经典。元末张九韶编《理学类编》，虽无理学、心学的区分，但不收陆九渊言论，实启二系门户分别之端。明陈真晟《心学图》使用“心学”一词，但只区分圣人心、学者心，并无理学、心学分派。明初，胡广等纂修的《性理大全》与《四书大全》《五经大全》同辑成于永乐十三年（1415）。清康熙五十四年（1715），李光地奉旨纂成《性理精义》，为《性理大全》节本，也奉程朱理学。阳明心学的经典则是《传习录》。理学学派的系统研究者是黄宗羲，以《明儒学案》、《宋元学案》（全祖望补）为代表。《明儒学案》分“白沙学案”“甘泉学案”以及“姚江学案”，详尽介绍陈白沙、湛甘泉和王阳明，对阳明后学，更以“浙中王门”“江右王门”“泰州学案”等作详收细录。其实，黄宗羲之前已有两部专门理学史著作：一为郭子章的《圣门人物志》[1]，宋代列入陆九渊，明代列入从祀孔庙之四人——薛瑄、王阳明、陈献章、胡居仁；一为周汝登的《圣学宗传》，心学人物中，宋之陆九渊，明之白沙、阳明都在列，却没有湛若水。黄宗羲也曾试图直接撰写“理学史”，在《明儒学案》、《宋元学案》（全祖望补）之前曾撰有一部《理学录》（未刻手稿），该书有白沙学派、甘泉学派，却“完全不含阳明学派的内容”，“是关于宋、元、明三朝儒家学术思想史的一部辑录”。[2]稍后，清初孙奇逢所撰《理学宗传》同样可以视作“理学史”著作。孙奇逢称：“明洪（武）、永（乐）表章宋哲，纳天下人士于理。”[3]《宗传》宋收7人，包括北宋五子，南宋朱子、陆九渊；明收4人，王阳明之外，收薛瑄、罗念庵、顾宪

---

1 ［明］郭子章：《圣门人物志》，桂林：漓江出版社，2013年。

2 见彭国翔：《近世儒学史的辨正与钩沉》，北京：中华书局，2015年，第383—384页。《理学录》曾被学界判为佚著，但彭国翔发现中国社会科学院文学所图书馆有藏。

3 ［清］孙奇逢：《孙奇逢集》（上），郑州：中州古籍出版社，2003年，第621页。

成。方献夫以及王阳明、湛若水众多弟子被列入《明儒考》，独不及陈献章、湛若水。《宗传》的意义在于将陆王心学一并归入理学，但明代宗主所列4人，王阳明之外，收薛瑄、罗念庵、顾宪成，而不及陈献章、湛若水，是非常偏颇的。即便以明代从祀孔庙的四人为标准，薛瑄、王阳明之外，有陈献章、胡居仁；如果以明代理学的创新——心学的崛起和流行为考量，则仅列陈献章、湛若水、王阳明心学三巨头为明代理学宗主可也。

道学家在正史中取得特殊位置的，只有《宋史》，其列传在《儒林》前新增《道学》四卷，人物包括北宋五子、程朱门人，也都可称为理学家，而心学家陆九渊则被列在《儒林》，不算道学家，或不被认同为理学正宗。由此可见，《宋史》的编者们很明确，道学只是宋代儒学的一部分，只有那些希贤希圣、讲道统的人才会被称为道学家。后来《明史》《清史》都不再单列道学家或理学家。《明实录》中言及理学颇多。张廷玉《明史》将心学家陈献章列入《儒林》，而将王阳明放在“列传”，估计是考虑到阳明有突出的军功。明末清初的“三大家”——顾炎武、黄宗羲、王夫之在《清史稿》中皆列《儒林》。但清初许多地方志将明代乡贤列入单独《理学》之目，其地位高于《儒林》，类似《宋史》的处理，而标准则降低不少。民间著述对明代人物以理学家相称者也颇多。

今人对宋明理学的研究大致分为哲学史、思想史的观念路径和社会史、文化史的历史路径，实际上是各有侧重而已。余英时是继承乃师钱穆《国史大纲》社会史、文化史路数的代表。余著《朱熹的历史世界》于2003年在台湾出版，[1]给宋明理学研究带来方法论和观念上的巨大冲击，尽管杨立华称之为“极具影响的失败的著作”[2]。余英时后来又续著《宋明理学与政治文化》，[3]其

1 余英时：《朱熹的历史世界：宋代士大夫政治文化的研究》，北京：生活·读书·新知三联书店，2004年。

2 杨立华：《宋明理学十五讲》，北京：北京大学出版社，2015年，第30页。

3 余英时：《宋明理学与政治文化》（第二版），《余英时文集》第十卷，桂林：广西师范大学出版社，2014年。

中对阳明心学的研究可谓别开生面。2006 年，余英时在接受克鲁格人文奖的演讲词中，总结自己对中国历史和文化的研究时指出：“道”是中华文明在轴心时代“哲学的突破”中形成的核心观念，对中华文化具有持久的塑造性影响。在文明比较的视野下，中国的本土文化曾在汉唐时代受到印度佛教的冲击，这便是宋明理学需要应对的时代课题。而如何应对 16 世纪之后特别是 19 世纪中叶后西方文化对中国历史变迁的冲击，则是我们至今仍没有完成的课题。[1]

对于历史学家来说，宋明理学前处“唐宋社会转型”时代，后处“晚明资本主义萌芽”（余英时称之为“士商互动的新转型”）时代。这些说法尽管有这样那样的缺点，但都是我们在理解宋明理学时需要重视的。

日本学者内藤湖南曾在 19 世纪末 20 世纪初提出“唐宋变革说”，认为自唐朝开始，中国社会发生了深刻的变化，宋以后进入到“近世”时期。陈来认为中唐以来的社会文化转型是一种“亚近代的理性化”，“其基本精神是突出世俗性、平民性、合理性”，“中唐以后社会发展的总趋势是向平民社会发展”，“中小地主和自耕农阶层出身的读书人通过科举制度，而成为‘士大夫’的主体，这种社会变迁与中唐开始的文化转向相关联，新儒家的出现以此为历史背景”。[2]冯达文《中国哲学入门》（《冯达文文集》第八卷）认为：宋明时期，是中国中世纪的后期，或称“近古时期”。关于唐宋社会变迁，“由唐入宋，中国社会开启了由古典向近代转型的初阶”；“在经济领域里，开启了由农业为主导向以商业为主导的变化；在社会结构上，开启了由以乡村为中心向以城市为中心的变化；在管理体制上，出现了由权贵政治向文官政治的过渡；在教育领域里，也发生了由官方办学向私家办学的重大转变”。宋代文官政治

1　余英时：《国学与中国人文》，《余英时文集》第十二卷，桂林：广西师范大学出版社，2014 年，第 306—311 页。

2　陈来：《宋明理学》（第二版）序，上海：华东师范大学出版社，2003 年。

从赵匡胤“杯酒释兵权”始，“此后，官员的任用，均从科举考试中选出”，士的地位得以提升。[1]

包弼德《历史上的理学》重视社会史研究，把理学视为一种对政治、社会、经济与文化变迁的回应。理学不只是一场哲学运动，它也是一场社会运动。理学作为一种学说立场、身份（认同）和社会运动（方案），在发展过程中，有一些不断重现的主题，“可分为政治、哲学、信仰与社群”[2]。包弼德还指出，自南宋开始，书院建设逐渐形成高潮，形成官学之外的私学。由官员、家族所建书院，以江西、浙江、广东居多。[3]士人积极参与祠堂、乡约、义庄、社仓等建设，促进家（宗）族与地方社会的形成，越来越多的士人在北宋成为官僚，在南宋后转变为地方精英（后人所谓士绅）。

何炳棣《明清社会史论》对明清科举与社会分层（流动）进行了实证研究，[4]这让我们看得更加清晰：越来越庞大的受挫折的生员群体很容易成为王阳明学说的信众。科举取士始于隋朝；宋初推行文官政治，重视科举，进一步创造平民进入仕途的机会。宋代官学保证公众教育，但效果不理想。据何炳棣的研究，明太祖将学校与科举考试制度整合，下诏天下府州县皆立学，约 1 200 所，教师由政府指派，多为举人、贡生担任，经费永久由政府基金支持。同时管控举业，严控进士名额；举人、贡生则给出路，可出任下级官员；生员（秀才）免除徭役（连带家庭 2 个男丁），免费食宿。又设增生、附生，使生员人数不断增长。正统三年（1438），生员约 3 万。晚明对生员入学放任，甄选和考课均宽松，使得生员人数大幅增加。1300 年总人口数约 6 500 万，1600 年可能达到 1.5 亿，其中生员人数估计增长了 20 倍。这提高了平民成为低阶

1 冯达文：《中国哲学入门》，《冯达文文集》第八卷，石家庄：河北教育出版社，2020 年，第 227—229 页。

2 ［美］包弼德：《历史上的理学》（修订版），杭州：浙江大学出版社，2012 年，第 98 页。

3 ［美］包弼德：《历史上的理学》（修订版），第204 页。

4 何炳棣：《明清社会史论》，北京：中华书局，2019 年，第 213—259 页。

秀才的机会，但高阶人数相对固定，明代举人每科约 1 000 多人，进士每科平均约 289 人，每年则大约 89 人。因此，考不上高阶科名的人数过多，受社会挫折的人数大增。

二、 士的自觉与道统论——理学的为学宗旨

理学的兴起与士大夫阶层的变化相关。士大夫，或者，“进一步说，是士大夫的社会存在方式的变化”[1]，作为理学创造和接受、实践的主体，备受学界特别是钱穆、余英时师徒的关注。宋明士阶层最初出现的变化就是士的自觉（士大夫以道自认）。钱穆《国史大纲》第三十二章专讲“士大夫的自觉与政治革新运动”，而余英时的相关著作则有《士与中国文化》[2]《儒家伦理与商人精神》[3]等。余英时称之为“士的主体意识的觉醒”[4]，这是道统论和道学出现的条件。

随着北宋文治国策的确立，宋太祖在太庙里立下誓碑：不得滥杀士大夫与上书言事之人。士大夫的政治生态因此改善，士的自觉随之而来。如范仲淹《岳阳楼记》的“先天下之忧而忧，后天下之乐而乐”，张载《西铭》的“为天地立心，为生民立命，为往圣继绝学，为万世开太平”等，均以天下为己任，希贤希圣，变天下无道为有道。程颐明确提出儒学乃道学：“一曰文章之学，二曰训诂之学，三曰儒者之学。欲趋道，舍儒者之学不可。今之学者有三

1 ［日］土田健次郎：《道学之形成》，上海：上海古籍出版社，2010 年，第 6 页。
2 余英时：《士与中国文化》，上海：上海人民出版社，1987 年。
3 余英时：《儒家伦理与商人精神》，桂林：广西师范大学出版社，2004 年。
4 余英时：《朱熹的历史世界》自序二，北京：三联书店，2004 年，第 10 页。余英时对士与中国文化的重视，应该是深受钱穆影响。《国史大纲》称：“中国史志演进，乃由士之一阶层为之主持与领导，此为治中国史者所必当注意之一要项。”见该书修订第 3 版，北京：商务印书馆，1996 年，第 561 页。

弊：一溺于文章，二牵于训诂，三惑于异端。苟无此三者，则将何归？必趋于道矣。”[1]在程颐看来，汉经师，唐文人，宋当复兴儒学，做一名道学家。

南宋朱熹是北宋道学（理学）的集大成者，他在《中庸集解序》《中庸章句序》《沧州精舍告先圣文》中系统、完整地阐释了儒学的道统论，并给出谱系：羲轩—尧舜禹汤文武周公—孔孟—周子二程—朱熹。

道统论是接着孟子、韩愈讲的。道统以孔子为代表，尊孔子为道统教主，周敦颐为道学宗主。道统高于正统，正统即政（治）统，即所谓势，道尊于势，道学家要努力引君于道，得君行道。余英时认为，道统论以道范围势（皇权），“包括消极和积极的两方面：消极方面是持‘道’批‘势’，积极方面则是引‘势’入‘道’”[2]。程颐提出“天下治乱系宰相”[3]。宰相作为士大夫的代表，与皇帝“共治天下”[4]。道学家欲代天下人参与政治、议论政治，充分表现出宋代士大夫政治主体意识的高涨。但鼓吹“新学”、实行“新法”、不被程颐认可的王安石与宋神宗，却正好是这种典范。自宋初兴起的疑传疑经惑古思潮，是包括“四书学”在内的“义理之学的先声”[5]，直至《三经新义》的颁行标志着荆公新学成为官学，“这一点对巩固义理之学在北宋学术界的主导地位起到了重要作用，由此开启北宋道德性命之学与社会实践相结合之先河”；“新学官学地位的确立，使得儒学再次回归皇权国家意识形态领域的主导地位，是自两晋南北朝隋唐以来儒学首次战胜佛道，并改变叨陪末座的局面”。[6]

---

1 见《二程集》（第二版），北京：中华书局，2004 年，第 187 页。

2 余英时：《朱熹的历史世界》，北京：生活·读书·新知三联书店，2004 年，第 23 页。

3 见《二程集》（第二版），第 540 页。

4 见《二程集》（第二版），第 1035 页。

5 参朱汉民、肖永明：《宋代〈四书〉学与理学》（修订本），北京：中华书局，2021 年，第 87 页。

6 王书华：《荆公新学及其兴替》，北京：中华书局，2021 年，第 311—312 页。

朱熹受二程影响，提倡“四书”，重新解释“四书”，建构了足以抗衡佛老的儒学义理系统。作为道学（理学）的集大成者，朱熹毕生致力于理学（新儒学）的经典重构，即“四书学”，并取得极大成功。对抗佛老，回到孔孟儒家心性学，“天道性命相贯通”，是理学（新儒学）的共识和共法。[1]《大学》的三纲（明明德，亲民，止于至善）、八目（格物、致知、诚意、正心、修身、齐家、治国、平天下），集中阐发了儒家的内圣外王学说。《中庸》则被视为孔门心法，有丰富的心性学思想，是内圣功夫所在。朱熹又提出所谓圣人相传的十六字心法：“人心惟危，道心惟微，惟精惟一，允执厥中。”（《尚书》）对于这一尧舜之道，朱熹《中庸章句序》给出了经典的理学解释。朱熹《四书章句集注》，自元科举以朱注试士以来，成为宋明理学经典的代表。

理学家维护儒学的道统，希贤希圣的为己之学是理学的为学宗旨，但内圣外王才是理想追求。由朱熹的语录和著作可见，他的理学活动对象决不限于朝廷为官者，而是所有为士者。朱熹鼓励士人积极领导地方社会的公共事务，自觉担当地方精英。这一点，后来为阳明学完全接续和继承，王阳明更像朱子，热衷于讲学传道，建立事功，而与隐逸自得的陈白沙完全不同。[2]刘宗周指白沙识趣近濂溪，学术类康节，[3]黄宗羲称白沙：“远之则为曾点，近之则为尧夫，此可无疑者也。”[4]王畿也认为：“白沙静中端倪之见，乃是尧夫一派，与先师致知格物之旨，微有不同。”[5]王阳明在《与周道通书》中的一段话，足见他对

---

1 刘述先：《论儒家哲学的三个大时代》，2008 年，第 77 页。

2 章沛称白沙子为“儒家隐者”，见氏著《陈白沙哲学思想研究》，广州：广东人民出版社，1984 年，第 34 页。

3 ［清］黄宗羲：《师说》，《明儒学案》（修订本），北京：中华书局，2008 年，第 5 页。

4 ［清］黄宗羲：《白沙学案》，《明儒学案》（修订本），第 79 页。

5 ［明］王畿：《复颜冲宇》，《王畿集》卷十，南京：凤凰出版社，2007 年，第 244、260 页。

白沙的评价：

> 闲居中静观，时物生息流行之意，以融会吾志趣，最有益于良知。昔今康节、白沙二先生，故皆留情于此。但二先生又似耽着，有不欲舍之意，故卒成隐逸，恐于吾孔子用舍行藏之道有未尽合。[1]

这或许也可以解释阳明后期为什么少提白沙。黎业明有专文《王阳明何以不愿多提陈白沙》，系统地检讨了各种意见，结论是：

> 王阳明对陈白沙及其学说的态度，正德十五年前后截然不同，与湛若水、王阳明两人关系的变化相应。由此可见，其中的主要原因，应当与陈白沙的重要弟子、衣钵传人湛若水密切相关。[2]

黎文引用资料翔实，分析透彻，唯独没有认真考虑，阳明将白沙比作康节般的隐逸，实际上即不取于他们自我阻断内圣外王的路数，而阳明孜孜用世的人生态度、知行合一的学术立场与白沙差异明显，故不提正是“敬恭老辈，非慢也”[3]（熊十力语）。

三、 时代烙印——明代心学的崛起、传播与影响

在考察了明代心学所处道学（理学）和道统语境后，下面我们具体从明

1 ［明］王阳明：《与周道通答问书》，《王阳明全集补编》，上海：上海古籍出版社，2016年，第235—236页。

2 黎业明：《明儒思想与文献论集》，北京：商务印书馆，2017年，第179页。

3 转引自黎业明：《明儒思想与文献论集》，第163页。

代心学的崛起、传播和影响看其时代烙印。

（一）白沙心学崛起

陈献章（1428—1500），人称白沙子。科举失败后从学江西大儒吴与弼。吴与弼有鉴于明代士大夫政治生态的恶化，[1]绝意不仕，慨然作圣，把注意力转向教学和建立士人同志网络。白沙自江西回乡后，十年静坐悟出自得之学，他说："为学须从静中坐养出个端倪来，方有商量处。"[2]又以为学乃学做圣人，寻孔颜乐处。其《古蒙州学记》云：

> 仁，人心也。充是心也，足以保四海；不能充之，不足以保妻子。可不思乎？……由斯道也，希贤亦贤，希圣亦圣，希天亦天。立吾诚以往，无不可也。此先王之所以为教也。舍是而训诂已焉，汉以来陋也。舍是而辞章已焉，隋唐以来又陋也。舍是而科第之文已焉，唐始滥觞，宋不能改，而波荡于元，至今又陋之余也。夫士何学？学以变化气习，求至乎圣人而后已也。[3]

学圣之道，即希贤、希圣、希天，学以变化气习，求至乎圣人而后已也。舍是而训诂为陋，辞章又陋，科第之文则陋之甚。这些都是理学家一贯的论点和共识。[4]但到白沙时，程朱理学也成为科举教条，如此，理学也成了陋学和俗

1　明太祖对士人既杀且辱。贬言官，廷杖大臣（有认为是专门为凌辱士大夫而设，武宗朝刘瑾时更去衣受杖），废宰相（黄宗羲认为这是"有明一代政治之坏"的起点）。"金杯同汝饮，白刃不相饶"，明太祖对士大夫这一杀气腾腾的警告是明代政治生态转变的象征。因"君为轻"等贬低君主权威，删《孟子》83段文，更是独裁君主对儒家道统和道学的粗暴干涉。

2　［明］陈献章：《与贺克恭黄门》，《陈献章集》，北京：中华书局，1987年，第133页。

3　《陈献章集》，第28页。

4　钱穆先生认为，宋学共识，本体论上是"万物一体"，修养论上是"变化气质"。参氏著《阳明学述要》，北京：九州出版社，2011年，第1页。

学，离圣学远矣。故时下为学必须返回圣学本原。白沙子《寻乐斋记》训示弟子："周子、程子，大贤也，其授受之旨，曰：'寻仲尼、颜子乐处。'所乐何事……仲尼、颜子之乐，此心也；周子、程子，此心也；吾子亦此心也。得其心，乐不远矣。"[1]故"此心自太古，何必生唐虞？此道苟能明，何必多读书？"[2]"往古来今几圣贤，都从心上契心传。"[3]可见白沙学是要人从外在的循理回归内在本心，在本心下工夫求自得，从而带来理学功夫论的转向。又云："夫学贵自得也。自得之，然后博之以典籍，则典籍之言我之言也。"[4]白沙不重视经史章句，以诗代文，吟风弄月，寄情天地山水。注重个人修身，私人讲学，较少参与地方社会建设。他虽然自言"始终愿仕"，与吴与弼有异，其实也只是虚言。郭子章赞他"其立志甚专，向道甚勇，涵养甚熟，德器粹完，脱落清洒，独超造物牢笼之外，而寓言寄兴于风烟水月之间，盖有舞雩陋巷之风焉"[5]。周汝登表彰他道："本朝理学至白沙，自凿一户牖，其精神命脉，全吐露于诗句中，亦可谓无待之豪杰也已。"[6]

胡居仁、夏尚朴及罗钦顺等极力指斥白沙为禅学。但绝大多数学者，尤其是阳明后学，对白沙学都有很高的评价，并多有与阳明学作比较。白沙在世时，罗伦已目白沙学为孟子系的心学："夫天生物也，人为贵；其与人也，心为大。……先生不欲富贵而乐贫贱，独何心哉？见其大而已矣。……自立其大者，余何言？"[7]林俊《祭白沙祠文》称白沙子"自游康斋而心学正"[8]。

1 《陈献章集》，第 47—48 页。
2 ［明］陈献章：《赠羊长史，寄辽东贺黄门钦》，《陈献章集》，第 294 页。
3 ［明］陈献章：《次韵张廷实读伊洛渊源录》，《陈献章集》，第 645 页。
4 ［明］张诩：《白沙先生行状》，见《陈献章集》附录二，第879 页。
5 ［明］郭子章：《圣门人物志》，桂林：漓江出版社，2013 年，第 208 页。
6 ［明］周汝登：《圣学宗传》卷之十二，《周汝登集》，杭州：浙江古籍出版社，2015 年，第 776—777 页。
7 ［明］罗伦：《送白沙陈先生序》，见《陈献章集》附录四，第 923—924 页。
8 见《陈献章集》附录四，第 933 页。

黄淳《重刻白沙子序》谓："先生之学，心学也。"[1]李廷机《从祀文庙疏议》提出：

> 自新会陈公谓"学必有源，静而反观乎此心之体，得其自然而不假人力"。以为至乐具是矣，其于世之荣名若遗也。盖自是天下学道者，浸知厌支离而反求诸心。岂谓尽出新会哉？要之，默自新会启之也。[2]

裔孙陈观光《诏准从祀文庙谢表》称："尊信程朱者，由是悟妙契而益知剿袭之为陋。一洗沉痼之习，顿开理学之途。"[3]至黄宗羲《明儒学案》之白沙学案评论，更提出著名的论断："有明之学，至白沙始入精微……至阳明而后大。"其实，黄宗羲之前已有江右王门的聂豹说过："周程以后，白沙得其精，阳明得其大。"[4]王畿也认为：

> 愚谓我朝理学开端，还是白沙，至先师而大明。白沙之学，以自然为宗，"从静中养出端倪"，犹是康节派头，于先师所悟入处尚隔毫厘。此须面证默识，非言说可尽也。学以见性为宗，若见得性之全体，所造自别。亦存乎心悟而已。[5]

---

1 见《陈献章集》附录三，第903页。

2 见《陈献章集》附录四，第928页。

3 见《陈献章集》附录四，第931页。

4 [明] 聂豹：《留别殿学少湖徐公序》，《聂豹集》卷四，南京：凤凰出版社，2007年，第98页。

5 [明] 王畿：《复颜冲宇》，《王畿集》卷十，南京：凤凰出版社，2007年，第244、260页。

罗洪先提出："白沙致虚之说，乃千古独见。"[1]"白沙先生之学，以自然为宗，至其得要，则随动随静，终日照应，而不离彼。"[2]顾宪成《小心斋札记》为白沙学辩护并给出阳明不提白沙的一个解释：

问："本朝之学，惟白沙、阳明为透悟，阳明不及见白沙，而与其高弟张东所、湛甘泉相往复，白沙静中养出端倪，阳明居夷处困，悟出良知，良知似即端倪，何以他日又辟其勿忘勿助？"曰："阳明目空千古，直是不数白沙，故生平并无一语及之。至勿忘勿助之辟，乃是平地生波。白沙曷尝丢却有事，只言勿忘勿助？非惟白沙，从来亦无此等呆议论也。"[3]

高攀龙答周彦文问"阳明、白沙学问何如"时说：

不同。阳明与陆子静是孟子一脉。阳明才大于子静，子静心粗于孟子。自古以来圣贤成就俱有一个脉络。濂溪、明道与颜子一脉；阳明、子静与孟子一脉；横渠、伊川、朱子与曾子一脉；白沙、康节与曾点一脉。[4]

清人沈佳《明儒言行录》卷三（见《四库全书》史部传记类总录之属）亦谓："先生之学极似邵子，平生不事著述，大都寓意于诗。究其所自得，可谓安且成矣。"

---

1 见《明儒学案》（修订本），第 394 页。
2 见《明儒学案》（修订本），第 422 页。
3 见《明儒学案》（修订本），第 1391 页。
4 ［明］高攀龙：《会语》，《高子遗书》卷五，《影印文渊阁四库全书》第 1292 册，台北：台湾商务印书馆，1986 年，第 22 页。

（二）阳明与湛若水、方献夫结盟，共讲圣学

明代理学的创新在于心学的崛起和流行，故白沙心学不仅有创始之功，就心学理论和内圣功夫境界而言，后起之甘泉、阳明未必能超越白沙之精微。但心学之传播、流行乃至风行天下，甘泉尤其是阳明成其大，而就影响平民社会而言，泰州学派获得极大成功。

王阳明（1472—1529），名守仁，字伯安，号阳明。12 岁时即以“读书学圣贤”为人生“第一等事”。[1] 21 岁，“遍求考亭遗书读之”，依朱子格物穷理说，“取竹格之，沉思其理不得，遂遇疾。先生自委圣贤有分，乃随世就辞章之学”。[2] 27 岁再依朱子读书法，“然物理吾心终若判而为二也。沉郁既久，旧疾复作，益委圣贤有分”[3]。28 岁，弘治十二年（1499），成进士。随后出入佛老（道）。33 岁，弘治十七年（1504），主考山东乡试，以“老佛害道，由于圣学不明”[4]策问，表明回归儒学。34 岁，弘治十八年（1505），开始收徒讲学。35 岁，正德元年（1506），与湛若水“一见定交，共以倡明圣学为事”[5]，坚定了做圣人的志向。

湛若水（1466—1560），号甘泉，人称甘泉子。27 岁中举人，29 岁拜在陈白沙门下，发明“随处体认天理”，得白沙嘉许，成为江门心学最重要的传人。同时也表明，湛若水不再坚持乃师的隐逸路线。弘治十三年（1500）白沙卒后，湛若水奉母命走上出仕之路。弘治十八年（1505）40 岁时中进士，

---

1 ［明］钱德洪：《阳明先生年谱》，见《王阳明全集》附录一，上海：上海古籍出版社，1992 年，第 1221 页。

2 ［明］钱德洪：《阳明先生年谱》，见《王阳明全集》附录一，第 1223 页。

3 ［明］钱德洪：《阳明先生年谱》，见《王阳明全集》附录一，第 1224 页。

4 ［明］钱德洪：《阳明先生年谱》，见《王阳明全集》附录一，第 1226 页。

5 ［明］钱德洪：《阳明先生年谱》，见《王阳明全集》附录一，第 1226 页。钱谱则系于上年，依湛若水之说。

入选翰林院。正德元年（1506），与35岁的王阳明一见定交，时41岁，比阳明年长。在建书院、兴讲圣学方面，湛、王联手“打天下”，有力地传播了白沙心学，他们自己的心学思想也不断发展，各自形成甘泉学派和阳明学派，共同推进了中晚明心学思潮的流行。但湛王之间于正德十年（1515）有“格物”之辩、十五年（1520）有“支离”之争，十六年（1521），王对湛的“随处体认天理”之说进行了严厉批评，并对湛若水的答书不作回复。至嘉靖五年（1526），阳明对湛若水更有“似急于立言”“只要自立门户，外假卫道之名，而内行求胜之实”之指责，[1]二人关系虽终未破裂，但学术竞争、门户之见已导致湛、王关系不那么融洽了。正德十二年（1517），湛若水入西樵山建大科书院，后霍韬、方献夫也加入进来，西樵理学和岭南心学一时大盛。湛若水致仕回广东后，陆续建立了36所书院，学生超过4 000人。明代广东书院总数156所，湛若水和他的弟子所建居多。

正德六年（1511）秋，王阳明40岁，27岁的上司方献夫向他称弟子。方献夫（1485—1544），是继丘濬、梁储后第三位入阁拜相的广东士大夫。弘治十八年（1505），方献夫21岁中进士，入选翰林院庶吉士，旋归乡。正德四年（1509）起，在礼部、吏部任职；六年（1511）秋向阳明称弟子，旋告病归乡十年，与湛若水、霍韬（1487—1544）在西樵山建书院（石泉）、讲圣学（心学），是“西樵理学”代表人物之一。嘉靖元年（1522），方献夫还朝。40岁时因“大礼议”中的活跃表现受重用，纂修《明伦大典》（《大礼全书》），进礼部右侍郎，转吏部左侍郎，进礼部尚书，加太子太保，改吏部尚书，续纂修《大明会典》，进武英殿大学士，入阁，考满，加光禄大夫、上柱国，是嘉靖皇帝最信赖乃至喜欢的心腹重臣之一。嘉靖十三年（1534）致仕。方献夫是

---

1 ［明］王阳明：《寄邹谦之》，《王阳明全集》，第206—207页。湛、王关系的前后变化，详见黎业明《王阳明何以不愿多提陈白沙》一文，收入氏著《明儒思想与文献论集》，北京：商务印书馆，2017年，第169—180页。

明中期广东南海士大夫集团的核心人物，他以重情重孝为本的礼学思想在“大礼议”事件中深受皇帝赞赏，获“贤良方正”之盛赞。方得以成为政坛明星和权臣，有其偶然性，但他性格宽平，出处进退淡然，在政务活动中秉持中道，处事圆融，也时有犯颜直谏，保护了大批同僚，在嘉靖初年平衡皇权和阁权、稳定朝政中发挥了独特作用，也体现了他高超的政治智慧。方献夫的为官之道、待人接物以及鲜明的心学立场都反映在其易学著作中，强调“五”为易数之本，“中”为易图之本，象数为易之本，调和义理和象数，注重时位和中道，提倡一种易简、会通的圣人心学。他的心学受王阳明影响，但又同王阳明、湛若水都有差异，并且是唯一能引君于道、对嘉靖初年的善政有积极影响的人。

王阳明和两位岭南学人、同志，先后发生矛盾，彰显阳明极度自信的狂人本色和阳明学“主志”的特点。关于王阳明和方献夫的学术分歧与渐行渐远，刘勇有详细讨论。[1]方献夫以所著《大学原》呈阳明，对《大学》古本的解释，既和甘泉之说相异，也不接受阳明的看法，并且十分自信地说：

> 此书虽未敢以定论，然生数年学力所得如此，实于心思而体得之，非苟说也。切以为《大学》一书，只如此看，多少平易明白，而学亦不难矣。[2]

阳明的回信，自称“言语直冒，不复有所逊让”，对方氏进行了严厉批评；究其原因，学术观点和分歧是其次，核心的理由几乎同于湛若水，在于阳明对同盟的重视，对主盟的自觉，对自己学说的过分自信，对权威遭受挑战后

1 刘勇：《变动不居的经典——明代〈大学〉改本研究》，北京：生活·读书·新知三联书店，2016年，第40—57页。

2 ［明］方献夫：《方献夫集》，上海：上海古籍出版社，2016年，第205—206页。

的失望和痛心。不妨比较一下二者的用词：

学之不明几百年矣。近幸同志如甘泉、如吾兄者，相与切磋讲求，颇有端绪。而吾兄忽复牵滞文义若此，吾又将谁望乎？君子论学，固惟是之从，非以必同为贵。至于入门下手处，则有不容于不辩者，所谓毫厘之差千里之谬矣。[1]

此书作于辛巳，即正德十六年（1521）。同时，王阳明对湛若水寄来的《大学测》也提出批评：

“随处体认天理”是真实不诳语，鄙说初亦如是，及根究老兄命意发端处，却似有毫厘未协，然亦终当殊途同归也。……致知之说，鄙见恐不可易，亦望老兄更一致意，便间示知之。此是圣学传心之要，于此既明，其余皆洞然矣。[2]

正德十六年（1521），阳明已揭出“致良知之教”，并极为自信。这时，自己的盟友湛若水寄来《大学测》，方献夫寄来《大学原》，对阳明的格物、致知说有所异议，阳明虽有“非以必同为贵”之词，但他坚信“鄙见恐不可易”，批评方献夫是“入门下手处”出了问题，对湛若水则是批评他的“随处体认天理”是“命意发端处”出了问题，二者都是“毫厘之差千里之谬”的严重问题。嘉靖五年（1526），阳明在给邹谦之的信中进一步强调了《答方叔贤（辛巳）》《答甘泉（辛巳）》两封书信中的观点，批评的语气则更加严厉甚至是在骂人了：

---

1 ［明］王阳明：《答方叔贤》，《王阳明全集》，第 184 页。
2 ［明］王阳明：《答甘泉》，《王阳明全集》，第 181 页。

随事体认天理，即戒慎恐惧功夫，以为尚隔一尘，为世之所谓事事物物皆有定理而求之于外者言之耳。若致良知之功明，则此语亦自无害，不然，即犹未免于毫厘千里也。……《稽山》之作，向尝以寄甘泉，自谓于此学颇有分毫发明。今甘泉乃谓“今之谓聪明知觉，不必外求诸经者，不必呼而能觉”之类，则似急于立言，而未暇细察鄙人之意矣。后世学术之不明，非为后人聪明识见之不及古人，大抵多由胜心为患，不能取善相下。明明其说之已是矣，而又务为一说以高之，是以其说愈多而惑人愈甚。凡今学术之不明，使后学无所适从，徒以致人之多言者，皆吾党自相求胜之罪也。今良知之说，已将学问头脑说得十分下落，只是各去胜心，务在共明此学，随人分限，以此循循善诱之，自当各有所至。若只要自立门户，外假卫道之名，而内行求胜之实，不顾正学之因此而益荒，人心之因此而愈惑，党同伐异，覆短争长，而惟以成其自私自利之谋，仁者之心有所不忍也！甘泉之意未必由此，因事感触，辄漫及之。[1]

曾几何时，“共以倡明圣学为事”变成了“今良知之说，已将学问头脑说得十分下落，只是各去胜心，务在共明此学”。若是质疑“致良知”说，便是急于立言，自立门户，自私自利，成为吾党自相求胜之罪人，破坏吾党大业！黄宗羲后来在《明儒学案·甘泉学案》中评论说：“王湛两家，各立宗旨，湛氏门人，虽不及王氏之盛，然当时学于湛者，或卒业于王，学于王者，或卒业于湛，亦犹朱陆之门下，递相出入也。其后源远流长，王氏之外，名湛氏学者，至今不绝，即未必仍其宗旨，而渊源不可没也。”[2]

---

1 ［明］王阳明：《寄邹谦之》，《王阳明全集》，第206—207页。

2 ［明］黄宗羲：《明儒学案》（修订本），第875页。

（三）“龙场悟道”与阳明心学的创立

正德元年（1506），王阳明因上疏为言官下狱事求情，得罪刘瑾，被廷杖四十，既绝复苏。后阳明被贬至贵州龙场，正德三年（1508）春到任。打一石棺，日夜端居其中欲化解生死执念，并发问：“圣人处此，更有何道？”“忽中夜大悟格物致知之旨。……始知圣人之道，吾性自足，向之求理于事物者误也。”[1]阳明因外王之道受阻，不得已转向内圣和心学。陈立胜曾有评论：

> 说到底，龙场悟道，实在没有神秘可言，悟道的内涵，一一昭然于目前。“圣人之道，吾性自足”，并无高妙不可言处，这是道学的常识。“圣人为人人可到”，这同样是道学常识。[2]

道学的常识如果是结合个人的生存经历和生存体验所悟出，那就是生存论之悟——龙场悟道，当如是解。“龙场悟道”意味着，第一，阳明坚定了心学立场，与官学（朱熹理学）分道扬镳，也可以说，阳明心学初步创立。理外在于事物？还是内在于心？工夫用力处不同。朱熹强调格（即）物穷理，一物不格，一理不尽。陆九渊强调六经皆我注脚，先立其大者。阳明有取于陆九渊的立场。余英时《明代理学与政治文化发微》对阳明“大悟格物致知之旨”有精彩分析，在举阳明嘉靖四年（1525）《答顾东桥书》为证后，补充说：“假若忠之理不在于吾之心，而果在于君之身，则君为桀、纣，吾心遂无忠之理欤？”[3]这个补充应该很直白地揭示，阳明意识到，忠之理不可能求之于武宗

---

1 ［明］钱德洪：《阳明先生年谱》，见《王阳明全集》，第 1228 页。

2 陈立胜：《入圣之机——王阳明致良知工夫论研究》，北京：生活·读书·新知三联书店，2019 年，第 92 页。

3 余英时：《宋明理学与政治文化》（第二版），桂林：广西师范大学出版社，2014 年，第 38 页。

之为君身，而只能求之于吾心。第二，余英时在上述同文中又指出："所以顿悟之后，他念兹在兹的便是一个'遁'字，即退出权力世界"；"他只能追求'内圣'，无力兼顾'外王'了"；"他不可能再幻想在武宗的统治下，还有任何的'行道'机会"。[1]龙场悟道，促使阳明放弃得君行道，转向觉民行道。所谓民，有士农工商四民之说。由于科举之道狭窄，而商业日益繁荣，阳明时代弃儒就贾者已日多。阳明以讲学布道为志业，觉民行道，宣扬人人皆可成圣，士商纷纷成为信众，阳明学最终成为中、晚明强力的社会运动和思潮。此第二点对理解阳明学更为重要。

（四）阳明的事功与阳明心学的传播

1. 共学、讲会、会讲

正德五年（1510）春，王阳明任江西庐陵（今吉安）知县，"为政不事威刑，惟以开导人心为本"[2]。刘瑾伏诛后回京。与湛若水、黄绾（1477—1551，字宗贤、叔贤）订三人共学之盟。此后开始讲会、会讲，成为阳明学传播的重要形式。

正德六年（1511）十月，升礼部文选清吏司员外郎，而方献夫为郎中，是王阳明上司，却对阳明称弟子。

正德八年（1513）十月，赴南京太仆寺少卿之任，至滁州。与弟子数百人游琅琊，"歌声振山谷"，"于是从游之众自滁始"。[3]

2. 阳明在南赣的事功与讲学

正德十二年（1517）正月，阳明到江西赣州，新任都察院（主掌监察、

---

1 余英时:《宋明理学与政治文化》（第二版），第 34—37 页。
2 ［明］钱德洪:《阳明先生年谱》，见《王阳明全集》，第 1230 页。
3 ［明］钱德洪:《阳明先生年谱》，见《王阳明全集》，第 1236 页。

弹劾及建议，与刑部、大理寺并称“三法司”)左佥都御史（四品），巡抚南赣等地，后又提督军务。至十三年（1518）三月，发动三次大规模战事，仅用了一年多时间，便清剿了赣、湖、闽、广四省边界地区的山寨土匪和地方武装势力。他在给弟子信中提出“破山中贼易，破心中贼难”[1]。奏请新设（漳州）平和、（赣州）崇义、和平三县。朝廷进阳明右副都御史，乞休不准。

十三年七月，重新刊刻《大学》古本。批评朱熹格物致知的补传，以诚意为根本。又编辑、初刻《朱子晚年定论》，阳明弟子编辑出版《传习录》。阳明学影响越来越大。

3. 平定宁藩叛乱，有不世之功却遭构陷

正德十四年（1519）六月，宁王朱宸濠谋反，王阳明主动勤王，迅速平叛，军事行动仅用时 10 天。但武宗却在一帮倖臣和太监们的怂恿下南下亲征，收到捷报也秘而不发，并不准王阳明献俘。阳明行至杭州为太监张永所阻；获兼任江西巡抚，同时也受到张忠、徐泰等构陷。在江西又待了一年多，其间他跑回赣州讲学，发明“致良知”，完善心学理论。自此专揭良知教。在对格物致知的解释上，与湛若水、方献夫产生分歧。

正德十六年（1521）三月，武宗去世，世宗即位，内阁首辅杨廷和与兵部尚书王琼（荐举阳明）观念不和、互为政敌，后王琼失势，杨廷和阻扰王阳明赴京，并此后一直致力打压。但阳明的归家省亲终于得到许可，同时升为南京兵部尚书，又封新建伯。

4. 在大礼议事件中保持低调

世宗继位，阳明已改退遁之心。但嘉靖元年（1522）二月，阳明之父王

---

1 ［明］钱德洪:《阳明先生年谱》，见《王阳明全集》，第 1248 页。

华去世，阳明不得已在绍兴老家丁忧。《传习录》载：“自征宁藩以来，天下谤议益众。”[1]阳明均持“无辩”心态。其《归兴》诗有句：“种果移花新事业，茂林修竹旧风流。”[2]

元年十月，开启“壬午学禁”。由杨廷和主导，章侨等上书攻“异学”，世宗批曰：“近年士习多诡异，文辞务艰险，所伤治化不浅。自今教人取士，一依程朱之言，不许妄为叛道不经之书，私自传刻，以误正学。”[3]嘉靖二年（1523）会试，考试官因此故意以“心学”为问。

正德十六年（1521）世宗践祚之初，令廷臣议自己的父亲兴献王主祀及尊称，进而涉及他和孝宗、武宗的关系问题，是谓“大礼”。据《明实录》，礼部尚书毛澄等主张“宜称孝宗为皇考，改称兴献王为‘皇叔父兴献大王’”。世宗震怒，以为“父母可更易若是耶？”令再议，“大礼议”开启。“大礼议”的实质是礼学争论背后的权力（皇权与内阁）较量，而士人的学术分歧加剧了朝廷官僚集团的政治分裂。

“大礼议”的分歧集中在：因正德皇帝猝死，世宗从藩王到嘉靖帝，是继嗣？是继统？

继嗣说。以杨廷和、毛澄等廷臣为代表。援引“濮议”例。宋英宗为濮王之子，四岁时，因宋仁宗无嗣而养于宫中，仁宗子豫王出生，又返回濮邸。但仁宗所生子最终皆死，嘉祐七年英宗被立为太子，八年嗣皇帝位。英宗既以仁宗为考，因濮王为仁宗兄，称“皇伯”。

继统说。宋英宗于宋仁宗生前被立为皇子，世宗乃死后直接以“兄终及弟”祖训入继，继统不继嗣。其实也牵强。涉及大宗与小宗。英宗四岁为仁

---

1 邓艾民：《传习录注疏》，上海：上海古籍出版社，2015 年，第 253 页。

2 ［明］王阳明：《居越诗三十四首》，《王阳明全集》，第 784 页。

3 转引自束景南：《王阳明年谱长编》第三册，上海：上海古籍出版社，2017 年，第 1498—1499 页。

宗养于宫中，是年仁宗二十六岁。武宗崩时已三十一岁，既无子嗣，又无亲兄弟，本当早日预养宗人之子于宫中。廷臣建言，未为武宗采纳，故有世宗入继大统之局。

在“大礼议”中，阳明弟子出现分歧。邹守益、马明衡、季本、舒芬、应良等为继嗣派；方献夫、黄绾、黄宗明、顾应祥等为继统派。

席书、霍韬、黄绾为问，阳明“均不答”。阳明确实没有公开上疏和表态，这可能令世宗对阳明不满。但其实阳明在私人书信往来中有辨析，以继统派为是。嘉靖六年（1527）与霍韬通信，表明自己因父丧在身，“心善其说而不敢奉复”，“身居有言不信之地，不敢公言于朝”；并言及席书疏，“意以所论良是”。[1]还称黄绾疏“明甚”[2]。见顾应祥论礼书，赞“足知日来德业之进”[3]。又劝陆澄转变立场。

“大礼议”礼学分歧之实质：突出世宗的孝心、缘情制礼的心学新势力挑战理学正统。阳明虽然以继统派为是，支持嘉靖帝，但没有任何公开言论，嘉靖帝因此对王阳明一直没有好感，乃至厌恶，在与杨一清密疏中称“王守仁窃负儒名，实无方正之学”，骂阳明之学为“大坏人心之学”。[4]

议礼引起皇权与阁权以及儒家道统观的斗争，结果是强化了皇权。嘉靖玩弄内阁于股掌，又置阁权凌驾于六部之上；作《敬一箴》比之于商汤盘铭，推行孔庙改制以及一系列礼制改革，意在以圣王自居制礼作乐，使治权高于儒家道统，打击儒生士气。左顺门事件后，士气几尽。晚明政府机器经常瘫痪，政治不修，则可见“大礼议”历史影响甚大。章太炎《王文成公全书题辞》

---

1 转引自束景南：《王阳明年谱长编》第四册，第1845页。

2 转引自任文利：《治道的历史之维——明代政治世界中的儒家》，北京：中央编译出版社，2014年，第114页。

3 转引自任文利：《治道的历史之维——明代政治世界中的儒家》，第112页。

4 转引自任文利：《治道的历史之维——明代政治世界中的儒家》，第129页。

批评席书、方献夫等："导其君以专，快意刑诛"，"明之亡，世宗兆之，而议礼诸臣导之"。因此归责阳明，"此亦文成之蔽也"。[1]

5. 致良知与阳明心学的定型

至嘉靖五年（1526），五年来赋闲在家，是阳明讲学最盛的时候。远近僧舍，皆成讲学之所。山阴禹穴，无非弦歌之地。专讲致良知，也是无奈，故阳明在《寄邹谦之》中慨叹："除却良知，还有甚么说得！"次年，邹守益、钱德洪编成《阳明先生文录》四册刊刻。

嘉靖六年（1527），张璁荐王阳明平定广西思恩、田州之乱，提督两广，阳明再三辞命不获，于九月启程，沿途在南昌、吉安，讲学不止。十一月底到梧州开府，至嘉靖七年（1528）二月，不费一兵一卒便平息思、田之事。随后又主动征剿断藤峡和八寨瑶民武装，至六月结束。后在当地兴学校，办书院，亲临讲学。

七年十月，阳明上疏请辞两广巡抚，回原籍养病，并启程边走边等，至十一月底（1529 年 1 月 9 日）病逝于江西南安（今大余）。嘉靖八年（1529）十一月，阳明灵柩被安葬于绍兴城外高村，"门人会葬者千余人"。但朝廷在吏部尚书桂萼主导下，世宗下诏追夺新建伯爵位，禁阳明学为伪学。隆庆元年（1567），穆宗诏赠阳明为"新建侯"，追谥"文成"。万历十二年（1584），从祀于孔庙。

（五）阳明后学与阳明心学的影响

王阳明将觉民行道事业看得很重，曾言："某但愿从事讲学，不愿其他。"阳明去世后，各地弟子继续活动，讲习和传播阳明心学，《明儒学案》中按地

1 见《王阳明全集》，第 1630 页。

域划分为浙中王门、江右王门等，统称阳明后学。而由出身盐商的王艮等人形成的泰州学派，是阳明觉民行道事业的真正继承者，其平民主义的学风使阳明学风行天下。门人王栋对此有解释："自古士农工商，业虽不同，然人人皆可共学。"孔子有教无类；汉经生唐文士，"而千古圣人与人人共明共成之学，遂泯没而不传矣"；阳明学"直指人心，然后愚夫俗子，不识一字之人，皆知自性自灵，自完自足"。[1]故可以说，阳明学提供了平民安身立命、自我实现之道，阳明理论具有解放思想的"革命性格"。

由于中晚明科举之道狭窄，士子结社成风。许多士子下海经商，形成士商合流。阳明主张四民异业而同道，虽终日做买卖，不害其成圣成贤。所以阳明弟子喊出"满街都是圣人"，这是对阳明学的直接推导。阳明学的这一特质，使之很容易为中晚明的士商阶层所接受，并继而加入宣讲、传播阳明学的队伍。

阳明学的这一影响维度使阳明学富有现代性。余英时提出，宋明两朝士大夫的政治处境大不相同。受此影响，王阳明自觉放弃得（致）君行道幻想，致力于觉民行道，从寄望庙堂（皇帝、朝廷）由上而下的政治改革，转向发动和领导由下而上的社会改造大运动。王阳明关注民间社会与士农工商的思想与信仰，与民传道，讲学教化，以期唤醒社会大众的良知，救治天下，对后世影响深远，富有现代性。

实际上，阳明心学是中国传统文化中儒释道三教融合的产物，心的观念、心的思想和心的文化是三教会通的共同基础。王阳明主张圣人之学即是心学，知行合一，知是行之始，行是知之成，知行的本体即良知，致知即是致良知，确是传统心性学的集大成。"良知"在今天通常被理解为"良心"，但"日常用法中的'良心'所涉及的只是义务，并且多是基本

1 ［明］黄宗羲：《明儒学案》（修订本），第 741 页。

义务的实例。人们在日常生活中使用的‘良心’并不玄妙，也不高远，是纯粹道德的范畴”[1]。现代伦理学的良心实际上讲的是底线伦理，是规范社会大众生活和群体行为的必要规范；而性质为“为己之学”的传统心性学，可以加强个人修养，是现代伦理学重要的传统思想资源。

1 何怀宏：《良心论——传统良知的社会转化》，北京：北京大学出版社，2017 年，第 61 页。

不道一时齐度岭，浙宗和会广宗来

——全祖望对岭南心学的传承与发展

华南师范大学历史文化学院教授　周永卫

【摘　要】清代著名学者全祖望深受浙东学派的影响与浸润，对岭南的学术发展状况十分熟悉。乾隆十七年（1752），他曾掌教岭南端溪书院天章精舍。在岭南掌教期间，他十分推崇白沙（陈献章）心学，致力于改变白沙心学在清代沉寂多年的现状。他在端溪书院创建先师祠，行释奠之礼，首次祭祀白沙以下粤东学者21人。同时，他摈弃门户之见，彰显泰泉（黄佐）之学，并积极推动“浙宗”与“广宗”的融合与互鉴。他在岭南掌教时间虽短，但对岭南心学在清代的传承与发展贡献良多，对近代岭南学术的发展走向影响颇大，值得我们进一步发掘和整理。

【关键词】全祖望；白沙心学；学术史；岭南文化

全祖望（1705—1755），曾于乾隆十七年（1752）担任岭南端溪书院天章精舍山长一年有余。他十分推崇白沙心学，在掌教端溪书院期间，实施了一系列弘扬白沙心学的举措，致力于改变白沙心学在清代沉寂多年的现状。同时，他摈弃门户之见，彰显泰泉之学，并致力于“浙宗”与“广宗”的融合与互鉴。他在岭南虽然时间短暂，但却为岭南心学在清代的传承与发展，贡献良多；对于近代岭南学术的走向，亦产生了一定的影响。

一、 谢山掌教端溪书院的经过

全祖望号谢山，浙江鄞县（今宁波市鄞州区）人，著名思想家、史学家、文学家。他于乾隆元年（1736）考中进士，深受户部侍郎李绂的赏识与器重，入选翰林院庶吉士，因受到当权者张廷玉打压排挤而仕途受阻，愤而辞官，家居十载，笔耕不辍，潜心学术研究。乾隆十三年（1748），为了生计，他应聘出任绍兴蕺山书院山长，但不到一年，因与延聘者绍兴知府杜甲办学理念不合，毅然辞去山长职位。

乾隆十七年（1752）三月，48 岁的谢山先生应广东巡抚苏昌之邀请，千里迢迢，跋山涉水，远赴岭南，担任端溪书院山长。上任伊始，他首先倡议设立先师祠，在祭祀朱子（朱熹）之外，将陈献章以下广东本地先师 16 人的栗木雕像（后来增至 21 人）置于先师祠中，并举行了隆重的释奠之礼。释奠礼，原为古代学校的祭祀典礼，属于“三礼”中的“君师”之礼。其次，他制定了《端溪讲堂条约》，对书院的办学宗旨、办学理念、课程设置、学风建设等，都有具体而详细的阐述。他的身体一直不好，但依旧带病讲学，亲自命题，并批改学生作文。“故疾复动，然少间，必与诸生讲说学统之流派，考订地望故迹……又为诸生改定课艺百篇。”[1]为书院的发展，付出了大量心血。课余时间，他校订《水经注》，并游览了端州及周边的历史名胜阅江楼、七星岩、鼎湖山及庆云寺、广州光孝寺，赴高要参观区大相故居，赴新会拜谒陈白沙祠。所到之处，都留有即兴诗作。后来他将在岭南期间的诗作整理成册，并取名《度岭集》。

---

1 ［清］董秉纯：《全谢山年谱》，载《陈垣全集》第十九册《鲒埼亭集批注（上）》，合肥：安徽大学出版社，2009 年，第 29 页。

乾隆十八年（1753），他的病情不断加重；七月，他婉言谢绝了长吏和书院诸生的挽留，辞去了山长职务，返回家乡养病。两年以后，病卒于家乡，享年51岁。

二、 谢山掌教期间传承白沙心学的举措

全祖望掌教岭南期间，实施了一系列弘扬白沙心学的举措。这些举措主要包括：建先师祠，举行隆重的释奠之礼，祭祀陈献章等21位广东先师；制定《端溪书院条约》，引导学生研习白沙学派著作；通过策问形式，考察学生对白沙学派学术渊源的把握和理解。

谢山掌教端溪书院伊始，就大刀阔斧，建先师祠，为粤东先师16人行释奠之礼。后来先师祠中所祀奉的粤东先师又增加了5位，确定为21位。为此他专门撰写了一篇《端溪书院先师祠记》，全文如下：

> 古人释奠之礼，必于其是邦之先师；或是邦无其人，则必合于邻近之国以祀之。三代以来之制，莫有易也。端溪讲院为大府育才之地，而向未置先师祠，为礼典之大漏。予主席议举此礼，高要令蜀人刘君摄通守事，通守故事司讲院之事者也。刘君以经术起家名进士，其人酝籍有理致，不以予言为非，亟成之，肃治栗主入祠，予得帅诸弟子习礼焉。其中祀朱子，其傍则粤东之先师，共一十有六人。诸弟子或问曰："粤东之先师止于此乎？"曰："不止于此，然而不能以遍及也，吾拔其尤者而已矣。"曰："宋、元岂无人乎？"曰："有之，梁先生观国，游于致堂之门（胡寅）者也，陈先生去华，游于象山之门者也，是皆有筚路蓝缕以启山林之功者，然而远矣。况梁氏于朱子行辈相等，难祔食也，姑置之。"

盖粤东之先师，当首白沙，是固俟之百世而不惑者。予表粤东之学派，最盛者曰白沙陈文恭公之学，故首祀白沙，而及其高弟八人。八人之中，其生徒最富者曰甘泉湛文简公之学，而又及其高弟三人，其外则有为阳明之学者二人。方明中叶，天下称白沙、甘泉之学曰广宗，阳明之学曰浙宗。及阳明之学亦入粤，而二宗共流布于峤南。然又别有一宗，不附白沙、甘泉，不附阳明，而以穷理格物教人者，曰泰泉黄文裕公之学，实与鼎足而立，予亦表而祀之，而及其高弟一人。居常谓讲学当去短集长，和同受益，不应各持其门户，而后人正亦不可不知其门户。故合而祀之，仍分别而各志之曰：若者白沙之学，若者泰泉之学，若者粤人私淑阳明之学，是粤中学派三大支也。

诸弟子生其乡，近其世，诵其诗而读其书，倘能追寻其坠绪而不失其流风，岂特主斯席者之光，吏斯土者之幸，抑亦诸先正之欣然于地下者矣。此下有“语未既，有起而问者，曰琼山邱”云云，盖论邱琼山不祀之故，今缺，但即存者，亦足成篇。[1]

谢山在此篇文章中，对他祭祀16位粤东先师的缘由，进行了充分的阐述。三代以来，行释奠之礼，祀奉本国本乡之先师，是三礼中的重要内容之一。端溪曾经是两广总督府所在，乃广东的政治文化中心。端溪书院承担着为岭南培养栋梁之才的重任，却没有先师祠，是不应该的。经过请示获主管书院的行政长官同意，建先师祠，用栗木雕刻先师的形象，除了主祀大儒朱熹之外，祀奉陈献章以下粤东先师16人，作为岭南先师群体的杰出代表。宋代岭南南海籍两位大儒梁观国、陈去华先生，对岭南学术文化发展，有筚路蓝缕之功。梁观国是宋代著名理学家胡寅的学生，胡寅曾经师从大理学家程颐高足杨时，故梁

1　陈垣：《鲒埼亭集批注（下）》，《陈垣全集》第二十册，第833—835页。

观国可谓是程颐的三传弟子，他的学术辈分与朱熹相同；陈去华是宋代大儒陆九渊的嫡传弟子。谢山对梁观国、陈去华两位宋代大儒未能列入先师祠之中的缘由，做了解释。先师祠中首祀陈献章，以表彰他对岭南白沙学派的开创之功；其次是白沙先生的 8 位大弟子湛若水等；其次是湛若水的 4 位大弟子；再其次，是王阳明粤籍弟子佼佼者 2 人；最后是黄佐及其高足卢冠岩，代表泰泉学派。16 位岭南先师，分别代表白沙学派、阳明学派和泰泉学派三大分支。特别突出了白沙心学的地位，16 位先师中竟然占据 12 位。

谢山经过深思熟虑，制定《端溪书院条约》，作为书院发展的指南。其中包含“正趋向”“励课程”“习词章”“戒习气”四项内容。在“正趋向”中，开宗明义，明确办学宗旨，指出“粤中远在峤南，不远五千里，延掌教以莅之，所望于诸生者甚重，固不仅区区章句之学，博一科举而已也。况此间前哲张文献、崔清献以来，魁儒时出。白沙、才伯、南川、甘泉、弼唐、中离、曙台诸先生，学统迢遥，弓裘不替，而邱文庄、梁文康、海忠介、陈文忠并以勋业风节起而翊之。虽诸生未必遽足语此，然岂无中人以上之资，寻坠绪之茫茫，苦质疑之无自者乎？掌教愿进而语之。”[1]谆谆教诲书院学子要志存高远，不能仅仅是为了科举而读书，要以岭南先贤张九龄（文献）、崔与之（清献）、陈献章、黄佐（才伯）、林光（南川）、湛若水、庞嵩（弼唐）、薛侃（中离）、唐伯元（曙台）、丘濬（文庄）、海瑞（忠介）、陈子壮（文忠）为榜样，学习他们的高尚情操，研习他们的著作。列举的 13 人之中，白沙学派就有陈献章、林光、湛若水、庞嵩、唐伯元等人，显示出谢山对白沙之学的厚爱。而薛侃，虽属阳明学派，但对陈献章及其学派也是十分尊重的，曾上疏请陈献章从祀孔庙[2]。

---

1 ［清］全祖望：《鲒埼亭集外编》卷五十。

2 ［明］郭棐：《粤大记》卷十七，黄国声、邓贵忠点校，广州：中山大学出版社，1998 年，第 387 页。

谢山通过策问形式，来考察学生对白沙学派学术渊源的把握和理解。他命制的策问试题《端溪讲堂策问一》如下：

掌教敬问诸生：盖闻讲堂之立，学统最重。古礼所谓必释奠于先师，否则必有合。盖先师者，其一邦之宿德，尝有功于道者也。有合，则以其国无足当此统者，而近而合之邻封之祀也。

粤中先师如唐之赵，如宋之梁与陈，筚路蓝缕，以启山林，尚未登大儒之坛也。白沙陈文恭公者出，超然自得，其学虽出于吴康斋，而别为一家，粤中学统，殆莫之或先也。白沙授之甘泉，其门户益盛，受业者录四千余人，当时称为“广宗”。同时与阳明分讲习，当时称为“浙宗”。终明之世，学统未有盛于二宗者，而河汾一辈之学，几至遏而不行。

然浙宗与广宗，亦极有异同，互相可否。以广人而为浙学者，薛中离、杨复所，其魁也。浙宗至是始并行于广中。掌教，浙人也；诸生，广人也；沟浍本通，宗支可合，其家数倘得而详之欤？

白沙之学，非可轻议，而甘泉，则后人不能无疑之者，谓其到处建立书院，门庭杂沓，实启隆、万以后讲学之弊，若《钤山堂文集》一序，似不可谓非晚节之玷。因谓白沙弟子，特以位望先甘泉而能得白沙之传者，当推林辑熙，或曰当推张东所、李子长、谢天锡。诸生能述其人之渊源乎？（下略）[1]

在策问中，谢山强调了学统的重要。他在盛赞岭南唐代先师赵德（韩愈岭南之高足），宋代梁观国、陈去华等大儒的同时，进一步阐述了白沙学派的开创之功，将白沙及甘泉所创的心学概括为“广宗”。指出“广宗”是有明一代唯

1 陈垣：《鲒埼亭集批注》，《陈垣全集》第二十册，第1181—1182页。

一可以与阳明学派即“浙宗”分庭抗礼的两大学派。以薛瑄为代表的河东（河汾）学派，在与这两派的竞争中，完全处于下风，几乎到了停滞不前的状态。而浙宗与广宗之间也有很大的不同。薛侃、杨起元是粤籍阳明学派的佼佼者，在他们的努力调和下，阳明学派在广东开枝散叶，逐渐发展壮大。请诸生对这些学派的来龙去脉和学术渊源加以详尽的论述。

谢山认为，白沙之学，不可轻发议论，但后人对于甘泉之学，却有不少争议，说他到处建立书院，门人弟子难免鱼龙混杂，泥沙俱下，实际上开启了隆庆、万历以后讲学的弊端。而甘泉本人所写的《钤山堂文集》序文，也被认为有瑕疵，例如竟然出现“再拜再拜复再再拜”的语句，进而影响他晚节的声誉。白沙高足之中，有几位声望超过甘泉的，比如林光（辑熙，号南川），或者张诩（东所）、李孔修（子长）、谢祐（天锡）。请诸生对白沙这些高足的学术渊源加以阐述。

三、 拜谒白沙故居、收藏白沙学派作品

谢山在授课之余，也曾怀着虔诚之心赴新会拜谒白沙故居及遗迹，并赋诗纪念。《江门谒陈文恭公祠因访文恭服玩遗器各赋一首》：

碧玉老人太古心，碧玉老人太古音。老人去我三百载，许我登堂抚石琴。

玉台巾制已无存，湛子犹传葵笠尊。有客切云冠羃兀，白头访古到江门。

石翁曾绣自然裳，付授甘泉永勿忘。我亦荷衣更芰制，摩挲襟襶浥余芳。

圭峰石上三茅君，曾为讲堂供奉殷。今日阳春私淑者，何当分策管

城勋。

兰桡桂楫亦已远，玉色金声倘可从。如闻先生扣舷和，春水汩汩云淙淙。[1]

作为文学家和诗人的谢山，在白沙故居诗兴大发，写下五首七言诗。第一首诗的主题是歌咏石琴。白沙自称碧玉老人。屈大均云："碧玉楼在白沙先生宅，小庐山西。碧玉长六寸许，宽半之，上锐下丰，旁有两耳，耳有孔可以组穿约，盖古命圭之属。《记》曰：'命圭自九寸以下。'又曰：'圭博三寸，厚半寸，剡上，左右各寸半。'是也。白沙以总督朱英之荐，于是宪庙以此圭聘先生，先生建楼藏之，名碧玉楼，又尝自称碧玉老人。郡人黄泰泉诗：'百年闻道属斯人，碧玉中藏太古春。'邝湛若诗：'碧玉楼前千仞雪。肯容狂简礼簪裾。'"[2] 1946 年，辛亥革命元老刘禺生参观新会白沙祠时，白沙裔孙陈箕平曾向他展示过家传的碧玉。[3]碧玉楼的右边有石琴一张。

第二、三首诗的主题分别是歌咏白沙的玉台巾和自然裳（后赠湛若水）。关于它们的典故，屈大均云："白沙有玉台巾，平顶四直，象玉台山形为之。有诗云：'惟有白头溪里影，至今犹戴玉台巾。'文简（湛若水）有自然裳，其《谒石翁墓诗》云：'夫君有嘉惠，赠我云锦裳。中绣自然字，服之永不忘。又有心性冠。'其铭云：'嘻！为之上圆，以象乎天，分之八方，以象八卦。丽之十云，以象十干。垂之二带，总之一纽，以象始终主敬。周之重檐，以象大圈。是为甘泉翁心性之冠。'"[4]

第四首是歌咏茅笔。茅笔是白沙独创的写字工具。屈大均云："白沙喜用

---

1 陈垣：《鲒埼亭集批注》，《陈垣全集》第二十册，第 1376—1377 页。

2 ［清］屈大均：《广东新语》卷十七《宫语 · 碧玉楼》，北京：中华书局，1985 年，第 469 页。

3 刘禺生：《世载堂杂忆》，钱实甫点校，北京：中华书局，1960 年，第 284 页。

4 ［清］屈大均：《广东新语》卷十六《器语 · 冠巾》，第 450—451 页。

茅笔。所居圭峰，其茅多生石上，色白而劲，以茅心束缚为笔，作字多朴野之致，白沙尝称为茅君。有诗云：'茅君稍用事，入手称神工。'又云：'长揖谢茅君，安静以待终。'又尝称为茅龙。其诗云：'茅龙飞出右军窝。'今新会书家仿之，多用茅笔。"[1]又云："白沙晚年用茅笔，奇气千万丈，峭削槎枒，自成一家，其缚秃管作擘窠大书尤奇。诸石刻皆亲视工为之。故慈元庙、浴日亭、庄节妇诸碑，粤人以为宝。"[2]

第五首诗的主题是光风艇。光风艇是陈献章的得意弟子伍光宇在江边设置的一艘钓艇，艇中设琴一张，伍光宇邀请其师陈献章一起乘坐小艇垂钓、品茶、赏月，一起度过了许多美好的时光。可惜伍光宇于成化八年（1472）英年早逝，白沙十分悲痛，写下许多怀念他的诗文。"南山之南有大江，君以意为钓艇，置琴一张，诸供具其中，题曰'光风艇'。遇良夜，皓魄当空，水天一色，君乘艇独钓，或设茗招予共啜。君悠然在艇尾赋诗，傲睨八极，予亦扣舷而歌，仰天而啸，飘飘乎任情去来，不知天壤之大也。"[3]

顺德李孔修，字子长，自号抱真子，侨居广州高第街。与白沙高足张诩相识以后，经其引荐，成为白沙门生。李孔修虽然家贫，但诗画俱佳，深得白沙喜爱。谢山爱屋及乌，曾委托顺德籍学生冯元为他寻访李孔修猫画题材的作品，并为此赋诗一首《冯生元才家顺德，属之访李抱真先生画猫，然殊恐其难得也》："李公学道人，闲情作画师。相传小庐山，沙翁曾赏之。吾家翻姜鼠，四出不敢支。乞灵得一卷，潜伏倘有时。购之不敢用吴盐，李公之画直百缣。"[4]

---

1 ［清］屈大均：《广东新语》卷十六《器语·茅笔》，第 452 页。

2 ［清］屈大均：《广东新语》卷十三《艺语·白沙书》，第 364—365 页。

3 ［明］陈献章：《陈献章集》卷一《伍光宇行状》，孙通海点校，北京：中华书局，1987 年，第 103 页。

4 陈垣：《鲒埼亭集批注（下）》，《陈垣全集》第二十册，第 1376 页。吴中有以盐易猫的传统。

湛若水家乡增城盛产岭南水果荔枝，挂绿品种的荔枝更是久负盛名，谢山专门作过一首《增城荔子》诗："新州香荔已堪推，挂绿东来更绝佳。况有嘉名以人重，当年曾入尚书怀。"湛若水曾官至尚书，同样是出于爱屋及乌的原因，谢山在品尝增城荔枝时，也不忘怀念白沙弟子湛若水。

四、谢山彰显泰泉、会通浙广的学术旨趣

谢山与浙东学派关系密切，他的学术渊源可以上溯到黄宗羲、王阳明那里。章学诚云："浙东之学，虽出婺源（朱熹），然自三袁之流，多宗江西陆氏（九渊），而通经服古，绝不空言德性，故不悖于朱子之教。至阳明王子，揭孟子之良知，复与朱子牴牾。蕺山刘氏（刘宗周），本良知而发明慎独，与朱子不合，亦不相诋也。梨洲黄氏，出蕺山刘氏之门，而开万氏弟兄经史之学；以至全氏祖望辈尚存其意，宗陆而不悖于朱者也。"[1]道出谢山"宗陆而不悖于朱"的来龙去脉。梁启超指出："谢山是阳明、蕺山、梨洲的同乡后学，受他们的精神感化甚深。所以他的学术根柢，自然是树在阳明学派上头。但他和梨洲有两点不同：第一，梨洲虽不大作玄谈，然究未能尽免，谢山著述，却真无一字理障了。第二，梨洲门户之见颇深，谢山却一点也没有。所以我评论谢山，说他人格的光明俊伟，是纯然得力王学，可以与他的朋友李穆堂（李绂）同称王门后劲。若论他学术全体，可以说是超王学的，因为对王学以外的学问，他一样的用功，一样的得力。"[2]进一步道出谢山学术没有门户之见的显著特点。了解谢山学术的这些背景和特点，对于我们探讨谢山在掌教岭南期间的作为，很有裨益。

---

1 ［清］章学诚：《文史通义校注》卷五《浙东学术》，叶瑛校注，北京：中华书局，1985年，第523页。

2 梁启超：《中国近三百年学术史》，北京：北京市中国书店，1985年，第92页。

纵观谢山在掌教岭南期间的所作所为，不难看出，他对白沙学派的推崇和弘扬是不遗余力的。谢山的学术旨趣，可以用“彰显泰泉，会通浙广”八个字来概括。

“彰显泰泉”，是谢山的学术旨趣之一，也是他对岭南心学发展的一大贡献。“然又别有一宗，不附白沙、甘泉，不附阳明，而以穷理格物教人者，曰泰泉黄文裕公之学，实与鼎足而立，予亦表而祀之，而及其高弟一人。居常谓讲学当去短集长，和同受益，不应各持其门户，而后人正亦不可不知其门户。故合而祀之，仍分别而各志之曰：若者白沙之学，若者泰泉之学，若者粤人私淑阳明之学，是粤中学派三大支也。”[1]谢山将以黄佐为代表的泰泉学派作为与阳明学派、白沙学派三足鼎立的粤中三大学派之一。这一观点，在当时可谓是振聋发聩，石破天惊。

黄佐，字才伯，广东香山县荔山（今属珠海）人。正德十五年（1520）进士，选庶吉士，授翰林院编修，曾于省亲途中，便道谒王守仁，与论知行合一之旨，数相辩难，守仁亦称其直谅。“佐学以程、朱为宗，惟理气之说，独持一论。平生撰述至二百六十余卷……年七十七卒。穆宗诏赠礼部右侍郎，谥文裕。佐弟子多以行业自饬，而梁有誉、欧大任、黎民表诗名最著云。”[2]黄佐自幼志向高远，五岁时见周程六君子遗像，就发誓一定要成为他们那样的人。在任广西佥事提督学校期间，“抵省城，则修书院，育人材，日与诸生讲明‘理一分殊’之旨，因辑《理学本源》以端士习。又撤淫祠，行射礼，举节教，立乡社，择士民及瑶、壮之子弟者教之，风化大行。校《士怀集》。偶得家报母疾，即日疏丐致仕，弃官竟归。抚臣以前憾，偕御史劾公擅离职守，朝议止着致仕。既归，卜筑（广州）粤洲草堂，远近学者从之游。时多宗

---

1 陈垣：《鲒埼亭集批注（下）》，《陈垣全集》第二十册，第 834 页。

2 《明史》卷二百八十七《文苑三 · 黄佐列传》，北京：中华书局，1974 年，第 7365—7366 页。

象山之学，谓朱子为支离者，公固折衷之曰：‘朱子有万世之定论，亦有一时问答之言’”[1]。

谢山对黄佐的学术观点推崇有加，并将泰泉与其弟子卢冠岩雕像置于端溪书院先师祠之中。谢山在《天章精舍释奠礼成示诸生》其三中道：“泰泉高弟称卢子，尚有遗书历劫存。怪杀图经遂灭没，我来重为荐芳荪。卢太守冠岩所著献子偶存，深造自得之言，南海志乘竟无为立传者，予始表而出之。”[2]对岭南地方志不为卢冠岩立传鸣不平。卢冠岩，名宁忠，字献甫，岭南人。曾任东平知府，受学于黄泰泉，与湛若水也经常书信往返，探讨阳明之学。“泰泉议王、湛之学，而先生以不得及阳明之门为憾，于甘泉则书札往来，求教不一也。”[3]黄宗羲《明儒学案》将卢冠岩置于《诸儒学案》之中，并收录其代表作《献子讲存》。

“会通浙广”，是谢山又一学术旨趣所在，也是他对岭南心学发展的又一重要贡献。在端溪书院学生的策问试题中，他以“浙人”的身份设身处地、推心置腹地发问：“然浙宗与广宗，亦极有异同，互相可否。以广人而为浙宗者，薛中离、杨复所，其魁也。浙宗至是始并行于广中。掌教，浙人也；诸生，广人也；沟浍本通，宗支可合，其家数倘得而详之欤？”[4]字里行间流露出，他试图打破师生之间的森严壁垒，本着真理面前人人平等的态度，围绕浙宗与广宗的融合与交融问题，期待与作为“广人”的莘莘学子展开一场学术对话。

身为山长，谢山对白沙心学后继乏人忧心如焚，他身上有着一种强烈的复兴白沙之学的使命感。这种使命感，在他为家乡好友吕伊（耜堂）掌教新会

1 ［明］郭棐《粤大记》卷二十四，第723—724页。

2 陈垣：《鲒埼亭集批注（下）》，《陈垣全集》第二十册，第1371页。

3 ［清］黄宗羲：《明儒学案》卷五十四《诸儒学案·卢冠岩先生宁忠》，沈芝盈点校，北京：中华书局，2008年，第1288页。

4 陈垣：《鲒埼亭集批注（下）》，《陈垣全集》第二十册，第1181—1182页。

书院时所题的七言诗中得到了充分的展现："沂水春风自在天，白沙密授更谁传？张（张诩）林（林光）湛（湛若水）李（李孔修）都零落，木铎消沉三百年。""年来绝学已榛芜，大雅危轮好共扶。目送君舟自涯返，端溪凉月夜床孤。"[1]他希望能通过自己的努力，实现浙宗与广宗的交流互鉴，进而实现二者的共同繁荣。早他一年已经掌教广州粤秀书院的浙江籍好友杭世骏，是促使他下定决心远赴岭南的重要因素之一，也是他实现会通浙广的同志。"江东粤秀讲堂开，定有雄文足起衰。不道一时齐度岭，浙宗和会广宗来"[2]，谢山希望能与吕伊、杭世骏一起实现会通浙广、重振心学的梦想。可惜由于种种原因，他的梦想未能实现。

五、 谢山掌教岭南的影响

谢山对"史学二陈"都曾产生重要影响。陈寅恪晚年最信任的弟子蒋天枢最重要的研究成果之一就是《全谢山年谱》。谢山和顾炎武是陈垣最推崇的二位史学家。陈垣与白沙同籍，对《鲒埼亭集》曾进行过深入研究，并留下许多批注。《鲒埼亭集批注》作为其研究成果，被收录进《陈垣全集》之中。谢山的民族大义和民族气节，对陈垣产生了极大的影响。在抗战期间，他困守北平辅仁大学，曾给学生开设《史源学实习》课程，所选用的史源学材料就是谢山的《鲒埼亭集》，并亲自撰写了几篇研究谢山的学术论文作为范文。陈垣还给在贵州湄潭浙江大学史地系任教的长子陈乐素去信，鼓励他也开设《史源学实习》课程，并以《鲒埼亭集》作为素材。陈垣晚年服膺毛泽东，思想发生转变。"一代史宗与时进，谢山不拜拜韶山"，胡文辉的打油诗，表现了陈垣的思想变化，也在一定程度上揭示出谢山对陈垣的深刻影响。

---

1 陈垣:《鲒埼亭集批注（下）》，《陈垣全集》第二十册，第 1372 页。
2 陈垣:《鲒埼亭集批注（下）》，《陈垣全集》第二十册，第 1372 页。

正如著名学者、辛亥革命元老刘禺生所言："追全祖望（谢山）讲学端溪，首祀白沙以下二十一人，行释奠礼，欲和融粤、浙学派，然于王学，犹欲有所倡。未几，谢山去粤，事亦无闻。嘉、道之际，仪征阮元（芸台）督粤，创学海堂，导学者以汉学，一时侯康、林伯桐、陈澧，皆以著书考据显，岭南遂无有言三家之学者。"[1]刘禺生所提到的"岭南三家之学"是指白沙心学、甘泉心学和阳明心学，他认为黄佐未能力行讲学，门徒不多，泰泉之学只是支流："泰泉之学派，终未大盛，只成为岭学之一支流而已。"[2]

谢山在岭南掌教时间虽然仅一年有余，但影响不可低估。后来担任两广总督创建学海堂的阮元曾对全祖望予以很高的评价："经学、史才、词科三者得一足传，而祖望兼之。其《经史问答》，实足以继古贤，启后学，与顾炎武《日知录》相埒。"[3]认为他的经学、史学和文学成就兼而有之，他的《鲒埼亭文集》五十卷可以与顾炎武的《日知录》相提并论。说明谢山对阮元的影响是很大的。阮元被认为是"清代汉学思想的殿军"，某种意义上说，谢山掌教岭南，是阮元督粤创建学海堂进而导致岭南学术风气发生根本转变的先声。谢山掌教岭南虽然时间短暂，但却为岭南心学在清代的传承与发展，贡献良多，深刻影响了近代岭南学术的走向，值得后人进一步发掘和整理。

---

1 刘禺生：《世载堂杂忆》，第 275 页。

2 刘禺生：《世载堂杂忆》，第 274 页。

3 《清史稿》卷四百八十一《儒林二・全祖望列传》，北京：中华书局，1977 年，第 13186—13187 页。

论白沙的心道合一说

华南师范大学历史文化学院教授　宋德华

【摘　要】“心道合一”说是白沙心学的基本理论支点之一，代表其最具创造性的思想收获。此说对心能识道的独特性、定要识道的必要性、识道的方法及心体与道体的关系等，皆有独到之见。首先，人与物皆以道为体，只有人心独能识道；其次，一切识道的任务，必须也只能由心来完成，无论治学还是做人，都需心道互动，以心得道，充分发挥心的决定性作用；第三，要真正做到以心识道，就要用心察物以明道、去蔽抑欲以见道、静思默想以悟道，从而使心道结合，并使心同居于“本体”地位；最后，心道合一之后，人就能像道一样至大，联通万事万物之理，变得至巧无比，具有开拓万世的力量，这充分显示了“心体”对人所具有的重大意义。

【关键词】白沙心学；道体；心道合一

“以道为体”说是白沙心学的第一块理论基石，第二块则是“心道合一”说。白沙所说的“道”，既存在于宇宙万物之中，又作为“体”支配着宇宙万物。“道”无法描绘，却能够把握。此把握者，就是与他物并存的人类。他物无心，而人类有心，有心就有通于道的桥梁。因此，在白沙心学中，能与“道”处于相同层次的概念只有一个，就是“心”。心学以“心”命学，可见

"心"实为其学之重点。

与论"道"相比，白沙对"心"的阐发更多，构成了其心学的另一基本理论支点，并代表着此学最具独特性和创造性的思想收获。这一理论，可简称为"心道合一"说，它对心能够识道的独特性，心定要识道的必要性，心如何才能识道，及心体与道体的关系等问题，都有自己独到的认识。[1]

一、 心独能识道

对中国文化而言，"心"是一个颇为特殊的用语。古人言"心"，今人言"脑"，"心"即约为"脑"之意。不过，它并非实指"心"这一具体的人体器官，而是用来指称人的意识及人的认识能力。本属万物之一的人类，因为有"心"，所以独与万物不同，万物只能被动地受"道"支配，而人类却能同时以"心"作为自身的主宰，通过识道和行道，自觉与道融为一体，在天地宇宙中得以自主、自由、自乐。

基于这一根本特性，古代思想家对"心"都非常重视。白沙心学不但同样如此，而且进一步将"心"作为立学的核心，通过诸多层面的论述，建构了一套关于"心"的哲理。其理念的第一块基石，是建立起心与道之间的联系，论证心能识道的独特性。

按照白沙的划分，宇宙间有形的实存者大而言之，无非就是两类，即人与物。两者皆以道为体，皆为自然的产物，因而具有共同性和互通性。然而，两者又有一个很大的不同，就是人还能通过"心"的感应，产生对"道"的体认：

---

1 学界论白沙心学，对"心道合一"说多有涉及，但似尚少专文，且不无误读之处。笔者曾于 2015 年撰《从〈白沙子古诗教解〉看陈献章的心学观——兼论其当代价值和意义》一文，其中第二部分对白沙"心道合一"说作了初步探讨（见黄明同主编，戢斗勇、宁新昌副主编：《湛若水与当代社会》，广州：广州出版社，2016 年，第 226—229 页）。本文在此基础上，作了较大拓展。

见月时一吟，夜凉天称心。回头望东川，流水无古今。[1]

白沙望月而生诗情，凉爽而觉愉悦；看东川之水，则有时光奔流不息之感。《白沙子古诗教解》（以下简称为《诗教解》）解读道：

其默契道体如此。……盖人与天地一也，更不分别。天地之气，即吾气也，故喘息呼吸无不与天地相通。日月之往来，流水之潮汐，万物之生意，天地之升隆，阴阳鬼神之盈虚屈伸，皆与道为体。此先生所以吟弄风月，见川水而有得乎！[2]

人与物之所以“更不分别”，是因为同秉一气，“皆与道为体”，但只有人才能“默契道体”，“吟弄风月”而“有得”，从各种物象景色中悟出道体之理，这正是人的独特之处。

笼统言之，即人能悟道而物不能悟道；而进一步解析，所谓人能悟道，实际上是“心”能悟道。人的构成，可分为两大要素：一为“气”，人与物同具；二为“神”，“神”者“心”也，人所独有。人集“气”与“神”于一身，“神”起着比“气”更大的作用：

元神诚有宅，灏气亦有门。神气人所资，孰谓老氏言。下化囿其迹，上化归其根。至要云在兹，自馀安足论？[3]

1 ［明］陈献章：《梦后作 · 其二》。

2 ［明］湛若水：《白沙子古诗教解 · 梦后作 · 其二》，见《陈献章全集》下，黎业明编校，上海：上海古籍出版社，2019 年，第 1098 页。

3 ［明］陈献章：《赠世卿 · 其四》。

对此诗之意，《诗教解》作了详细的解说：

> 元神之宅，谓心也，心为神明之舍。灏，与浩同。资，犹用也。能存其心志，则浩然之气由此而出，故谓之门。孟子所谓“志至焉，气次焉”，即此意也。然则“神气”二字，乃人之全体大用、所资以为人者，岂可谓老子之言而不求之哉？但老子囿于迹，所主在气；若圣贤之所谓神气，其根则主于理。须究其本然之体言之，所谓“天理人欲，同行异情”也。学之至要，在此而已，他皆非所急务也。[1]

这段话，将“心”的特质讲得非常清楚。“心”是“元神”（灵魂或精神）的住所，也是养成和发出浩然之气（正气）的门户。人有“神”（心）有“气”，而前者是后者的统率。粗浅的教化（下化）局限于世界的现象，高明的教化（上化）则要追寻世界的根本。这才是心学的最要紧处，其他都不能与此相提并论。这里所强调的，就是要充分发挥“心”的独特作用，用来认识“道”这一本根或本体。

心能识道的独特性，在白沙《梦作洗心诗》中，还有进一步的揭示：

> 一洗天地长，政教还先王。再洗日月光，长令照四方。洗之又日新，百世终堂堂。

所谓“洗心”，即洗涤心胸，比喻清除背离道体的谬误之见，树立符合道体的正确观念。若能做到这一点，天地就会长久不变，政教重现先王时的辉煌；日月就会光亮无比，永远照耀四面八方；社会就会充满活力，百世昌盛而不衰。

---

1 ［明］湛若水：《白沙子古诗教解·赠世卿·其四》，见《陈献章全集》下，第 1061 页。

何以“洗心”会有如此巨大的效力？《诗教解》提出并解答了这一问题：

然洗心而以天地、日月、四方、百世、先王、政教言之者，何也？盖人之此心、此性与天地万物浑然同体者也。故上下四方之宇，古往今来之宙，无非一体。故曰：“与天地合其德，与日月合其明，与四时合其序，与鬼神合其吉凶，先天而天弗违，后天而奉天时。”又曰：“考诸三王而不缪，建诸天地而不悖，质诸鬼神而无疑，百世以俟圣人而不惑。”此诗言人能一洗其心，则天地长清宁矣、政教还先王矣；再洗之，则日月合明而照四方矣；又洗之，则此道流行百世不息矣。所以然者，盖由其体之一尔。其旨微矣哉！[1]

湛若水的关注点，集中于“道体”，认为由于心与天地万物等皆以道为体，所以“洗心”就足以在一切领域产生极大的影响。“洗心”是否真有这样大的作用，当然还令人怀疑。不过，既然是“梦”，似乎也不必深究，大可视为一种诗化的理想，其实际意义无非是要人高度重视心的独特作用。这种独特作用仅为人所有，而为其他万物所不具，因此，尽管人与天地万物皆以道为体，却只有人心才能识道、合道，才有“洗心”的自觉意识。这是《诗教解》所未能讲明的地方，也是白沙之诗潜藏的深意。

对“洗心”之意，白沙在《大流垂玉》诗中也有相似的表达：

大流无此奇，偶值银河倾。愿回银河流，免与世浊并。一洗日月光，再洗天地清。何止天地清，万世无甲兵。

---

1 ［明］湛若水：《白沙子古诗教解·梦作洗心诗》，见《陈献章全集》下，第1045页。引文中的两段引语，分别出自《周易·文言传》和《礼记·中庸》。

《诗教解》解读说：

> 大流，泉名。……此诗咏“大流垂玉”，亦湖西八景之一。言大流之泉，世间无有此奇者，盖其泉偶遇天上银河之倾，所以为此奇也。然此流若到世间，则与世之流同浊矣。所以愿回此流，勿使为尘世溷浊也。若回此流得以长清，则可以洗日月天地不至浊，又洗甲兵使不用矣。以比人能反天地之性使之长清，则与日月合明、天地合德而万民不争矣。[1]

要想大流之泉长清不浊，就得倒流回到天上，完全避开尘世，这样才能洗涤一切，功德无尽。这里着重呈现的，依然是一种浓厚的理想主义色彩。此理想看起来有点虚幻，其实仍有其现实的基础，这就是人所独具的识道、合道的追求和能力。“洗心”的真正意义，就在于要通过人的努力，将此追求和能力发挥到极致。

正因为“心”有此独特性，所以就能通过各种方式，体认“道”的存在和明了“道”的精意，而这一点，为其他万“物”所不具。在白沙诗中，有很多这样的例子。不过，对心何以独能识道，白沙尚未能作出进一步的回答。中国古代以心为脑，对心与意识之间的关系，多半还只能比较笼统地言其结果，而难以深入揭示其内在机制，这是时代所造成的局限。

二、 心务必得道

既然“心”独具识道的特性，那么，一切识道的任务，就必须也只能由“心”来完成，这无疑是大自然赋予人类的一项极为重要的使命。按白沙心学

---

1 ［明］湛若水：《白沙子古诗教解·湖西八景，为罗一峰题·大流垂玉》，见《陈献章全集》下，第1017—1018页。

的认知，这一重要性根源于“道”，落实于“心”，集中表现为在治学和做人两方面，都需“心”“道”互动，以“心”得道，充分发挥“心”的决定性作用。

（一）治学

作为大学者，钻研圣贤之学是白沙毕生的头等大事。那么，怎样才能成就这一事业呢？基于对“心”独特性的认识，他认为关键就在于必须将“心”用好：

> 圣学信匪难，要在用心臧。善端日培养，庶免物欲戕。道德乃膏腴，文辞固秕糠。……顾兹一身小，所系乃纲常。枢纽在方寸，操舍决存亡。[1]

圣学本身并不难，最重要之事还是取决于用不用“心”，能不能以“心”识“道”。对此重要性，《诗教解》解读得相当透彻：

> 心者，敬之主宰，万善所由发端者也。能反心以养其善端，勿为戕贼，方为道德之膏腴；若文辞，不过秕糠。……一身为纲常所系，而一心实为枢纽，不可不操存而任其斫丧。……“用心臧”最是圣学要紧处，圣人千言万语，只要教人收拾此心。操此枢纽，则万化由此出。[2]

朱熹有“主敬”之说，而“心”为“敬”的“主宰”，可见比“敬”更有分

---

1 ［明］陈献章：《和杨龟山此日不再得韵》。

2 ［明］湛若水：《白沙子古诗教解·和杨龟山此日不再得韵》，见《陈献章全集》下，第997、998—999页。“臧”同藏，“用心臧”，即用心珍藏之意。“敬”，朱熹有主敬之说，“盖敬者圣人之心。法圣德莫大于敬，则入德莫要于主敬”（引同上，第998页），而“敬”之上还有一“主宰”，这就是“心”。

量。圣人所说的一切，归根结底，都是要人以心识道。掌控了这一“枢纽”，便可透彻理解和讲清宇宙的千变万化。对“心”的这番定位，极为鲜明地显现了白沙心学的个性特征。

在写给弟子林光的信中，白沙对治学的根本任务就在于识道，从“心”“道”关系的角度作了纲领性的概括：

> 终日乾乾，只是收拾此而已（编者注：“收拾此”，《明儒学案》所引述作“收拾此理”）。此理干涉至大，无内外、无终始，无一处不到，无一息不运。会此，则天地我立，万化我出，而宇宙在我矣。得此霸柄入手，更有何事！往古来今，四方上下，都一齐穿纽、一齐收拾，随时随处，无不是这个充塞。色色信他本来，何用尔脚劳手攘？舞雩三三两两，正在勿忘勿助之间。曾点些儿活计，被孟子一口打并出来，便都是鸢飞鱼跃。若无孟子工夫，骤而语之以曾点见趣，一似说梦。会得，虽尧舜事业，只如一点浮云过目，安事推乎？此理包罗上下，贯彻终始，滚作一片，都无分别、无尽藏（引者注：尽，盡，音进；无尽藏，取用不尽之意）故也。自兹已往，更有分殊处，合要理会。毫分缕析，义理尽无穷（引者注：尽，儘，音紧；尽无穷，力求达到最大限度之意），工夫尽无穷。书中所云，乃其统体该括耳。[1]

这段话，包含了三项连接很紧的要义。一是非常明确地指出“此理”（即道体）无所不在、无穷无尽，没有任何事物不受其制约。因此，学者的一切努力，都只是为了体认“此理”而已，亦即将道体作为唯一的认识对象。二是着重强调若能以心识道（“会此”“得此”“会得”），对人将会产生巨大的效

---

1 ［明］陈献章：《与林郡博》，《陈献章全集》上，第282—283页。郡博，府学学官，林光曾任此职。

用，包括能认清宇宙的一切奥秘，提纲挈领、从容不迫地理顺万千事理，既不会误解曾点之乐，也不会盲崇尧舜事业，从而进入心道一体的境界。三是进一步表示以心识道永无止境，应本着“理一分殊”之义，对一切事物中所含的道理进行具体细致的分析，尽可能作出最大限度的努力。

对这段论述，还需做两点补充说明。

第一，所谓“天地我立，万化我出，而宇宙在我”，论者常解读为“心”得“道”之后，便具有“主宰”一切的作用。如果仅看字面，的确容易产生这样的误解。然而，若深入分析，就不难发现其真意并非如此。这里的关键在于，“心”与“道”的相“会”，只是一种反映，一种认知意义上的获得，“心”因此而对天地、万化、宇宙有了透彻的了解，能够自觉顺应其道，但却并不因此而具有“主宰”天地万物的力量。上引三句话的确切含义，似应为“天地立于我心之中，万化出于我心之中，宇宙就在我心之中”，白沙不过作了简写，它们真正想表达的，还是人的强大的认知能力。人心得道之后，不是天地、万化、宇宙多了一个“主宰”，而是天地、万化、宇宙连带“道体”一起，以观念形态进入了人心，为人的认知打开了一个广阔、深邃、无垠的世界。

第二，关于“曾点见趣”和“孟子工夫”。曾点即曾皙，孔子的学生。据《论语·先进》记载，孔子有一次问曾点和另三名学生子路、冉有、公西华志向如何，子路等人皆表示愿意从政，或当个大官，或做个小官，只有曾点不同。他说自己的志向不过是在温暖的春天里，穿着春服，同几位成年人和小孩子一道，在沂水边洗洗澡，在求雨的祭坛上吹吹风，然后一路唱着歌儿回家。孔子听了曾点的话，非常感慨地说：这也就是我的志向啊![1]后人所讲的“曾点之志”或“曾点之乐”，白沙文中的“曾点见趣”（见识和情趣），便由此而

1 见《白话四书》，杨伯峻译，长沙：岳麓书社，1989 年，第 86—87、339—340 页；［宋］朱熹：《四书集注》，陈戍国标点，长沙：岳麓书社，1987 年，第 189—190 页。

来。白沙认为，要深刻懂得曾点志向所蕴含的“勿忘勿助”“鸢飞鱼跃”的精义，就需具备“孟子工夫”，否则便会毫不理解，如同“说梦”。那么，这是一种什么“工夫”呢？查《孟子》，在《尽心章句上》中有这样一段记载：

> 孟子曰：“广土众民，君子欲之，所乐不存焉。中天下而立，定四海之民，君子乐之，所性不存焉。君子所性，虽大行不加焉，虽穷居不损焉，分定故也。君子所性，仁义礼智根于心，其生色也睟然，见于面，盎于背，施于四体，四体不言而喻。”

在孟子看来，拥有土地人民，或安定天下，都不是君子的本性。君子本性全由天定，不因其显达而有所增，也不因其困顿而有所减，这就是植根于心中的仁义礼智。这一本性使人神色清和润泽，并显现在欢愉的表情和动作上，一目了然。[1]对人本性的这种洞见，应该就是白沙所说的“孟子工夫”所在。[2]以此解读“曾点见趣”，自然就能从看似平常的“浴乎沂，风乎舞雩，咏而归”的志向中，深深体味到人因天性释放而带来的真正的快乐。白沙要人以心会道，就是希望人们也能修养出孟子这种以人性为归的“工夫”。

上述纲领，白沙在《书自题大塘书屋诗后》中，更直截了当地称之“心学法门”。这篇书后，是白沙为自己《大塘书屋》诗撰写的跋语，其中这样解释该诗之旨：

> 首言大塘书屋乃中书蒋世钦所建。颔联言为学当求诸心，必得所谓虚

---

1 见《白话四书》，第 267、449 页；［宋］朱熹：《四书集注》，第 507—508 页。

2 白沙在《示诸生》诗中，引用过孟子“虽大行不加焉，虽穷居不损焉”这句话来表述观点：“大行不加穷亦全，尧舜与我都自然。”见《陈献章诗编年笺校》下册，陈永正笺校，广州：广东人民出版社，2018 年，第 893 页。

明静一者为之主，徐取古人紧要文字读之，庶能有所契合，不为影响依附以陷于徇外自欺之弊，此心学法门也。颈联言大塘之景，以学之所得，《易》所谓“复其见天地之心乎”，此理洞如，然非涵养至极、胸次澄彻，则必不能有见于一动一静之间；纵百揣度，只益口耳，所谓“何思何虑”“同归殊涂”“百虑一致”，亦必不能深信而自得也。末联借方士之丹，以喻吾道之丹，卒归之龙门者，明其传出于程子而人未之知也。[1]

这段话最重要者就在“心学法门”这一句。法门者，根本路径也。治心学的根本之途就在于“求诸心”，即求之于自己的本心，而非求之于外在的书本，通俗地说，就是要用心思考、领悟。在此基础上，“必得所谓虚明静一者为之主”，这里所说的“虚明静一者”即是指“道”,[2]必须先得道以作为学之主体，进而再读古人的重要论述，这样或许才能找到与古人的结合之点，从而不盲从依附于古人，避免违心自欺的弊端。紧接此句，白沙进一步强调了“心学法门”的重要性：若能循此法门，就能对道体洞若观火；若不能，则空想无用，对道体必不能深信不疑、自有所得。

对“心学法门”，白沙还有一个叫法，就是“学之指南”。他在与人言诗时，由诗论及学：

君子之所以学者，独诗云乎哉？一语默、一起居，大则人伦，小则日

1 ［明］陈献章：《书自题大塘书屋诗后》，《陈献章全集》上，第 92—93 页。对自己所作之诗进行逐句解释，这在白沙诗中极为少见。可惜此诗未能留存于世，只能据解读之文了解其内涵。

2 在《陈献章集》（孙通海点校，北京：中华书局，1987 年，第 68 页）中，对此句的标点为“颔联言为学当求诸心必得。所谓虚明静一者为之主”。受此影响，论者照引之后，往往将“虚明静一者”解读为“心”，进而将“心学法门”解释为“心”的“主宰地位”等。孙的标点显然不当，而论者据此所作的阐释，亦明显有误，心“必得”者应是“道”，而不是“心”。

用，“知至至之”“知终终之”，此之谓知。其始在于立诚，其功在于明善；致虚以求静之一，致实以防动之流，此学之指南也。[1]

这就是说，君子治学的原因，绝不限于写诗。凡言语作息，大到伦常，小到日用，都应懂得时机到来就马上去做，该结束时就即刻停止，这才真正叫作知晓。从树立诚心开始，进而认清美德之所在，进行抽象之思以求“静一”之道，不离实在之事以避免行无边际。这些就是治学的正确方向。这里的“静之一”，也就是前面所说的“虚明静一”，都是指“道”，是治学所务必求得的根本对象。

白沙于逝世前一年，还写过意蕴更为深厚的《示湛雨》诗，通篇讲的都是“学圣”必须以心识道之理：

有学无学，有觉无觉。千金一瓠，万金一诺。于维圣训，先难后获。天命流行，真机活泼。水到渠成，鸢飞鱼跃。得山莫杖，临济莫喝。万化自然，太虚何说。绣罗一方，金针谁掇？

此诗形式上像佛家偈语，不是那么易懂。由于这是特地写给湛若水的，《诗教解》的阐释自然更值得留意：

“有学”“有觉”二句，皆谓溺于记诵、滞于见闻者，虽有学如无学，虽有觉如无觉也。“千金一瓠”，《鹖冠子》：“中流失船，一瓠千金”，此借引以言本心也。言学当超于言语之外，而致力于不睹不闻之体（引者

1 ［明］陈献章：《送罗养明还江右序》，《陈献章全集》上，第 29—30 页。“知至至之”“知终终之”，语出《易经》，见《白话易经》，南怀瑾、徐芹庭译注，长沙：岳麓书社，1988 年，第 19—20 页。

注：指“道体”），《中庸》所谓“天下之大本”也。大本立，则有一鉥千金之重；此言一诺，则重于万金矣。如曾子唯“一贯”之旨是也。然必先用功艰难而后可获，果能先难后获，则天理流行；其真机活泼，水到渠成，无非鸢飞鱼跃之妙，将见万化皆从此出，如太虚之无言，何用如得山、临济二僧以杖喝为教者乎？又借引绣罗以比千变万化皆从本心应用。然则金针在我，又谁掇乎？盖佛氏所谓“莫把金针度与人”者，以金针比心。[1]此心人人各具，我不能授之于人，人亦不能掇之于我，释氏可谓不识心者矣。此诗乃先生病革以示若水者，深明正学以辟释氏之非，其意至矣。[2]

结合白沙诗句和《诗教解》的阐释，似可将以心识道的重要进一步归纳为这样几层意思：一是要真正获得学问和觉悟，只能依靠“心”的作用，因为只有“心”才能懂得“道体”，这一作用重要无比，其发挥须历经艰难方见成效；二是“心”一旦得道，便像“道体”一样洞悉天命，自在活跃，无须棒喝，百理自通；三是得道之“心”更能将宇宙的千变万化融为一体，自然而然，超越言说，就好比用“金针”绣出一幅丝罗，而此“金针”人皆有之，谁也不能取走。从《和杨龟山此日不再得韵》到《示湛雨》，两诗相隔三十余年，其注重以心识道的理念一以贯之，并愈加成熟完善。

正是出于对以心识道的高度重视，白沙将其称为治学的“大总脑”：

---

1 此处原文标点为：“盖佛氏所谓‘莫把金针度与人’者。以金针比心，此心人人各具……”这里“盖”应为发语词而不是连词，其作用并非承上，而是启下。从“盖佛氏所谓”到“以金针比心”为完整的一句，此后则为另一句，是对“此心”的阐释及对佛氏的批评。据此，引者对标点作了改动。

2 ［明］湛若水：《白沙子古诗教解·示湛雨》，见《陈献章全集》下，第999—1000页。鹖冠子，战国时楚人，隐逸之士，《鹖冠子》为其代表作，含道家及杂家思想。

陈子曰：学问大总脑要见，见则便是快活，便肯向前。下面节节推去，无非一个道理。

子语王乐用曰：士而未闻道，未免为物挠。知道则有主，不为物挠矣。故曰知止而后有定。[1]

“大总脑”和“有主”之“主”，都是指道体。治学只有认识了道体，才能充满快乐，不断上进，收提纲挈领、层层贯通之效，也才能目标始终如一，不受任何外物的干扰。从“用心藏”到“大总脑”，白沙对治学务必以心识道，可谓再三致意，摆在一个极为重要的位置之上。

（二）做人

与治学相比，做人的范围更加宽广。如果要做一个有价值的人，不虚度人生光阴，也必须像治学一样，注重发挥“心”的主导作用，将以心识道置于首位。

在《李子高墓铭》中，白沙这样写道：

生不足，归于天；义不足，何有于年？

语句虽短，却讲出了识道与否对人之夭寿的意义：

言人生夭折而不足于年，则归之天命，然“朝闻道夕死可矣”。若义

1 《白沙先生语录七条》，《陈献章全集》上，第114页。“知止而后有定”，语出《大学》，意为若能达到至善的境界，便有坚定的志向。见［宋］朱熹：《四书集注》，第5—6页；《白话四书》，第3页。

不足，则虽长年，亦何用哉？谓夭寿不足计，惟当尽道于己也。[1]

人的寿命有长有短，若能尽心求道，虽早逝亦无憾，反之，若不明道义，则长寿也无益。

在另一首诗《赠陈秉常·其三》中，白沙借庄子评大舜之语，将人生识道为贵的道理讲得更为明了：

大舜卷娄之，庄周竟奚取？人生贵识真，勿作孟浪死。谁能去中土，僦舍朝鲜里？

《诗教解》解读说：

言庄周以大舜为卷娄者，欲以遗落世事，其言不足取。盖大舜无为而治天下，何卷娄之有？若夫以天下挠己，己累于物，则真卷娄矣。然非知道者，孰能无累？识真者，即知道也。不知道而卷娄于物，则为孟浪死矣。中土，中国，以比正道；朝鲜，外国，以比异端。或曰"以中土比本心，僦舍朝鲜比慕外，乃舍己求人之意"，亦通。[2]

这段解读，似还有可补充之处。

所谓"卷娄"，指因操劳过度而颈弯背驼。以大舜为卷娄者，语出《庄子·徐无鬼》：

---

1 ［明］湛若水：《白沙子古诗教解·李子高墓铭》，见《陈献章全集》下，第1001页。

2 ［明］湛若水：《白沙子古诗教解·赠陈秉常·其三》，见《陈献章全集》下，第1025—1026页。"卷娄"，意同"拘挛""伛偻"；"卷娄于物"，指人为物所牵累。

卷娄者，舜也。……尧闻舜之贤，举之童土之地，曰："冀得其来之泽。"舜举乎童土之地，年齿长矣，聪明衰矣，而不得休归，所谓卷娄者也。是以神人恶众至……故无所甚亲，无所甚疏，抱德炀和，以顺天下，此谓真人。[1]

对舜的卷娄，庄子是不赞成的。他认为不必为百姓之事将自己弄得如此辛苦，而应像"神人"和"真人"一样，一切顺应自然，不因人事而损害天然之物。湛若水将白沙诗的头两句解释为舜无为而治，本无卷娄，因而庄子之言不可取。这一解释划清了儒家注重世事与道家"遗落世事"的界线，分辨了儒、道对舜的不同评价，观点并无差错。

但细品白沙诗句，本意似并不在此。"大舜卷娄之，庄周竟奚取"，并非谈舜是否卷娄及应否卷娄，而是要提出一个问题，即庄子说舜卷娄，究竟想表达什么，什么值得人们取鉴？对此，白沙给出了自己的回答，这就是人一生应以识真得道为目的，而不要为与真道无干的事轻率去死。这是白沙对庄子之语的感悟和借用，不但与舜的卷娄没多大关系，与庄子的原意也相距甚远。随后诗句紧承上意，既然人以识真为贵，那么就无法脱离广大的道体（中土），而独自远避于一隅（朝鲜）。这样全诗之意似更加连贯，也更合乎《诗教解》所精彩提炼的"识真者，即知道也。不知道而卷娄于物，则为孟浪死矣"的宗旨。

将人生以"识真为贵"的思想推而广之，白沙进而提出了"人何以为贵"的命题，以"心"是否识道得道为标准，在人与"禽兽"之间划出了一条清晰的界线：

---

1 《老子·庄子·列子》，张震点校，长沙：岳麓书社，1989 年，第 106 页；《白话老子庄子列子》，邓潭州、李申、杨伯峻译，长沙：岳麓书社，1990 年，第 195 页。"童土之地"，即不毛之地；"冀得其来之泽"，意为希望舜能施与百姓恩泽。

人具七尺之躯，除了此心此理，便无可贵，浑是一包脓血裹一大块骨头。饥能食，渴能饮；能着衣服，能行淫欲；贫贱而思富贵，富贵而贪权势；忿而争，忧而悲；穷则滥，乐则淫。凡百所为，一信气血，老死而后已，则命之曰“禽兽”可也。[1]

他将人的可贵归结为具有“此心此理”，也就是归结为“得道之心”，即别处所说的“君子之心”或“道心”“本心”。此心不仅是心，而且是理（道），是心与理的融合体。人如果不具此心此理，那就会只凭“气血”之性的驱使而行动，这种气血之性一方面包含人的生理本能，一方面表现为各种缺乏教化教养的品行。这种人虽同具七尺之躯，却无任何可贵之处，不妨将其命名为“禽兽”。

此篇短论仅百余字，写得相当精练，如何透彻理解，有几点需要辨析。

第一，所谓“气血”之性，也离不开心的作用，如“思”“贪”“忿”“忧”等，毫无疑问都与心相关。只是这种心，还不是道心，而是受着物欲的支配。只有得道之后，才能并称“此心此理”。

第二，具有道心之人固然有别于不具道心之人，但两者也有很多共同点，前者亦能食能饮，能穿衣行欲，能得富贵权势，能忿能忧能穷能乐。他们之间的不同，在于前者能以道心驾驭气血，不只是具有本能，还表现出深厚的教化教养，贫贱而不思富贵，富贵而不贪权势，忿而不争，忧而不悲，穷而不滥，乐而不淫，这都是后者所做不到的。由此看来，两者是有很大差别，却也并非天壤之别。

第三，“禽兽”一词，如果用来骂人，的确是句很厉害的话，其道德色彩也非常鲜明。但白沙写《禽兽说》，显然是要说明一种哲理，既非骂人，亦不以论道德为主。他将不具道心之人称为“禽兽”，只是认为这种人失去了人的

1 ［明］陈献章:《禽兽说》，《陈献章全集》上，第 83 页。

可贵性，从而把自己混同于动物，甚为可惜。他并不痛恨这些“禽兽”，因为如上所析，他们也还是人，与具有道心之人同样以“气血”为本性，只不过他们缺少了对人而言最为重要的道心；如果能通过修养得道，将凡心变为道心，他们也就能够真正成为可贵之人了。

从治学到做人，白沙都将以“心”识道得道的使命贯彻始终。这一使命的实质，是要完成人类认识世界、主观认识客观的任务。尽管白沙所认定的“道”，其主客属性还不很确定，但其作为人的认识的终极对象，是毫无疑问的。由此，人的认识也可说人的理性追求的重要性，就得到了非常明确的认可。

三、 得道的方法

相比于使命的确定，如何完成使命，显然是更为复杂的问题。心处大千世界之中，面对各种制约、影响乃至诱惑，而心本身亦活跃无比，变动不居，怎样才能与玄妙精深之“道体”相吻合，确非易事。对此，白沙的思路更加开阔，关于识道方法的设想颇多，其精要之见，可概述如下。

（一）用心察物以明道

在白沙心学看来，“道体”虽无处不在，却又无人可见，人可见者只是物象。然而，“道体”就存在于物象之中，只要切实用好心的功能，对所见各种物象细察深思，随时领悟，就能不断获得道之真谛。

这一主张，在白沙写给弟子张诩的两首诗中表达得很明确。据湛若水介绍，写此两诗的目的，都是为了告诫张诩不要“好求之高远”。

第一首写道：

知暮则知朝，西风涨暮潮。千秋一何短，瞬息一何遥！有物万象间，不随万象凋。举目如见之，何必穷扶摇？[1]

其大意为：懂得天将暮便可预知天将明，就像西风劲吹，傍晚的江水便迅速上涨。人的思虑之快，使千秋之长显得何等短暂，而瞬息之间，便可达万里之遥。人所求之道就存在于万千事象之中，有形之事象皆会消逝，而无形之道却永恒不变。观察事象便能以思会道，实不必飞上九天去寻找。诗人形象地显示了思维的特征和力量，教人善于从日常事物中去悟道，而不要陷入空虚的冥想。

对此诗中“有物万象间，不随万象凋”两句，《诗教解》从物与道的关系着眼，作了进一步的阐释：

有物，谓道也；万象，谓万物万事之形与道为体者，而道则无形也。有形者器，无形者道，《易》曰“形而下者谓之器，形而上者谓之道”是也。万象间，谓不离于形器而不滞于形器。不离于形器，故即物而在；不滞于形器，故不随万象凋。物有尽而道无尽，所谓“死而不亡”也。[2]

这一引申丰富了诗的内容，符合白沙关于道不离物而又同于物、物象可变换改易而道却恒久存在的思想。

第二首较长：

登高未必高，老脚且平步。平步人不疑，东西任四顾。岂无见在心，何必拟诸古？异体骨肉亲，有生皆我与。失之万里途，得之咫尺许。得失

1 ［明］陈献章：《偶得寄东所 · 其一》。
2 ［明］湛若水：《白沙子古诗教解 · 偶得寄东所 · 其一》，《陈献章全集》下，第 1086 页。

在斯须，谁能别来去？明日立秋来，人方思处暑。[1]

其大意是：一味好高骛远未必真就高远，还不如一步步前行来得切实。讲求实际，人便不会困惑，体察世界也有了很大的独立性。由此心中自会涌现真知灼见，又何必与古人相比附。凡为人类皆声气相通，天地万物皆与我浑然一体。不懂这些便与道相距万里，懂得这些道就近在咫尺。道之得失在顷刻刹那之间，无人能讲清其如何往来的奥秘。这如同明日开始立秋，识道之人自然就会联想到处暑一样。诗的中心思想，是要人脚踏实地，充分发挥意识的独立性和能动性，努力把握得道的契机。

对于此诗，《诗教解》亦作了引申性的解读，认为：

见在心者，人之本心，古今圣愚所同有，而何必拟古圣人之心哉？此二句指出心之本体也。又言民吾同胞，虽在异体，其实骨肉之亲；而天地间凡万物有生者，皆我之与，即“浑然与天地万物为一体”之意。此二句指出道之本体也。然以此心会此道，一而已矣。失此心，则道若在万里之远；得此心，则道在咫尺之近。夫咫尺犹在外，而道与心则合二为一。兹云“咫尺许”者，但言其至近耳，读者不可以辞害意也。又言得失非在久，止在斯须顷刻之间；而出入往来之机，谁能辨之？盖几者动之微，辨之不可不早，如明日始立秋，今日即有思处暑之心；时未至而迎之，将迎之心萌，则“憧憧往来，朋从尔思”。此吾心得失、存亡、来去之几也。知其几而止之，则此心常存，可以体道矣。[2]

---

1 ［明］陈献章：《偶得寄东所·其二》。

2 ［明］湛若水：《白沙子古诗教解·偶得寄东所·其二》，《陈献章全集》下，第1087—1088页。“憧憧往来，朋从尔思”，语出《周易·咸》，此处为思往虑来、率先见道之意。

“岂无见在心，何必拟诸古”，就白沙本意而言，强调的是每个人通过留心观察思考，都会有自己的独立见解，而不必定要援引古人为据。《诗教解》将此转释为今古之人同具“心之本体”，进而论其与“道之本体”的一致性，对诗的内涵作了更深入的探究。尽管这种一致性并非此诗的落脚点，却的确是白沙心论的重要思想（关于此点，将于后文详析）。另一点引申，是说对道的领悟，紧要者不在长思久虑，而在善于把握时机，随时感受辨析，知微见著，早作预判，只要经常保持这份敏锐，就不难认识道体。这也完全符合白沙的思想。

（二）去蔽抑欲以见道

人既然有心用心，便必能以物象为桥梁，到达见道的彼岸，但这也并非轻而易举之事，而是要具备一个重要的前提条件。这就是务须去物欲之蔽，使人心穿越外在与内在的遮挡，得以与藏于物象中的“道体”相会。对此道理，白沙写过一篇《东晓序》，以非常形象的比喻作了演绎：

> 旸谷始旦，万物毕见，而居于蔀屋之下，亭午不知也。忽然夜半起，振衣于四千丈罗浮之冈，引眄于扶木之区，赤光在海底，皎如昼日，仰见群星，不知其为夜半。此无他，有蔽则暗，无蔽则明。所处之地不同，所遇随以变，况人易于蔽者乎？耳之蔽声，目之蔽色，蔽口鼻以臭味，蔽四肢以安佚。一掬之力，不胜群蔽，则其去禽兽不远矣，于此得不甚恐而畏乎？知其蔽而去之，人欲日消，天理日明，罗浮之于扶木也；溺于蔽而不胜，人欲日炽，天理日晦，蔀屋之于亭午也。二者之机，间不容发，在乎思不思、畏不畏之间耳。[1]

1 ［明］陈献章：《东晓序》，《陈献章全集》上，第8—9页。

“旸谷”“扶木”为日出之处，“蔀屋”为草席盖顶的幽暗简陋之屋，“亭午”即正午，“罗浮”即位于广东博罗县的罗浮山（又名东樵山，以山势雄伟著称）。白沙以明暗作对比，指出当太阳初升时，万物都得以显现，但人若住在暗室之中，即使到了正午，也见不到阳光照耀。相反，若当夜半之时，站在高高的罗浮山上，远望日出之地，则只见海底霞光万丈，天上群星灿烂，全然没有夜半的感觉。何以如此，就因为有蔽还是无蔽，有蔽则暗，无蔽则明；所处之地不同，有蔽与无蔽、暗与明的状况也随之而变。他特别点明人很容易受蔽，耳、目、口鼻、四肢都可能受蔽，若不能打破群蔽的包围，则人就会变为动物，这是一件非常可怕的事情。在此情况下，无非有两种结果：一种是知蔽去蔽，使人欲日渐消退而天理日渐明晰，就像登上罗浮山观日出一样；一种是埋没于蔽，人欲日益强烈，而天理日益晦暗，就像居暗室正午也不见阳光一样。两者必居其一，关键就在于人肯不肯思考，有没有畏惧之心（害怕人变“禽兽”）。由此可见，人心虽能识道，却不能不受各种因素的制约，时刻处于“群蔽”包围之中，受蔽容易，而破蔽甚难。能否自觉意识到这一点，是人心最终能否识道、人最终能否避免成为禽兽的关键。

除讲明心道关系外，从另一角度看，这篇论述还十分明确地表达了抑人欲、明天理的道德思想，这也是所有理学家（包括心学家）都非常重视的话题。白沙的说法，显然别具一格。他将天理比喻为普照天下的阳光，将天理不明归因于外在的遮蔽，主张登高望远，破蔽除障，以深思有畏之心，取得天理战胜人欲的胜利。这种去暗求明、去蔽求真的追求，已颇有几分启蒙的味道。当然，白沙所说的人欲与天理，本身的界定还并不明确，人欲的合理性与天理的时代性如何认识，也是还未能解决的课题。

（三）静思默想以悟道

无论是用心察物还是去蔽抑欲，要真正得道，都需要经历一个静悟的过程。这是因为物象庞杂，世事纷繁，若不排除各种干扰，彻底沉下心来，下够全神贯注的功夫，就很难进入表象的深处，体味“道体”的底蕴。

如何静悟，白沙有一个非常喜欢的方法，就是静坐。他在《藤蓑·其四》诗中写道：

> 朽生何所营，东坐复西坐。搔头白发少，摊地青蓑破。千卷万卷书，全功归在我。吾心能自得，糟粕安用那？

《诗教解》对此诗既有逐句解读，也有多方引申：

> 东坐、西坐，言随处静坐以体认天理也。自言朽生何所营求哉？不过随处静坐而已。今至于老，发非徒白，而白又至于少矣。以青蓑摊地而坐，至于破，其久而且专如此。故又言书虽千万卷之多，不过欲以管摄发明此心，而收“立大”之全功也。孟子“学问以求放心”、程子“圣贤千言万语，只是欲人将已放之心反复入身来”，亦此意也。夫人苟能自得，则夫世之诵言忘味、夸多斗靡者皆糟粕耳，何用哉？盖刺不善读书者之失也。[1]

白沙独好静坐的习惯，从年青一直保持到年老，以至藤做的非常耐用的蓑衣，也因坐得太多而磨破。他认为只要这样专心思考，就可完满掌握所读之书的精华，既然能以心得道，也就无须理会那些道外的“糟粕”了。湛若水的引申，一是用自己标志性的论断“随处体认天理”指明静坐的目的，“天理”即“道体”，静坐就是为了求道，这一解读完全吻合白沙诗中之意；二是引孟子、程

1 ［明］湛若水：《白沙子古诗教解·藤蓑·其四》，见《陈献章全集》下，第1028页。

子“求放心”说（此处“放”为丢失之意），强调无论读书还是静坐，无非都是为了将丢失了的本心再找回来，这与白沙的以心得道略有侧重点的差别，而实质含义并无不同。

对于静悟，白沙还有一个很深的体会，就是最好选择在夜晚进行。此时万籁俱寂，颇少干扰，更容易看清道体。他写过一首《题心泉 为黄叔仁作》的诗，就明确表达了这样的意思：

> 夜半汲山井，山泉日日新。不将泉照面，白日多飞尘。飞尘亦无害，莫弄桔槔频。

此诗寓意甚多，《诗教解》对其详加解读：

> 以泉比本心，以尘比物欲，以桔槔比智巧。日日新，喻天理之生生不息也。黄叔仁，别号心泉……言“夜半汲山井”者，夜半静定之时，而此泉日新，如人之夜气生生不息也，此时澄心反照，则天理自见矣；若夫白日，则马动人行而飞尘亦起，如旦昼所为牿亡（引者注：“牿亡”，同“梏亡”）之矣，此时为尘所蔽，则本来面目岂可见哉？又言灰尘犹之可也，若智巧以凿其性，如弄桔槔者之“有机事必有机心”，则坏之极矣。孟子“所恶于智者，为其凿也”，亦此意。[1]

这些解读，多引孟子、庄子之语，有助于深入理解白沙的诗意。要而言之，“汲山井”即形容以心见道，而“山泉日新”既代指“天理”（道体）之新，亦代指“本心”之新。以心见道之所以要选在夜半时分，是因为此时没有白

1 ［明］湛若水：《白沙子古诗教解·题心泉 为黄叔仁作》，见《陈献章全集》下，第1028页。

天飞尘的遮蔽，心如明镜，用来“反照”道体，则“天理自见矣”。而“灰尘”之外，更要防止乱用机谋之心，只有顺其自然，才能真见道体。全诗的核心，仍集中于心道二者的关系。

以察物、去蔽、入静为主要方法，“心”“道”二者就能不断结合，最后到达以心识道的目的。由此结合，白沙心学进一步引出了一个极为重要的观点，即“心”通过这一结合，性质已完全改变，它不再只是“道体”的显现，而是可以像“道”一样，居于或升华到“本体”的地位，成为“心之本体”（又称“本心”）。如此一来，白沙心学就建构了两个本体，即“道”本体和“心”本体。两体关系如何，成了白沙心学中最具哲理思辨意味的问题。

四、心体与道体

按照两体论，“心”作为人的意识，在识道前后是有很大不同的。识道之前，人心只是一种天赋的能力，为“古今圣愚所同有”，与“道体”毫不相干，两者相距似有“万里之远”；而识道之后，心与道就能彼此相会，“合二而一”，心的本性不仅得以彰显，而且“心之本体”得以融入“道之本体”。（见前引《诗教解》）这表明，心、道虽然都可称为“本体”，实际上还是有差别的。

比较而言，道体作为天地万物之本，是一种完全独立的存在，其种种特性，皆直接由此独立性所派生，而心体的存在则离不开对道体的认知，换言之，只有借助与道体的各种关联，才能将自身的特性清楚地显现出来。白沙很多诗文（文尤其多）论及心体，无不着眼于与道体的关系，从不同角度揭示心道合一之后，得道之心给人带来的极不寻常的改变，作出了若干内涵非常丰富的论断，将心体对人的重要意义阐释得相当透辟。

（一）心道合一，人就能像道一样“至大”

“至大”原本是“道体”的基本特性，然而，人一旦以心得道，这一特性也就同时并现于“心体”，使人成为“至大”的“君子”。

对此改变，白沙在《论前辈言铢视轩冕尘视金玉》上篇中，作了清晰的论说。他先将道的“至大”与天地相比，断言后者看似极大，若以道眼观之，其实不过如“太仓之一粟，沧海之一勺”。照此比喻，人与道比，就应更加微不足道。但白沙却以为不然，因为天地无心而人有心，有心就能“得道”，获取道的“至大”性：

……故至大者道而已，而君子得之。一身之微，其所得者富贵、贫贱、死生、祸福，曾足以为君子所得乎？君子之所得者有如此，则天地之始吾之始也，而吾之道无所增；天地之终吾之终也，而吾之道无所损。天地之大，且不我逃，而我不增损，则举天地间物既归于我，而不足增损于我矣。天下之物尽在我而不足以增损我，故卒然遇之而不惊，无故失之而不介，舜禹之有天下而不与，烈风雷雨而弗迷，尚何铢轩冕、尘金玉之足言哉？[1]

细加推究，这段话表达了三层意思：首先，人身之所得与心之所得全然不同，身之所得不过为富贵等微末之物，绝非人所应得的全部，只有以心得道成为君子，才真正完成了人生的使命。其次，君子由于得道，也就具有了“至大”的眼界和胸怀，“吾”随天地的出现而出现，随天地的终结而终结，而“吾道”并不发生增损的变化，即使万物归我，我也无增无损。最后，得道的君子因此足以超越任何物性，毫不在意任何得失宠辱，像帝王一样据有天下也

1 ［明］陈献章：《论前辈言铢视轩冕尘视金玉·上》，《陈献章全集》上，第 70 页。

不动心，遭遇狂风暴雨也不迷途，还有什么官位爵禄、金玉钱财值得挂齿呢。

值得注意的是，这里所说的“君子”“我”“吾”，都是从得道之心的角度立论，换言之，人只要以心得道，就能获得道的至大性。据此，所谓“得之”，实际上是“知之”；所谓天地万物“归于我”，实际上是指心对天地万物之道的认知。我身之微小与我心之至大，两者结合便成就了一个完整的“君子”。君子的“至大”，说到底仍然是“道体”的至大，只不过在无限的认知能力（心）与无穷的认知对象之间，发生了由此及彼的互动转换。

在写给门人林时矩的信中，白沙再次谈及“铢视轩冕，尘视金玉”的话题，对人只要得道便能变得“至大”，解读得更为具体：

> 故得之者，天地与顺，日月与明，鬼神与福，万民与诚，百世与名，而无一物奸于其间。乌乎，大哉！前辈云：“铢视轩冕，尘视金玉。”此盖略言之以讽始学者耳。人争一个觉，才觉便我大而物小、物尽而我无尽。夫无尽者，微尘六合，瞬息千古，生不知爱，死不知恶，尚奚暇铢轩冕而尘金玉耶？[1]

这就是说，得道之人，便能得天地之和顺，日月之光明，鬼神之福佑，万民之诚信，万世之声名，而不受任何虚假之物的困扰，此该何其之大！前辈说要看轻官位爵禄、金玉财宝，是为了教导初学之人，这只是某种品格上的修为，与得道者的境界远远不能相比。若就一生而言，悟道才是真正的使命。一旦有悟，我便大过万物，物皆有限而我无限。无论小如微尘、大如六合，还是短如瞬息、长如千古，我都能洞悉其存亡演变之理，因而既不眷恋生，亦不厌恶死，哪里还顾得上品评什么轩冕和金玉。这里所说的我之大和我之无尽，其实

1 ［明］陈献章：《与林时矩》，《陈献章全集》上，第 331—332 页。

是指人的认识的宽广性和无限性，其认识的对象则是“至大”的“道体”。由此“认识”，人原本有限的生命，就得以超越时空，延至无穷无尽。

（二）心道合一，人就能联通万事万物之理

对于道体而言，“至大”还是外在特性，其内在本质，需通过道与物的关系才能表现出来。如前所论，道为天地之本，通于万物，涵盖万理，是联通万物万理的枢纽。在白沙看来，人以心得道之后，道体的这种联通性，也就自然成了心体衡量万事万物的指针。

他举出“厌薄之心”作为批评的对象，以得道之心为立足点，阐释了万物万理何以必然相互联通的道理：

> 天下事物杂然前陈，事之非我所自出，物之非我所素有，卒然举而加诸我，不屑者视之，初若与我不相涉，则厌薄之心生矣。然事必有所不能已，物必有所不能无，来于吾前矣，得谓与我不相涉耶？夫子谓“不义而富且贵，于我如浮云”，谓薄不义也，非薄富贵也。孟子谓：“舜视弃天下如敝屣”，亦谓重爱亲也，非谓轻天下也。君子一心，万理完具；事物虽多，莫非在我。此身一到，精神具随。得，吾得而得之耳；失，吾得而失之耳。厌薄之心，何自而生哉？巢父不能容一瓢，严陵不能礼汉光，此瓢、此礼，天下之理所不能无，君子之心所不能已。使二人之心果完具，亦焉得而忽之也。……昔人之言曰：“铢视轩冕，尘视金玉”，是心也，君子何自得之哉？[1]

1 ［明］陈献章：《论前辈言铢视轩冕尘视金玉·中》，《陈献章全集》上，第70—71页。引文中数句标点，似应作如下改动：“此身一到，精神具随，得吾得而得之耳，失吾得而失之耳，厌薄之心，何自而生哉？”“得吾得”“失吾得”语意完整，不宜断开，否则难以索解。

所谓“厌薄之心”，就是有人遇到陌生事物时，容易认为与己无关，于是对其不屑一顾，采取厌恶鄙视的态度。白沙认为这是不对的，因为人凡是与事物相遇，其中必有不得不然的缘由，不能说与己无涉。他进一步分析说，君子以心得道，懂得所有的道理，无论何事何物，都能作出恰当的解读。吾身总有吾心相伴，若心能得道便一切可晓，若心未得道便一切难明，得失皆视乎心能否得道，“厌薄”是没有道理的。

对如何将各种道理兼收并存，他举了三个例子加以说明。一是孔子的富贵论，指出孔子所否定的是不义而得富贵，而非富贵本身，即富贵也有存在的道理；二是孟子的天下论，指出孟子称赞舜帝不惜丢弃天下，是因为强调爱亲为重，而并非轻视天下，即天下也有其重要性；三是巢父不愿使用人间器物，严陵不愿遵守朝廷礼节，[1]作为隐士固然无可厚非，但此器物礼节亦不能排除在天下之理和君子之心之外，假如两人心无缺失，也应看到器物礼节的不可忽略性。同样，在君子之心看来，轩冕与金玉也各有其存在之理，不必以铢尘视之。这种对各种道理的兼顾和平衡，是白沙心学的一大特色。

（三）心道合一，人就能变得“至巧”无比

道体不仅能联通万事万物，而且可对天地如何变化和人们如何行事起决定作用，使两者皆有极其巧妙的表现。这种“至巧”性，白沙在《仁术论》一文中作了明确的揭示和具体的论证，将心体与道体的一致性解说得更加清楚，同时也在一定程度上显示了心体自身的特殊性。

文中首先这样立论：

> 天道至无心，比其著于两间者，千怪万状，不复有可及，至巧矣，然

1　巢父相传为尧时隐士，喝水宁可用手捧，也不肯用瓢。严陵即严光，东汉时隐士，汉光武帝多次请其当官，皆拒绝。

皆一元之所为；圣道至无意，比其形于功业者，神妙莫测，不复有可加，亦至巧矣，然皆一心之所致。心乎，其此一元之所舍乎！[1]

所谓“天道”，即自然界中所存之道；所谓“圣道”，即圣人所得之道。“天道至无心”，是说此道自然而然，毫无意识参与其间；而“圣道至无意”，则是说此道虽与意识有关，却并非任意而为。天道与圣道有个非常显著的共同点，就是两者皆“至巧”，前者见于天地之间的千变万化，后者见于建功立业的出神入化。何以如此，皆因“一元”，即道，在起作用。天道是直接作用，而圣道则是间接作用，即通过“一心”而接受“一元”的支配，因为“心”原本就是“道”的居所。天圣两道同出一源，所以就有了同样的至巧性。

为了证明圣道的“至巧”，白沙举了四个例子。

第一个是周公与桓文（春秋五霸中的齐桓王和晋文王）的功业对比：

昔周公扶王室者也，桓文亦扶王室也。然周公身致太平、延被后世，桓文战争不息、祸藏于身者，桓文用意、周公用心也。是则至拙莫如意，而至巧者莫逾于心矣。[2]

周公与桓文皆扶王室，周公能收太平之效并泽被后世，而桓文却一再引发战乱之祸。反差之所以如此之大，原因就在于桓文是任己意而为，周公是依道心而行。任己意最为笨拙，而依道心则最为灵巧。

第二是圣人远庖厨以行仁：

孟氏学圣人也。齐王不忍见一牛之死，不有孟氏，不知其巧也。盖齐

1 ［明］陈献章：《仁术论》，《陈献章全集》上，第 73 页。

2 ［明］陈献章：《仁术论》，《陈献章全集》上，第 73—74 页。

王之心，即圣人之心，圣人知是心之不可害，故设礼以预养之，以为见其生而遂见其死，闻其声而遂食其肉，则害是心莫甚焉，故远庖厨也。夫庖厨之礼至重，不可废；此心之仁至大，不可戕。君子因是心制是礼，则二者两全矣，巧莫过焉。齐王之心一发契乎礼，齐王非熟乎礼也，心之巧同也。[1]

这里所说的“圣人之心”，即不忍伤害生命的仁慈之心。此心需要守护和培植，而绝不伤生在实际上又不可能做到（如杀牲以祭祀、人类饮食等），这就形成了很大的矛盾。为了调和这种矛盾，圣人便想了一个办法，就是教人（君子）远离“庖厨”（厨房），以此作为一项至为重要的礼制，用来保护不忍伤生的仁心。这样一来，心与礼就做到了两全其美，真是再巧也没有了。“君子远庖厨”，见于《孟子·梁惠王上》，实际上是一种比喻，其目的在劝诫齐宣王实行仁术，“保民而王”。白沙论“庖厨之礼”，重在突出道心之巧，着眼点与孟子略有差别。

第三是圣人迸除裔夷以去民害：

圣人诛民害而迸之（四裔），四裔之民奚罪焉？亦曰戮之则伤仁，存之（则）遗害。故圣人之仁有权焉，使之远寓魑魅，则害去而恶亦不得施矣。夫人情之欲在于生，圣人即与之生；人情之恶在于死，圣人不与之死。恶，众人所恶也，圣人即迸除裔夷，恶难施也。……圣人未尝巧也，此心之仁自巧也，而圣人用之。故天下有意于巧者，皆不得厕其间矣。[2]

“迸除”，驱逐；“裔夷”，周边之民。史书记载，舜帝为了去除民害，曾采取

1 ［明］陈献章：《仁术论》，《陈献章全集》上，第 74 页。
2 ［明］陈献章：《仁术论》，《陈献章全集》上，第 74 页。

将四大“凶族”流放到僻远之地的举措。[1]白沙设问道：圣人这样做，是因四裔之民有什么罪吗？回答是：如果采取杀戮的办法，仁心则受到伤害；如果照旧留在周边，危害则会延续。于是圣人采用变通之法，将裔夷远迁荒野之处，使之再也无法作恶。他接着议论说，圣人的做法无非是顺应人之常情，让人生而不让人死；圣人并不是有意取巧，而是“此心之仁”（即道心之仁）本来就巧，圣人不过予以运用罢了。因此，天下那些故意弄巧之人，都不能置于圣人之列。

第四是周公对君主的忠诚：

> 周公一《金縢》大发寤时主，以后世事观，至巧矣。周公岂有意耶？亦任心耳。[2]

“金縢”，即金匮，用来收藏书契的柜子。史载周武王战胜商纣王后不久，一度病倒，群臣恐惧。周公在众人祈祷时，写下祝文，求神明让自己代武王受疾，而使武王恢复健康，以带领周人完成统一大业。仪式结束后，此文被秘藏于金匮之中。《尚书》有《金縢》篇，记载的就是此事。武王去世后，成王继位，因年幼而由周公摄政。此时出现了一种指责周公不忠的流言，周公为此而避居东都。成王后来开启金匮，见到周公祝文，知道了周公的忠勤，深受感动，于是将其迎回了国都。白沙以为周公此举也“至巧”，同样不是故作姿态，而是按照道心行事。

综观以上事例，可以看到几个共同点：其一，圣人行事皆用“心”而非用“意”，由于心为道之居所，所以归根结底还是用“道”，即按照他们所认知的

1 见《左传·文公十八年》：“舜臣尧，宾于四门，流四凶族混沌、穷奇、梼杌、饕餮，投诸四裔，以御魑魅。”

2 ［明］陈献章：《仁术论》，《陈献章全集》上，第74页。

道的法则办事。“意”本来也属于心的功用，但因其不合于道，只能排除在道心之外。其二，道天生具有至巧性，依道而行的圣人因此也显得至巧，从根源上说这不是圣人之巧，而是道心之巧，圣人只是其载体而已。其三，至巧就是恰到好处、完美无缺、毫无偏颇，如周公扶王室而功德圆满，孟子将悲悯之心与庖厨之礼结合得天衣无缝，圣人用迸除之法既去裔夷之害，又避杀戮之偏，周公藏忠信于金縢终收奇效，都体现了这一点。这种至巧，可理解为就是白沙所言之道的重要内涵；反过来说，凡至巧之事，也都是与道相合的表现。

这些观点，以儒学价值观为取向，但其重点不在于宣扬圣人事迹，而在于以心学阐释这些事迹的底蕴，即圣人何以为圣人，是因为他们的认知完全符合道的法则，所以他们就显得特别聪明。这种看法，显然在儒学中增添了新的思想内容。至于圣人是否就绝对与道相吻合，圣人的至巧是否就是唯一最好的选择，当然还有可议之处（例如桓文的评价、远庖厨的虚实等）。

（四）心道合一，人就能具有开拓万世的力量

人心因得道而“至巧”，能破解一时所出现的各种难题；从长远看，由于得道，人心还能代代传承，开拓万世之业。为了突出这一力量，白沙引入儒学极为看重的“诚”的概念，围绕一个“诚”字，在《无后论》一文中对心道关系作了别有新意的阐释：

> 君子一心，足以开万世；小人百惑，足以丧邦家。何者？心存与不存也。夫此心存则一，一则诚；不存则惑，惑则伪。所以开万世、丧邦家者不在多，诚伪之间而足耳。夫天地之大，万物之富，何以为之也？一诚所为也。盖有此诚斯有此物，则有此物必有此诚，则诚在人何所？具于一心耳。心之所有者此诚，而为天地者此诚也。天地之大，此诚且可为，而君子存之，则何万世之不足开哉？作俑之人，既惑而丧其诚矣。夫既无其

诚，而何以有后邪？[1]

此文不长，可略分为两层意思。

第一层，将“君子一心”与“小人百惑”相对，前者指得道之心，而后者本来与心相关，因未得道，只能以“惑”称之。两者的根本区别何在呢？前者以心归一，归一则可致诚；后者道心不存，因此常觉困惑，惑则导致虚假。在白沙心学用语里，“一”常为“道”的代名词，而“诚”字取其真实之意，与反义词“伪”字相对应。连贯起来，就是君子因存此心而能得道，得道就能做到真诚；而小人因未存此心，则总是处于困惑之中，困惑就必定虚假。由此一真一假，就决定了是开万世还是丧邦家这两种截然不同的结果。

第二层，在前述基础上，直接将“诚”与“道”相等同，断言天地之大，万物之富，都是诚之所为；有诚才有天地万物，反之，有天地万物，则必有此诚。对于人来说，此诚就存在于心中，它同时也就是制约天地万物之诚。既然此诚可以造就天地，那么，得到此诚的君子还怕不能开万世吗？“诚”俨然变成了无所不在、无所不能者。联系前文白沙对道与天、地、人之关系的论述，可以看得很清楚，这里所说的“诚”，其实就是“道”。之所以以“诚”相称，是因为要显示得道之心作为对道的认知，还带有自身的特征，但就其实质内涵而言，则是完全相同的。

综而论之，白沙所说的心道合一，心、道两者以其出现的顺序而言，当然是道在前，心在后；以其具有的地位而言，道为根源性本体，心则因与道相合而跃升为本体；以其内涵而言，经过心的运作，心可实现向道的转化，达至与道毫无区别、合二而一的境地。不过，尽管所有人都天生具有心本体，但并非所有人皆能获得道本体，有些人会因不能转化而与道相隔万里，只有成功转化

---

1 ［明］陈献章：《无后论》，《陈献章全集》下，第 73 页。

者，才能实现心道合一。如果这些分析可以成立的话，那么，就应该说，白沙心学的所谓心本体，实质上是指人的认识能力及运用这种能力所得的结果。因此，白沙重“心”，其实是重认识论。他通过将“心”提升到本体的高度，使人的认识的重要性得到了极大的拓展和弘扬，使单一的道本体有了非常鲜明的属人性，从而开创了宋明理学的新气象，推进了中国哲学认识论的发展。

论陈白沙诗教中的教育哲学思想

广东省外语艺术职业学院讲师
华南师范大学教育科学学院博士　郭爱丽

【摘　要】诗教是陈白沙教育的一大特色，诗歌是其心学教育哲学的重要表达方式与载体。白沙一生虽不事著述，却有约2 000首诗歌留存于世。这些诗歌，从正面确定了其教育哲学思想的核心概念，从侧面反映出其本人的真实经历、生活感受与哲学思考，故有着较大的研究价值。通过研究白沙诗教，可进一步将其教育哲学思想归纳为以心道为基础的本体论、以自然为宗旨的价值论和以静坐为基本形式的工夫方法论。

【关键词】陈白沙；诗教；教育哲学

陈白沙（1428—1500），名献章，字公甫，别号石斋，明代岭南著名哲学家、文学家、教育家。作为明代心学的开山祖，对其后的思想影响深远，在中国教育思想史上占有重要地位。他虽不事理论著述，但却热衷诗歌，以诗歌表达自己对于宇宙、社会、人生的真切感受，故有“诗教”一说。其弟子湛若水评道：“夫白沙诗教何为者也？言乎其以诗为教者也。何言乎教也？教也者，著作之谓也。白沙先生无著作也，著作之意寓于诗也。是故道德之精，必于诗焉发之。”[1]

1 ［明］湛若水：《诗教解原序》，见《陈献章集》附录一，北京：中华书局，1987年，第699页。

陈白沙的族孙陈炎宗也说："族祖白沙先生以道鸣天下，不著述，独好诗。诗即先生之心法也，即先生之所以为教也。"[1]

陈白沙喜欢诗歌创作，"平生磊磈心，尽向诗中泄"[2]。他从《此日不再得》这首诗扬名京师开始，至离世，所著诗文不下万首，至今留存约 2 000 首。他的得意弟子湛甘泉选取陈献章古体诗 160 首，逐一解释附注，形成《白沙子古诗教解》，后以附录形式被收于《陈献章集》中。在一些诗歌中，他直接表达了自己的心学诉求，"诗成辄寄予，所得随盈箧"[3]。

在教学实践中，陈白沙也经常采用诗教的方式教育学生，比较著名的有《答张内翰廷祥书》《自策示诸生》等，在《示黄昊》中他教育学生"高明之至，无物不覆。反求诸身，霸柄在手"。正因为他与学生、友人常以诗歌方式交流思想心得，所以他的诗教内涵极为丰富，笔者将其简要归为以下三个方面。

一、"心道合一"——以"心""道"为基础的本体论

"心"是什么？"道"是什么？"天道至无心"，"圣道至无意"。[4]"心"和"道"是白沙心学教育哲学思想的基本概念、理论基础。"心"是"元神之宅"，是"神明之舍"，是人的主观意识和认识能力。"道"，是不以人的意志为转移的自然客观规律，它存在于天地万物中。二者皆是无法具体描述的存在，因此更适合在诗歌中用各种比喻和类比进行阐述和表达，这也是中国哲学的思维习惯。通过"心道合一"，陈白沙阐述了其如何实现主观与客观的统一。

---

1 ［清］陈炎宗：《重刻诗教解序》，见《陈献章集》附录一，第 700 页。

2 ［明］陈献章：《寄李若虚宪副》，《陈献章全集》卷四，上海：上海古籍出版社，2019 年，第 427 页。

3 同上。

4 ［明］陈献章：《仁术论》，见《陈献章集》卷一，第 57 页。

通过“心道合一”，陈白沙实现了理论上的突破。南宋哲学家陆九渊提出“心即理”的哲学命题，“人皆有是心，心皆具是理，心即理也”[1]，把“心”抬到了和“理”一样的高度。白沙和陆九渊一样注重返心自求，有明显的内圣价值取向，但其心学体系的独特性在于“心道合一”，进一步张大了“心”的作用，提出了“天地我立，万化我出，宇宙在我”的哲学观点，从而提出了以“心”“道”为基础的本体论。他说：“终日乾乾，只是收拾此而已。此理干涉至大，无内外，无终始，无一处不到，无一息不运。会此则天地我立，万化我出，而宇宙在我矣。得此霸柄入手，更有何事？往古来今，四方上下，都一齐穿纽，一齐收拾，随时随处，无不是这个充塞。”[2]“理”无内外，超越始终，属绝对性的存在。“我”是主体，也是本体，“我”能思悟“理”之存在，故而有“宇宙在我”，得此把柄，更有何事？人之本真性存在由之显现。

通过“心道合一”，白沙倡导“气”“理”“心”“物”的统一。陈白沙认为，言为心声，应通过诗歌自由地表达人的真性情和真感受；诗从“心”出发，就可以达到“动天地、感鬼神”的“天人合一”境界。“天道不言，四时行，百物生，焉往而非诗之妙用？会而通之，一真自如。故能枢机造化，开阖万象，不离乎人伦日用而见鸢飞鱼跃之机。”[3]他在诗歌《随笔》中这样描写：“断除嗜欲想，永撤天机障。身居万物中，心在万物上。”[4]在《赠世卿》中又直接写道：

元神诚有宅，灏气亦有门。神气人所资，孰谓老氏言？

1 ［宋］陆九渊：《与李宰》，《陆象山全集》卷十一，北京：中华书局，1980 年，第 149 页。

2 ［明］陈献章：《与林郡博》，《陈献章集》卷二，第 217 页。

3 ［明］陈献章：《夕惕斋诗集后序》，《陈献章集》卷一，第11 页。

4 ［明］陈献章：《随笔》其四，《陈献章全集》附录一，第 1094 页。

下化囿其迹，上化归其根。至要云在兹，自余安足论？[1]

结合《诗教解》中的相关解释，元神之宅，指的就是“心”。“心”也是神明之舍。如果个体能存其心志，则浩然之气由此而出，所以称“心”为“心门”。这与孟子所说的“志至焉，气次焉”意思相近，但是“神气”二字，可用于描述所有人类个体，这与老子的思想境界并不相同。老子囿于迹，所主在气，而白沙所讲圣贤之神气，其根则主于理，是从个体的思想之源，从本体论的角度上阐述的，其基本概念的内涵与道家思想皆有所不同。白沙心学所提倡的，就是通过发挥“心”的作用，来认识体悟“道”这一本体。在其他诗歌创作中，仍不偏离这题主题。

梦作洗心诗

一洗天地长，政教还先王。

再洗日月光，长令照四方。

洗之又日新，百世终堂堂。[2]

大流垂玉

大流无此奇，偶值银河倾。

愿回银河流，免与世浊并。

一洗日月光，再洗天地清。

何止天地清，万世无甲兵。[3]

通过“心道合一”，白沙追求现实与理想的统一。通过“洗心”加强心性

1 《陈献章全集》附录一，第 106 页。

2 《陈献章全集》卷四，第 430 页。

3 《陈献章集》卷四，第 284 页。

涵养，无论逆境顺境，都能够积极乐观面对。如其在诗歌中所言："真乐何从生，生于氤氲间。氤氲不在酒，乃在心之玄。"[1]即便不能在庙堂之上展示其政治抱负，也可以在其他方面发挥自己的作用和价值。

在《感事》一诗中，陈白沙分享其豁达明朗、积极主动的人生态度："君心如逝水，一往不复旋。谁能万里浪，安坐驾此船？伤哉一何愚，由我不由天！仁者固有矜，智士乃自全。"[2]

在另一首诗歌《示湛雨》中，也有类似观点的阐述：

有学无学，有觉无觉。千金一瓠，万金一诺。
于维圣训，先难后获。天命流行，真机活泼。
水到渠成，鸢飞鱼跃。德山莫杖，临济莫喝。
万化自然，太虚何说。绣罗一方，金针谁掇？[3]

天命，即天理。"有学""有觉"二句，主要是说如果只是沉溺于背诵，止步于眼前所见，虽有学如无学，虽有觉亦如同无觉。"千金一瓠"源自《鹖冠子》"中流失船，一瓠千金，贵贱无常，时使物然"，作者在此借引用来表达他的哲学思想。"言学当超于言语之外，而致力于不睹不闻之体，《中庸》所谓'天下之大本'也。大本立，则有一瓠千金之重；此言一诺，则重于万金矣。"[4]正如曾子所提倡的"一贯"宗旨，必须先努力用功才能有所收获。找到这样的思考方法后，才能够水到渠成，感受鸢飞鱼跃之妙，也能够由此顿悟万物如何变化。白沙以金针比心，认为此心人人具备，不能够讲授，也无法交

1 ［明］陈献章：《真乐吟，效康节体》，《陈献章全集》卷四，第 421 页。
2 《陈献章全集》卷四，第 385 页。
3 《陈献章全集》卷四，第 377 页。
4 ［明］湛若水：《白沙子古诗教解・示湛雨》，见《陈献章集》附录一，第 703 页。

换，也是靠自己用“心”去领悟，直接道出了白沙的心学之思。

二、“理出天然”——以自然为宗旨的价值论

何谓“自然”？白沙所谓自然，是指万事万物原本的、不经任何修饰的一种存在状态，或者是一种没有任何干预和影响的心灵境界。所以，他认为诗歌应该是率情而发，不应该过度人为修饰。“诗之工，诗之衰也。言，心之声也。形交乎物，动乎中，喜怒生焉，于是乎形之声，或疾或徐，或洪或微，或为云飞，或为川驰……率吾情盎然出之，不以赞毁欤；发乎天和，不求合于世欤；明三纲，达五常，征存亡，辨得失，不为河汾子所痛者，殆希矣。故曰‘诗之工，诗之衰’。”[1]白沙倡导“自然”，“本于性情之真，非有意于世俗之赞毁”[2]。湛若水在此基础上进一步总结“自然”为“仁义、忠信、淳和之心”，“白沙先生之诗文，其自然之发乎？自然之蕴，其淳和之心乎？其仁义忠信之心乎？夫忠信、仁义、淳和之心，是谓自然也。夫自然者，天之理也。理出于天然，故曰自然也”[3]。在《答张内翰廷祥书，括而成诗，呈胡希仁提学》中，白沙以诗的形式道出其哲学思想，表达其独特的心学理论。

古人弃糟粕，糟粕非真传。渺哉一勺水，积累成大川。
亦有非积累，源泉自涓涓。至无有至动，至近至神焉。
发用兹不穷，缄藏极渊泉。吾能握其机，何必窥陈编？
学患不用心，用心滋牵缠。本虚形乃实，立本贵自然。[4]

1 ［明］陈献章：《认真子诗集序》，《陈献章集》卷一，第 4 页。
2 ［明］陈献章：《送李世卿还嘉鱼序》，《陈献章集》卷一，第 16 页。
3 ［明］湛若水：《重刻白沙先生全集序》，见《陈献章集》附录三，第 896 页。
4 《陈献章集》卷四，第 279 页。

借景释意，借自然境界表达“非言语可及”的形而上学概念。白沙提倡“勿忘勿助，鸢飞鱼跃”的自然境界，而这一境界承继自曾点到孟子的自然“乐”境。虽然道不可言，但他还是保留了诗的语言对道的领证觉悟作用，在白沙教学中，大量使用“诗语”，《五日雨霰二首》其二云：

元气塞天地，万古常周流。
闽浙今洛阳，吾邦亦鲁邻。
星临雪乃应，此语非谬悠。[1]

白沙借景抒情，借自然物象，表达其哲学思想。“元气”，在这里表示的是“天地之正气”。以诗歌为载体去表达对教育的审视、对自我的反思。他喜欢通过日常自然的事物吟咏而得自然真道。他的诗歌创作类型多样，四言诗、五言诗、古体诗、近体诗都有，以率性而发为创作风格，以蕴含哲思为作品特色。他以诗的形式、诗的意象来表述他难以言传的心学观念，深入研究这些诗歌留存之作，有利于更好地理解“元气”“元神”“心”“自然”等范畴的心学意义，亦有利于领会、总结和挖掘其心学教育哲学思想的本义。

寄李子长

祝融我当往，往处还自然。未往亦由我，安知不是仙？
是身元有患，天道岂无缘？难逢俗人说，可为知者传。[2]

当时白沙身患疾病，受其所累，在《寄李子长》这首诗中表达了他此时的心境。南岳衡山是其当往的所在，但又因疾病困扰而不能去成。然而，在白

---

1 《白沙子古诗教解》，见《陈献章全集》附录一，第 1073 页。
2 《白沙子古诗教解》，见《陈献章全集》附录一，第 1076 页。

沙看来，去是“自然”，“未往”也是随缘，也是“由我”，怎能知“未往”就不是仙者的自然自由之境界？形而上的“自然”境界也许不可言说，但作为智者总是会理解的，只是一般人不能领会。

由此可见白沙乐天知命、顺乎自然的精神境界，他总是以一种出世超然的心态去面对当下的生活。其《读张地曹偶拈之作》如是说：

> 拈一不拈二，乾坤一为主。一番拈动来，日出扶桑树。
> 寂然都不拈，江河自流注。濂洛千载传，图书乃宗祖。
> 昭昭圣学篇，授我自然度。[1]

“拈”有捏拣之意，依据语境应是“主”的意思；“拈一不拈二”，即主一不主二；“一”是“纯”，是“道”，此体现白沙对“道体”的信念与执着。所谓“一番拈动来”，实是“心”之“感通”，“心”之执着，体现的是人在道德上的积极自由；而“寂然都不拈，江河自流注”不过是“心”的无执，或曰道德上的消极自由，反映的是“道”的自然无为，犹如江河流注一般。结合其弟子湛若水的《白沙子古诗教解》，就能知晓白沙所要的是传承濂洛之学，祖述河图之书，明白圣学道理。周敦颐《通书》中的“一为要”，不过是要点明“无欲”之累，“无欲则静虚动直”，由此而通圣人之途。此正是“先生（白沙）扶正辟邪而警之者深矣”之意义所在。

三、“静坐中养出端倪”——以静坐为基本形式的工夫方法论

白沙提倡“静坐中养出端倪”的为学方法，提倡通过静养获取智慧。在

1 《陈献章全集》卷四，第412页。

求道过程中，在追求心道合一的过程中，按照陈白沙的想法，无法通过理性的、逻辑的分析来达到目的，只能通过非理性的内省的方法去感悟。他提倡以“静坐”内省方式来感悟本心，所以反对为书所累，认为应该是“以我观书”，而不是“以书博我”。通过“自得”，强调主观能动性，强调自然与独创。

静坐内省。白沙喜欢静坐，他认为，要真正感悟天地之道，必须要静坐，彻底沉下心来。“静”主要是指人的“心”静，心静才能认真读书，并有所领悟。从他的诗歌《藤蓑》其四中可以看出静坐的妙处。

> 朽生何所营，东坐复西坐。搔头白发少，摊地青蓑破。
> 千卷万卷书，全功归在我。吾心能自得，糟粕安用那？[1]

静观万物。《梦后作》其二：“见月时一吟，夜凉天称心。回头望东川，流水无古今。”这些都是静坐而得，静坐而思。白沙的静坐，并不是指独自面壁，而是更加随意自然，“随处体认天理”，以静观万物而入自然之境，悟自然之道。《浮螺得月》中写道：“道眼大小同，乾坤一螺寄。东山月出时，我在观溟处。”[2]

静中顿悟。静是一种境界，“窗外竹青青，窗间人独坐。究竟竹与人，原来无两个”[3]。静处可促进人的思考，“行如云在天，止如水在渊。静者识其端，此生当乾乾”[4]。静处才能以物顿悟，“翠裙白领眼中无，飞上木犀还一呼。乾坤未可轻微物，自在天机我不如”[5]。尽管如此，白沙也不是只强调静，而反对“动”。在他看来，“动”“静”是相互有益的，例如他在《将如外海

1 《白沙子古诗教解》，见《陈献章全集》附录一，第 1028 页。
2 《陈献章全集》卷五，第 761 页。
3 《对竹二首》其一，《陈献章集》卷五，第 516 页。
4 《真乐吟，效康节体》，《陈献章全集》卷四，第 421 页。
5 《木犀枝上小鹊》，《陈献章全集》卷五，第 816 页。

看山，先寄道傍诸友》诗中就写到“静久动乃宜，住多行亦得”[1]。即使提倡“静”，也不是要面壁苦思，而是与自然相融合，提倡个体自我的主观觉悟、精神扩充，“随处体认天理”。白沙诗歌描写对象广泛，能够反映出他的哲学思想的诗歌主要体现在描写心、自然的诗歌，关于静养的诗歌也从另一个侧面反映了他的哲学思想。在白沙的诗歌中，他引用了大量的典故，体现了他在中国传统文学方面的造诣和对中国传统哲学思想的继承。这些典故既包含佛教、道教、《易经》中的等哲学思想，也包含了《诗经》、唐诗、宋词等方面的传统文学经典内容。例如“申以《伐木》章，一日三卷舒”[2]中的《伐木》源于《诗经》，诸如此类不胜枚举。

白沙将诗学引入儒学，借诗明道，通过诗教阐述他的哲学思想，“以诗运思，以诗呈心，以诗证道，形成了自成一格的传道方式”[3]。通过静坐涵育，养其澄明之心，在日常万物生生化化的自然流行中体悟心中大道，用诗歌讽咏的方式来表达他的教育哲学思想，强调“心”的功能，传递对“道”的感悟，丰富了中国传统教育哲学思想的内涵和形式。

---

1 《陈献章全集》卷四，第 403 页。

2 ［明］陈献章：《赠羊长史，寄辽东贺黄门钦》，《陈献章集》卷四，第 396 页。

3 卓进、王建军：《陈白沙传道的语言困境与出路》，《华南师范大学学报》（社会科学版），2011 年第 3 期，第 56—60 页。

论贺钦的心学思想

广东省江门五邑大学教授　刘兴邦

【摘　要】贺钦是江门学派的重要传人，他继承和弘扬了江门学派“践履要笃实”的思想，形成了“返身实践”的心学思想体系。贺钦“返身实践”的心学思想，强调学问必须与实践相结合，必须接受实践的检验。贺钦“返身实践”的心学思想运用到治国理政的政治实践中，形成了学问与政事合一的治国理政思想。贺钦“返身实践”的心学思想运用到伦理实践中，形成了“孝弟为先”的伦理思想。贺钦“返身实践”的心学思想运用到教育实践中，形成了“为己之学”的立德树人的教育思想。

【关键词】返身实践；学问与政事合一；孝弟为先；为己之学

江门学派创立者、贺钦的老师陈白沙在给他的信中说：“心地要宽平，识见要超卓，规模要阔远，践履要笃实。能是四者，可以言学矣。”[1]贺钦继承和弘扬了江门学派“践履要笃实”的思想，形成了“返身实践”的心学思想体系。《四库全书总目》提要指出：“钦之学出于陈献章，然献章之学主静悟，

1 ［明］陈献章：《与贺克恭黄门》，《陈献章集》，孙通海点校，北京：中华书局，1987 年，第 135 页。

钦之学则期于返身实践，能补苴其师之所偏。尝言‘为学不在求之高远，在主静以收放心而已。’”[1]贺钦既继承了白沙心学“主静”的修养方法，也弥补了白沙心学“主静”修养方法的不足之处，将“主静”修养方法付之于“返身实践”之中，体现了其心学思想“践履笃实”的特征。“钦学不务博涉，专读四书、六经、《小学》，期于反身实践。谓为学不必求之高远，在主敬以收放心而已。”[2]所谓“返身实践”，就是强调学习读书的目的在于实行，主静、主敬的为学方法也必须落实到实际行动中。贺钦把白沙心学思想传播到辽阳，成了江门学派在北方的重要传人，扩大了江门学派的传播范围和广泛影响。

一、“躬行践履”心学的思想

贺钦“躬行践履”心学思想的核心价值是注重实践、反对高谈阔论。“集中所录言行，皆平易真朴，非高谈性命者可比。”[3]贺钦认为，人们不要在虚无高远的地方求取学问，要在自己的心身实践中求取学问。贺钦“躬行践履”的思想“平易真朴”，与高谈阔论的空洞的心性之学不可同日而语。

贺钦“返身实践”的心学思想，是他在领悟白沙心学的基础上，又在长期的探索、实践中，形成的理无内外、内外合一的心学思想。“往时见书册中先圣贤垂教之言，及亲承先生之诲，或涵养，或省察，或致知力行，无所不信，无所不悦，随所闻见以用其力，特以实非自得，不知大要，见无一定，力且弗专，坐是迄今无少改于其故耳。”[4]贺钦以前曾经学习儒家经典中的圣贤之言，又亲自接受陈白沙的教诲，有时涵养，有时省察，有时致知，有时力行，

1 《四库全书总目提要》，见《医闾先生集》，武玉梅校注，沈阳：辽宁人民出版社，2011年，第171页。

2 《明史本传》，见《医闾先生集》，第163页。

3 《四库全书总目提要》，见《医闾先生集》，第171页。

4 ［明］贺钦:《简石斋陈先生》（六），《医闾先生集》，第59页。

他对于圣贤之言和陈白沙的教诲十分相信，也十分喜欢，并根据自己的闻见加以力行。但由于不是自己亲自所得，即不是“自得”，还是不能理解圣贤之言的主要思想，自己的见解也不确定，用功也不专一，进步也不大。后来，由于陈白沙的教导启发，又经过自己深入体会其中的意味，贺钦体会到“返身实践”的核心思想是“理无内外”。理既是天地万物的本体，理无处不在，理无时不有；理又在天地万物之中，理是内外合一的。贺钦认为，“返身实践”的为学方法，就是遵循理的本然状态，勿忘勿助，不受干扰。“今者屡承开示，潜玩久之，乃知此理充塞天地，贯彻古今，无处不有，无时不然，事事物物各有本然之理，吾人何必劳攘？勿忘勿助，循其所谓本然者而已。”[1]贺钦的“返身实践”之学既继承和发展了江门学派“理无内外、内外合一”的思想，还继承和发展了江门学派致知与涵养合一的思想，主张内与外合一的修养方法。“然虽见得大意如此，苟非格物致知，灼见事事物物本然之妙，乌能勉强以循之？此知之所以当先也。然非敬以涵养此心，使其常主于中，不驰于外，则身且无主，虽视不见，虽听弗闻，至粗至近者且不能酬应之，况于究义理精微之极乎？此涵养之功所以又在知之先也。以是知今日用功之始，惟当先事涵养，放心不收，终难为学，此则决无疑矣。”[2]贺钦注重外在的格物，通过格物认识事物自然的变化，遵循事物自然变化的规律，从这个意义上说，格物致知在先，以知指导涵养，即以知指导行。同时，贺钦亦注重内在的涵养，用主敬涵养心，使心主宰身、主宰天地万物。从这个意义上说，主敬涵养又在先，即行在知之先。从根本上说，贺钦的“返身实践”之学是心与理合一、内与外合一、致知与涵养合一的，是对江门学派的继承和发展，体现了“返身实践”之学的“合一”特色。

贺钦“返身实践”之学，强调任何思想理论都必须回到实践活动之中，

---

1 ［明］贺钦：《简石斋陈先生》（六），《医闾先生集》，第 59 页。
2 ［明］贺钦：《简石斋陈先生》（六），《医闾先生集》，第 59—60 页。

接受实践的检验，从而确定理论的正确与否。贺钦“返身实践”之学，首先要求“理”必须回到实践中，接受实践的检验。贺钦认为，事事物物各有理，理无处不在，不时不有，它存在于一切时空之中。人们必须遵循事事物物中自然而然的理。“实理充塞无间，化机显行，莫非道体。事事物物各具本然实理，吾人之学不必求之高远，在主敬以收放心，勿忘勿助，循其所谓本然者而已。”[1]理是天地万物的本体，天地万物都是理的表现。理就存在于天地之间，人们不必在高远的地方寻求理。人们要在自己的日常生活中寻求理，要在自己的实际行动中寻求理。“故推之家庭里闬间，冠婚丧祭，服食起居，必求本然之理而力行之，久久纯熟，心迹相应，不期信于人而人自信。”[2]理就在家庭邻里之间的关系之中，理就在人们的冠婚丧祭的礼节之中，理就在人们的服食起居生活之中。人们应该在家庭邻里之间的关系之中，在人们冠婚丧祭的礼节之中，在人们服食起居的生活之中寻求理。并且在家庭邻里之间的关系之中，在人们冠婚丧祭的礼节之中，在人们服食起居的生活之中实行理、实践理。这样，人们对理的认识和实践就得心应手了，心与理就合一了，人便不通过他人的信任也能获得自信了。“理须讲究，如祭祀，便须知行则为厚德，不行则为薄德，此正格物之事也。”[3]人们必须讲求、重视理，如祭祀之理。但也应该认识到实行理更为重要。实行理、实践理是崇高的品德，不实行理、不实践理只是浅薄的品德，这就是格物。同时，贺钦指出，人们认识理、实践理，必须遵循“自然”的方法，即“勿忘勿助”的方法。“事事物物各有本然之理，吾人何必劳攘？勿忘勿助，循其所谓本然者而已。”[4]事事物物之中的理是自然而然存在的，人们认识理、实践理，必须遵循“自然”的方法，“勿忘勿助”的方

---

1 ［清］黄宗羲：《给事贺医闾先生钦》，《明儒学案》，沈芝盈点校，北京：中华书局，2008年，第99页。

2 ［清］黄宗羲：《给事贺医闾先生钦》，《明儒学案》，第99页。

3 《言行录》，见《医闾先生集》，第15页。

4 ［明］贺钦：《简石斋陈先生》（六），《医闾先生集》，第59页。

法，不能有所安排，不必忙忙碌碌有意为之。“此理无处不有，无时不然，人无私意间隔之，则流行矣。”[1]人们不抱成见、不着安排地认识理、实践理，理与心就合一了。贺钦“自然”的方法，即“勿忘勿助”的方法，从一个侧面丰富和完善了江门学派理无内外、内外合一的“自然为宗”的思想。

二、“躬行实践”的治国理念

贺钦将“躬行实践”的心学思想贯彻到治国理政的政治实践中，形成了“躬行实践”的治国理政理念。贺钦认为，“躬行实践”的心学思想与治国理政的政治实践是合一的。“古之政事、学问一贯事耳。今人学自学，政自政，判而为二，故所学徒诵说而已，未尝施之政事。政事则私意小智而已，未尝本之学问也。故今之为政者，刚者偏于刚，柔者偏于柔，间有得其一二者，亦不过天资之偶合，非学问之功也。故欲政事之尽善，须本之学问。”[2]贺钦强调，学问与政事是统一的，学问必须贯彻到政事之中。如果学问是学问，政事是政事，把学问与政事割裂开来，这样的学问只是脱离实际的诵说，它未尝实施到政事之中。同样，没有以学问为指导的政事，只是施政者个人的主观作为。这样，为政者虽然有时也能取得一点小成就，但只是为政者个人聪明才能的偶然巧合。完美的政事必须以学问为根本，以学问为指导。贺钦的学问，就是付之于政事的学问。“教门生曰：‘为学须躬行，故曰：“学者将以行之也。”不行，岂谓之学？’”[3]学问必须付之于实践，不付之于实践的学问，不是真正的学问。学问付之于实践，就是在实践中改过迁善。“躬行须是改过迁善，不然胡

---

1 《言行录》，见《医闾先生集》，第 16 页。
2 《言行录》，见《医闾先生集》，第 17 页。
3 《言行录》，见《医闾先生集》，第 8 页。

行而已。”[1]躬行实践就是改正自己的过失，不断趋于完善。躬行实践不是胡乱作为，而是以学问为指导的行为。

贺钦首先要求皇帝躬行实践，加强人事的作为，为百姓做实事，为百姓谋利益。他作《应天以实疏》，认为国家连年发生天灾，这是对皇帝的惩罚。皇帝应该提升自己的修养，加强国家的治理，以消除自然灾害对人的惩罚。“户科给事中臣贺钦谨题为应天以实事。臣切见连年以来，灾异之作，略无虚岁，而今年为尤甚……得非人事不修之所致欤？昔董仲舒对汉武帝言，国家将有失道之败，天乃先出灾害以谴告之者，此之谓也。”[2]贺钦以董仲舒的“天人感应”思想为根据，认为国家发生自然灾害，是人事败坏造成的。他希望皇帝吸取以往的教训，以实际行动来应对上天的惩罚。皇帝要提高君德，改正以往的过失和错误，按照正确的措施和方法来治国理政。杜绝一切损害国家的行为，实施有益于国家的各种措施。皇帝要亲临朝廷，与各级官吏讨论治国理政的方法和措施。“伏望陛下念天变之可畏，忧民命之将绝，痛惩前日既往之失，涣颁省躬求言之诏。笃格天之实心，修格天之实德，行格天之实政。游晏之乐，非所以克谨天戒也，必实绝之而不敢为。无名之赏，乃所以暴殄天物也，实必止之而不妄费。内事之处置，所以正天伦繁本支也，必实谨其分而溥恩泽之施。经筵之讲学，所以明天理究道义也，必实究其旨而求贯通之妙。君臣上下之情不通，则天地之否也，必日御便殿，延接群臣，反复治道而贯以通之。”[3]同时，贺钦要求皇帝整顿吏治，严格要求各级官吏忠于职守，多做实事，不讲空话，杜绝各种形式主义。对于不称职的官吏，坚决罢免。做到君臣同心，上下一致做好国家的事情。“如是，而复下诏以切责乎文武群臣，斥其怠事废职之罪，开其悔过自新之途，使各痛以自省，而陈其既往之失，勇以自

---

1 《言行录》，见《医闾先生集》，第 8 页。
2 ［明］贺钦：《应天以实疏》，《医闾先生集》，第 122 页。
3 ［明］贺钦：《应天以实疏》，《医闾先生集》，第 123 页。

改，而勉乎将来之善。务尽其实，不事虚文。其或过而不改，善焉不勉，鳏官旷职，妨贤病国者，罢而黜之，以励其余。如是则君臣上下，同一应天之实心矣。”[1]贺钦的治国理政措施，虽然援引了“天人感应论”思想，但包括了实事实功的具体做法和要求，体现了“躬行实践”的心学特色。

贺钦在提倡修君德的基础上，主张贤人政治，提倡贤人治国，把品德好、能力强的人提拔到治国理政的岗位上来管理国家。贺钦认为，贤人是治国理政的基础。“臣闻帝王之为治，莫急于求贤人；臣之忠君，莫重于荐贤，伏惟陛下即位之初，诏求贤才以弼治化，此可见陛下有愿治之盛心，得致治之要道。”[2]贺钦提倡举贤不避亲的原则，他认为老师陈白沙是德才兼备的大贤人。陈白沙有纠正君主过失的品德，有治国理政的才能，是士大夫的楷模、表率。皇帝应该诏陈白沙出来做官，为治国理政服务。“臣先年在科之日，接见广东新会县历事监生陈献章，天性高明，学术纯正，非记诵辞章之流，实躬行心得之士，有格君之德，有经世之才，是诚当代之大贤，宜为士夫之矜式。”[3]皇帝应该不拘一格选拔人才，用特殊的礼节延迓陈白沙出来做官，为国家出力。“伏望陛下以非常之礼，起此非常之贤，召之便殿，问以治平之大道，以观其谋猷；授以政事，以试其才识。若其贤果如臣言，伏望陛下或任之内阁，使参大政；或任之经筵，使养君德，臣敢谓不三数年，而太平之治可必致也。”[4]贺钦强调，要加强对官吏的培养教育，使官吏养成良好的官德，从而达到以德治国的目的。“官之于吏，当以德化之，须朝夕劝谕之曰：‘吾与汝当为好人，不可坏法以贪污。若贪贿赂，虐害小民，与贼盗何异？今我辈见贼盗，必深疾恶之，岂可自为盗贼而不顾也？天岂不降灾祸于其家乎？’如此朝夕省谕，

1 ［明］贺钦：《应天以实疏》，《医闾先生集》，第 123 页。
2 ［明］贺钦：《辞职陈言疏》，《医闾先生集》，第 127 页。
3 ［明］贺钦：《辞职陈言疏》，《医闾先生集》，第 127 页。
4 ［明］贺钦：《辞职陈言疏》，《医闾先生集》，第 127—128 页。

彼亦可以省悟感化，不为恶也。”[1]贺钦认为，对于官吏应以教育为主，教育为官者要做好人，不要做坏人，不要贪赃枉法。为官者如果贪赃枉法，侵害百姓的利益，这样的官吏与盗贼没有区别，必然令百姓唾弃，甚至受到上天的惩罚。贺钦还认为，要培养官吏的廉耻感，用道德教育感化官吏。上级官吏不能随便呵斥、打骂下级官吏，上级官吏要用道德教育下级官吏，使下级官吏具有廉耻感，这样他们才能勤于政务，才能为治国理政贡献智慧和能力。“为政须养人廉耻，于下官不可辄加呵叱棰楚。虽下至吏卒，亦当以廉耻养之，彼然后知自重而勤于公务也。”[2]贺钦在户部任给事中时，看到有些上级官吏对下级官吏训斥打骂，他十分愤怒，常常为被打者鸣不平。“在科中，每见同僚于吏员，有小过辄骂詈棰楚，待之若犬彘，心甚不平，谓同僚曰，‘彼亦人也，若不以人理待之，则彼自视益轻，而愈无耻也。’”[3]贺钦认为，所有的官吏都是人，大家在人格上是平等的，应该以做人的道理对待他们，不要把他们当作狗、猪一样对待。贺钦“躬行践履”的以德治国、以德治吏的思想具有一定的积极意义。

贺钦“躬行践履”的治国理政思想，还包括爱民、利民的民本思想。贺钦认为，为官者拿了国家的俸禄，就应该为国家为人民服务，就应该为人民作主。“朝廷高爵厚禄为何？只为几个穷百姓而已。苟不与之为主，而听人虐害之，乃曰：‘我廉矣，我勤于公事矣。’如此可以为忠臣，而不负朝廷之恩乎？”[4]官员拿国家俸禄，行使国家权力，就是为穷苦的老百姓做事的，就是为穷苦的老百姓作主的。如果官员不为老百姓作主，而听任有些人虐害老百姓，并说，我廉洁，我勤于公务就可以了。这样的官员就算不得忠臣，辜负了朝廷的恩情。贺钦认为，老百姓称官员为父母官，是因为官员爱护老百姓，关心老

---

1 《言行录》，《医闾先生集》，第 22 页。
2 《言行录》，《医闾先生集》，第 21 页。
3 《言行录》，《医闾先生集》，第 21 页。
4 《言行录》，《医闾先生集》，第 21 页。

百姓，就像父母关心、爱护自己的子女一样。如果官员对老百姓没有爱心，用严刑峻法对待老百姓，这是父母对待自己子女的做法吗？虎狼是恶毒的，但虎狼尚不伤害自己的子女。为民父母，难道不如虎狼吗？“因论为上司者，曰：‘下民无大无小，皆呼为父母者，何也？以在上能安养之如父母之于子也。乃或略无慈爱恻怛之心，而惟以严刑峻法为事，岂父母之道哉？夫虎狼毒矣，不食其子，为民父母，反虎狼之不如矣。父母二字，可不深思之哉！’”[1]贺钦的爱民、重民思想，是其“躬行践履”心学思想在治国理政实践中的具体应用，它体现了“躬行践履”心学思想的政治实践特色。

三、“孝弟为先”的伦理实践

贺钦“躬行实践”心学思想贯彻到伦理实践中，形成了以“孝弟为先”的伦理思想。“读书以躬行为本，躬行以孝弟为先，然必得师长之教，然后知孝弟而为之。”[2]贺钦认为，读书必须联系实际，把所学的知识运用到实践中去。实践又以实行孝弟为第一位，孝敬父母、顺从兄长是“躬行实践”心学思想最根本的伦理实践。贺钦把忠、孝作为自己的家风，要求家庭子孙要保持忠、孝家风。贺钦从自己家庭的实际出发，他告诫家中子孙，做生意、从事商业活动，虽是为了获取利益，但不能为了自己的利益而损害别人的利益，不能为了利益而败坏自家的忠、孝家风。贺钦以自己的父亲为例，他说：父亲经商几十年，始终保持忠、孝家风，从未欺骗任何人。到后来不但没有损害自己的利益，而且获得了比别人更多的利益。“自家忠孝家门，为子孙者不可不谨守。买卖营生，固欲求利，然不可利己损人，有伤忠孝之家传也。汝不记忆汝祖父耶？客山东若干年，未尝欺诳一人，其买卖所得，人谁如之？后来者忠信

---

1 《言行录》，见《医闾先生集》，第 33 页。
2 《言行录》，见《医闾先生集》，第 14 页。

岂能及？”[1]贺钦对母亲特别孝敬。母亲娘家的亲戚比较贫困，他对母亲娘家的亲戚非常关爱、尊敬，并从经济上救济、资助他们。母亲有病时，他非常着急，亲自请医生，亲自给母亲喂药，极尽孝敬之心。“先生平生奉亲极孝，母党姻戚，虽甚寒贱，待之尽其爱敬，极其赒恤。亲有疾，则极其忧瘁，汤药必自尝，迎医必拜之。”[2]贺钦平时在家，坚守恩义，端正伦理，厚爱亲戚，团结乡亲。家中的子孙会说话、能走路的，他就以孝弟思想教育熏陶他们。他们家的小孩、仆人与别人发生矛盾冲突时，不问谁是谁非，他先对家中的小孩、仆人进行批评，甚至鞭打。贺钦还专门制订了十二条规矩，严格要求家中的女人坚守伦理准则。“教诸女十二条，曰安详恭谨，曰承祭祀以严，曰奉舅姑以孝，曰事丈夫以礼，曰待娣姒以和，曰教子女以正，曰抚婢仆以恩，曰接亲戚以敬，曰听善言以喜，曰戒邪妄以诚，曰务纺织以勤，曰用财物以俭。”[3]这十二条规定要求家中女人做到：为人要安详恭谨，祭祀时要严肃，侍奉公婆要孝顺，侍候丈夫要有礼貌，对待妯娣要和睦，教育子女要正直，对待婢仆要恩爱，对待亲戚要尊敬，听到善言要高兴，防止邪妄要诚信，从事纺织要勤奋，使用财物要节俭。贺钦教育家中妇女的十二条规定，体现了中华民族的传统美德。

贺钦“躬行实践”的伦理思想，也体现在对学生的教育上。贺钦的学生，有时在外面发生一些对人不礼貌的行为，常常遭到贺钦的批评。贺钦认为，人即使在细小的事情上、在隐蔽的地方，也必须注意自己的言行，保持良好的道德形象。“门人于衢路失仪，先生曰：‘为学须躬行，躬行须谨隐微，小小礼仪尚守不得，更说甚躬行，于显处尚如此，则隐处可知矣。’”[4]贺钦的学生，有时在行人路上不守礼节。贺钦认为，这不是小事。小小的礼节都不能遵守，

1 ［明］贺钦：《寄族侄》，《医闾先生集》，第71页。
2 《言行录》，见《医闾先生集》，第2页。
3 ［清］黄宗羲：《给事贺医闾先生钦》，《明儒学案》，第99页。
4 ［清］黄宗羲：《给事贺医闾先生钦》，《明儒学案》，第98—99页。

在实践中就更难依礼而行。在大庭广众的行人路上都不能遵守礼节，在人看不到的隐蔽之处更不用说了。贺钦要求门人，不论是在大庭广众的行人路上，还是在众人看不到的隐蔽之处，都应该遵守礼节，实践礼节。贺钦对学生是这样，对朋友也是这样。他认为，对于朋友的缺点、错误要敢于批评，不能姑息。如果姑息朋友的缺点、错误，就不是对待朋友的正确态度。“因论处朋友之道曰：‘吾观尔诸生，于朋友之过失，不敢明言，恐其怪己，此甚非友道。钦自来不怕朋友之怪，有失者，未尝不直言以正之，彼不从，然后止。’”[1]贺钦善恶、是非分明，是就是是，非就是非，善就是善，恶就是恶。“善恶虽小，须辨别如睹黑白。”[2]他分辨善恶是非，就像分辨黑白一样，一目了然，从不马虎。同时，贺钦对于家人的善恶、是非，也分辨得十分清楚。贺钦族弟家人与别人因贸易利益而起冲突，族弟家人以瓦砾击中别人家的马。后来，别人家的马得病死去，欲与他族弟打官司。贺钦家有一匹好马，价值千金，那人看上了贺钦家的马，并说，如果能得到贺钦家的马，他就不打官司了。贺钦知道此事，把自己家的马赔给了对方，并不要族弟家付钱给自己。“族弟禟家人尝与乡之刘姓公子争贸易，以瓦砾掷其马。不数日，马病死，欲讼之官。先生有家生良马，直若千金，刘指语人曰：‘必得此马，吾方已也。’先生知之，即以与之，不须禟一钱。”[3]贺钦认为，人不要太看重金钱。如果太看重金钱，就会丧失道德。“人与富贵之关过不得者，说甚道理。”[4]在贺钦看来，分辨善恶，轻视金钱爵位，是为了增进人们的道德，使人们改过迁善。“躬行须是改过迁善，不然胡行而已。”[5]贺钦以自己的道德品格和行为影响、感化了乡亲，使乡村的道德风貌发生了很大的变化。“乡俗溺于异端，凡丧葬者皆作佛事，啖酒

---

1 《言行录》，见《医闾先生集》，第 20 页。

2 ［清］黄宗羲：《给事贺医闾先生钦》，《明儒学案》，第 99 页。

3 《言行录》，见《医闾先生集》，第 3 页。

4 ［清］黄宗羲：《给事贺医闾先生钦》，《明儒学案》，第 100 页。

5 《言行录》，见《医闾先生集》，第 8 页。

肉，肆为奢僭而不顾，其于奉先事亲之礼，背戾尤甚。先生以身范之，日改月化，渐入佳境，仍旧习者百无二三焉。”[1]贺钦家乡有一种不好的习俗，百姓迷信佛教，遇到丧葬等事大作佛事，铺张浪费。对于儒家的孝亲之伦理，却置之度外。贺钦以身作则，大讲孝道，大兴道德之风，使当地百姓改变了以前的不好习俗，从而遵守儒家的孝亲之道。

四、“躬行实践”的教育思想

贺钦把“躬行实践”心学思想贯彻到教育实践中，形成了注重实践的教育思想。“而其为教一以躬行实践为主，文章、政事次之，磨砻淬砺，成其器业。故及门者咸知有为己之学，学在有用，而不惑于他歧矣。虽不出户庭，而达官贵人闻风仰德者，莫不躬拜于床下，得其绪余而惠及生人者恒多。”[2]贺钦认为，教育以躬行实践为主，文章、政事必须服从教育的目的。教育的目标是培养有理想有道德的人，教育的目的在于对社会有用。贺钦虽然足不出户，达官贵人、各地学生都亲自拜贺钦为老师。中国古代教育家孔子曾提出“为己之学”与“为人之学”。“子曰：‘古之学者为己，今之学者为人。’”[3]“为己之学”是关于人的品德培养的学问，其目的是培养有理想有道德的人。“为人之学”是关于人的知识的学问，其目的是使人获得知识。孔子提倡“为己之学”，反对“为人之学”。孔子认为，学习的目的是培养人的道德品质，使人成为有理想有道德的人。学习不是为了使人获得知识，以知识作为谋取个人利益的工具。贺钦提倡“为己之学”。“为己之学，自是休歇不得。”[4]贺钦十分重

---

1 《医闾先生墓志铭》，见《医闾先生集》，第 15 页。

2 《医闾先生墓志铭》，见《医闾先生集》，第 157 页。

3 李泽厚：《论语 · 宪问》，《论语今读》，合肥：安徽文艺出版社，1998 年，第 340 页。

4 《言行录》，见《医闾先生集》，第 30 页。

视学校作用，他认为学校是育人的重要部门和场所，学校的主要功能是立德树人，培养对社会对国家有用的人才。“学校乃朝廷作养人材之所，理义相先之地，如不孝弟、不忠信、无廉耻者，养之何用？……子弟之幼者，今人唯教以读书作句，于洒扫应对、冬温夏清之礼，反略不加意，皆由世教不明故耳。此人材所以难得也。”[1]学校是培养人才的地方，学校要以道德教育为先。如果学校培养出来的都是不孝弟、不忠信、无廉耻的学生，这样的学生是没有用处的。学生年幼时，不能仅仅教育他们读书写文章，还必须教他们洒扫应对、待人接物的礼节，教他们冬天关心父母温暖、夏天关心父母清凉的礼节。贺钦认为，学校教育的目的，也不仅仅是为了学生的科举考试。“教门生曰：‘予自来读书，于举业上便不似尔辈汲汲。当时心中便以为圣贤之书，决然不是只教人科举，决然都是行得者，圣贤定不会欺人。’”[2]贺钦以自己的亲身体会告诉学生，读书的目的不是为了科举考试，我读书不像你们那样急于科举考试。圣贤之书是用之于实践的，这是圣贤的体会，圣贤是不会欺骗人的。如果读书的目的只是科举考试，就算日后得偿所愿，也只能成为富贵的人。“则是舜、文之圣，皆圣人所当学者，吾尝有此学之之志否乎？以是自省，强勉而行，即是为己不差路途，庶几由是渐有可望。今则只是以之作文，求取科第，略不关于身心，纵使异日得遂所图，不过为富贵之人而已。”[3]贺钦认为，舜、文王是圣人，是人们应该学习的榜样，人们应该立志向他们学习，这样，人才能成为有道德有理想的人。现在的学者学习圣人，只是为了科举考试，不关心自身品德的培养，即使科举考试成功，也只不过是成为有钱有地位的富贵之人。贺钦以“为己”之学作为教育目的，强调教育的根本目的在于培养有道德有理想的人才，学校的目的是立德树人，这些思想是较为深刻的，对我们今天的教育目

1 《言行录》，见《医闾先生集》，第 22 页。
2 《言行录》，见《医闾先生集》，第 30 页。
3 ［明］贺钦：《书俞洪文后》，《医闾先生集》，第 94 页。

标、人才培养仍有参考的价值和意义。

贺钦“躬行实践”的教育思想，在教学内容上以教学生立志为主。“为学须立志，若不立志，决无有成之理。譬如射箭，须先志于正鹄，然后可中，若或大或小，则在力也。今不立志高远，正犹射者不志于正鹄，胡射乱射，却如何得中也？”[1]人做学问必须树立远大的志向，如果没有志向，绝无成功之理。立志就好比射箭，射箭的人必须先树立目标，然后才能射中它。学者不立高远的志向，就好像射箭之人没有箭靶，胡射乱射，则永远都射不中。志向就是端正方向，明确目标，即“正趋向”。“教门生曰：‘为学先要正趋向，趋向正，然后可以言学，不然终不免于小人之归也。今人见有人言欲学圣贤，则讥诮之。不成为学只是学小人，学愚人耶？汝辈且安心读《小学》，必以圣贤为志，知即行之，便是君子之徒。……若趋向专志于得，即是小人矣。目前由科举登显官而以贪污不忠自取败坏者，往往有之，皆趋向不正，志于得耳，何足效乎？’”[2]所谓“正趋向”，是以圣贤为目标、为榜样，学做圣贤，学做君子。不能以利益为趋向、为目标，如果以利益为趋向、为目标，就会沦为小人。贺钦对子女、对学生的教育均非常严格，以道德、礼节教育他们，教他们学会做人。“先生教子孙严而有道，教门生亦然。子孙男女但解言语，即教以揖拜、问安之礼；知出入，即教以出告反面之礼。虽习举业，必教以得失有命，毋为夺志。读书暇日，则教以学算数，讲六书，习射法。郊行见枯骨，辄令子弟埋之。”[3]贺钦对家中的子孙进行道德教育，子孙中不论男女，只要他们刚刚会说话，就教他们揖让、问候、请安的礼节。只要他们刚刚会行走，就教他们出门之前报告、回家之后问候的礼节。子孙参加科举考试，教育他们考中或者考不中都没有关系，这是命中之事，不要因此而丧失自己的志向。同时，在学习礼

---

1 《言行录》，见《医闾先生集》，第 16 页。
2 《言行录》，见《医闾先生集》，第 17 页。
3 《言行录》，见《医闾先生集》，第 5—6 页。

节之余，也教他们学习数学，学习射箭。在郊外看到没有掩埋的尸体，教子弟掩埋好。同时，贺钦教育子孙、弟子注意学习方法。他认为，读书要结合自己的实际，按照书中的要求，检察自己是否实实在在做到了。“读书须着实体察。如读‘孝弟’章，便反诸己曰：‘吾能孝弟否乎？犯上作乱，吾有此失否乎？’善无于己，即勇为之，恶有于己，即速改之。只谨守此，便是读书之法。”[1]贺钦举例说，学生读“孝弟”一章，便反省自己是不是做到“孝弟”了，自己有没有犯上作乱的事情。自己身上没有善良的行为，要立即做善事。自己身上有邪恶的行为，要马上加以改正。这是贺钦“躬行实践”思想在学习方法上的应用。同时，贺钦认为，读书要理解书中的主要思想，不要缠绕于传注之中，不要被个别传注所束缚。“先生尝曰：‘吾闻之，君子读书，须求大指义，不必缠绕于琐碎传注之间也。’”[2]贺钦读书“不必缠绕于琐碎传注之间”的思想，是陈白沙“读书不为章句缚”思想的直接继承和发展。贺钦反复突出读书必须结合自身的实际，不要仅仅背诵书中的个别言词和结论。“门生侍侧，先生问之曰：‘孟子曰“圣人与我同类者”，汝辈亦曾如此省察思虑否？孟子此章，吃力说许多话，其意安在？汝辈读之，曾得其意否？读书不切己，诵说何益？’”[3]贺钦问他的学生，你们读孟子“圣人与我同类者”一句，你们是否结合自己的实际，思考了其中的含义吗？孟子此章的含义是什么？你们读了以后，是否深刻理解了其中的意义？读书是要结合自己的实际，带着问题去读的。如果仅仅背诵其中的言词，这没有任何益处。当然，贺钦也不是一概反对背诵，对于有些重要的经典格言，贺钦主张诵读、熟记。“凡教童子，即以格言至论日夕熏聒之，曰：‘此所谓作圣之基也。’如周元公‘希贤’‘希

---

1 《言行录》，见《医闾先生集》，第 17 页。
2 《言行录》，见《医闾先生集》，第 18 页。
3 《言行录》，见《医闾先生集》，第 8 页。

圣’章，悉以俚语易其辞，揭诸壁，使童蒙熟诵。”[1]对于儿童，贺钦要求他们熟读圣贤格言，认为熟读圣贤格言是作圣的基础。对于周敦颐的“希贤”“希圣”章，他用通俗的口头语进行解释，贴在墙上，使儿童熟读牢记。对于学校的学生也一样。贺钦每天早上到祠堂行礼后，然后到学堂。学生行礼后，他就令学生背诵朱熹的《白鹿洞规》、吕祖谦的《东莱格言》。他认为，《白鹿洞规》《东莱格言》是学习圣贤的诀窍。“先生晨兴祠堂礼后，入书舍，诸生揖毕，则令背诵《白鹿洞规》《东莱格言》。曰：‘此诸经之机括，在吾人实体而行之，真学圣贤之要诀也。’叮咛反复，不厌其详，虽僮仆孩稚咸习闻其说焉。”[2]贺钦还提倡怀疑与思考的学习方法。“夫既知疑，则必精思，思之通则信矣。然后知古圣贤垂训，教我后人者，句句是实，自然进进向前，不俟督迫矣。白沙先生谓‘疑者，进道之萌芽’，信不诬也。”[3]贺钦继承了陈白沙“学贵知疑”的思想，主张知疑，在知疑的基础上独立思考。贺钦认为，学生对于老师的言论也要敢于怀疑。“为弟子者，须于先生之言着意听之，无疑即行之，有疑则质之。”[4]学生对于老师的教导要好好地听着。如果对于老师的教导没有怀疑，就实行之；如有怀疑则询问、改正之。只有当面向老师询问，才能既有益于老师，也有益于学生。“且师生之间，即朋友之意，若余所为有可疑者，尔辈当面请之，若然，则非惟有益于先生，必有益于弟子。故曰：‘事师，毋犯，毋隐。’”[5]贺钦“躬行实践”的教育思想，强调教育的目的是培养有道德有理想的人，教学内容是立德树人，教育方法是怀疑、思考。这些思想对于我们今天的教育目标、教育内容和教育方法都有积极的现实意义和借鉴作用。

---

1 《言行录》，见《医闾先生集》，第 6 页。
2 《言行录》，见《医闾先生集》，第 6 页。
3 ［明］贺钦：《寄韩良弼公子》，《医闾先生集》，第 74 页。
4 《言行录》，见《医闾先生集》，第 15 页。
5 《言行录》，见《医闾先生集》，第 20 页。

甘泉心学及其与阳明心学关涉

广东省社会科学院研究员　黄明同

【摘　要】湛若水是明代著名的教育家、思想家、政治家，是岭南大儒陈献章的衣钵传人，创立了甘泉心学。其“仁者与天地万物一体”，在本体论方面，揭示了宇宙的整体性，揭示了体与用的统一性；其“随处体认天理”，完善与发展了陈献章的“静养端倪”，揭示了人的道德觉醒，是人的涵养与认知的关键，揭示了人的涵养与认知不受时空、方式的限制，以及人的涵养与认知的普世性；其系统的“合一”论，彰显明代心学对宋学支离观的检讨与决裂。湛若水在京结识王阳明。二人一见定交，立志“共兴圣学”，友情深厚。在学术上相互切磋、论辩，虽一主“随处体认”，一主“格物致知”，学术有异，但同为心学，则异中有同，是“大同”“小异”。甘泉心学与阳明心学，乃明代文化星空的双子座。

【关键词】湛若水；王阳明；心学；仁者；一体；随处体认；格物致知；合一；支离

湛若水（1466—1560），明代著名的教育家、思想家、政治家，是当时享誉全国的文化名人。他一生从政、办学、著述，他的学问、事功与学术，堪称一流。湛若水是明代心学开篇者陈献章的衣钵传人，他完善与发展了白沙心学，进而构建了博大精深的甘泉心学，成为明代心学的大家。湛若水与王阳明是同时代齐名的两位心学大家。二人一见定交，立志“共兴圣学”，友情深厚。甘泉心学与阳明心学，是明代文化星空的双子座。

一、 仁者与天地万物一体

在本体论方面，湛若水提出“一体”观，并创立系统的“合一”论，阐述宇宙的整体性，揭示事物协调发展的必然性，丰富和发展了古代中国的辩证思想。

（一）仁者与天地万物一体

明代心学，以反对“支离”、坚持“合一”为宗旨，湛若水在这方面的贡献尤为突出。他提出“仁者与天地万物一体”，构建了“共同体”理论。

“天地一体”的思想，在湛若水早年讲学时，便已提出。他说：“天地与我一者也。”[1]又说，“天地万物同体”[2]，“物我同体”[3]，“与天地万物为一体”[4]，“心与万物一”[5]。湛若水认定，宇宙是一个整体，天地间不论是人或物，都勾连在一起，成为完整的、一体的、不可分的“一”。“天地与我一”，即是传统儒家的“天人合一”，故他说：“天一人也，人一天也。不知天人之合一，不足以语性。”[6]这一说法，蕴含了世界具有统一性的理论取向，是中国哲人深入

1 ［明］湛若水：《樵语》，《泉翁大全集》卷一，钟彩钧、游腾达点校，台北：“中央研究院”中国文哲研究所，2017 年，第 5 页。
2 ［明］湛若水：《樵语》，《泉翁大全集》卷一，第 20 页。
3 ［明］湛若水：《知新后语》，《泉翁大全集》卷三，第 55 页。
4 ［明］湛若水：《雍语》，《泉翁大全集》卷六，第 131 页。
5 ［明］湛若水：《樵语》，《泉翁大全集》卷一，第 19 页。
6 ［明］湛若水：《樵语》，《泉翁大全集》卷一，第 19 页。

探讨与论证宇宙的整体性的大胆开拓。

湛若水“天地与我一”思想，源于宋代的二程。程颢说“仁者以天地万物为一体”，湛若水体会到，这是说有仁心，才可能有天地万物一体的思想，他强调了道德对达到人与天地一体境界的关键意义。他具体指出，“仁也者，天地万物一体者也。己克而礼复，则天地万物在我矣”[1]。人与宇宙的万事万物成为一体，其基础是“仁”。故湛若水又说：“圣人以天地万物为一体，即以身在天地万物看，何等廓然大公，焉得一毫私意。凡私皆从一身上起念，圣人自无此，以自无意、必故我之私。”[2]在阐述人的德性与天地一体的关系时，他指出，“大其心，包天地万物而与之一体，则夫一念之发，以至天下之物，无不在。而以其浑沦，则理在天地万物；以其散殊，则理在事亲君之间，即心而事物在，即事而理在。乃为完全也”[3]。

在湛若水看来，人与天地万物一体的前提条件，便是人具有仁爱之心，因为人的廓然大公，而没有丝毫的“故我之私”，便可以与天地万物结为一体。这便揭示了“一体”观的确立，须以“仁心”为前提。换言之，道德是“一体”所以能确立的先决条件、必备条件。可以说，湛若水的“一体”观，揭示了宇宙间的一切相互依倚、密切相关，彼此结为不可支离的整体，同时也揭示了构成和维护宇宙一体须有道德作为基础。

（二）气与道同体

湛若水的“一体”观，还体现在他的气与道不可相分的理论之中。他认定宇宙间充塞着气，是道和气共同构成这大千世界。他说：“上下四方之宇，

1 ［明］湛若水：《雍语》，《泉翁大全集》卷六，第19、140页。
2 ［明］湛若水：《新泉问辨录》，《泉翁大全集》卷六十八，第19、1647页。
3 ［明］湛若水：《新泉问辨录》，《泉翁大全集》卷六十八，第19、1674页。

古今往来之宙，宇宙间只是一气充塞流行，与道为体。”[1]宇宙间充塞着气，气屈伸、升降、进退，不断运动变化，与道一起，共同成为宇宙万物的本体。他强调“道”与“气”的合体、同一，明确提出“舍气，何处寻得道来？……盖气与道为体者也”[2]。在湛若水看来，宇宙的本体是道与气，二者并非相分离，而是结为一体，道不离气，气不离道。

湛若水如上的理论可以下图表示：

元气（即太极）→ 天地（有形者）〈 人（精者） / 万物（偏者） 〉心（统摄者）

可以说，湛若水的理论揭示了虚与实、道与气、心与气的关系，多维度地阐述了“体用一原”的“一体”宇宙观。

二、 随处体认天理

“随处体认天理”，是甘泉心学的核心命题，湛若水因提出此命题而得以继承白沙衣钵。“随处体认天理”论完善和发展了白沙的“静养端倪”思想，并体现明代中叶人们对涵养与认知的平等性的渴求。

对“随处体认天理”，湛若水有一个明确的界定：“随处体认天理者，随动随静体察之……存心要矣，见理为实。”[3]又说：“吾之所谓随处云者，随心、随意、随身、随家、随国、随天下，盖其所寂所感时耳，一耳。”[4]

在湛若水看来，“随处体认天理”，即是心性涵养，也称作“习心”。他如

1 ［明］湛若水：《寄阳明》，《泉翁大全集》卷八，第 220 页。
2 ［明］湛若水：《新泉问辨录》，《泉翁大全集》卷六十七，第 1648 页。
3 ［明］湛若水：《新泉问辨续录》，《泉翁大全集》卷七十三，第 1804 页。
4 ［明］湛若水：《答阳明王都宪论格物》，《泉翁大全集》卷九，第 257 页。

是说："认得本体，便知习心，习心去而本体完全矣。"[1]"去体认天理，只图安排得心上无累，便谓孔、颜之乐在此，果是欤？"[2]湛若水认为，体认天理便是"自求、自得、自乐"[3]，是一个"求诸己"而能"自得"与"自乐"的过程。他又把这"习心"视作一个完整的过程，犹如"炼金"的"炉锤"。他生动地比喻说："煎销习心，便是体认天理功夫，到见得天理时，习心便退听，如煎销铅铜，便是炼金。然必须就炉锤乃得炼之功。"[4]

湛若水认为，人的涵养，即是"体认天理"，也就是把心中的"天理"——人的本性感悟出来，觉悟起来；这种"体认"，不受任何条件限制，可以"随心、随意、随身、随家、随国、随天下"，不受时间、空间的限制，"随动随静"，不受方式方法的限制。故湛若水说："意、心、身于家国天下，随处体认天理也"[5]，"将意、心、身、家、国、天下通作一段工夫，无远近彼此，终日终身，只是体认这'天理'二字"[6]。又说："吾所谓体认天理者，非分未发已发，非分动静。所谓随处体认天理者，随未发已发，随动随静。"[7]他更具体地提出，"古今往来之宙，上下四方之宇，只是一个天理，即易也。若体认得，则周易六十四卦三百八十四爻，皆是这个，注脚皆是剩语，言不能加，不言不能减，故也"[8]。

在湛若水看来，人们对天理的体认，即进行涵养，不仅要在静处，还要在动处，"随时""随处"都可以进行，只要"心与事应"，就可以"天理见"。

1 ［明］湛若水：《新泉问辨录》，《泉翁大全集》卷六十七，第1651页。
2 ［明］湛若水：《新泉问辨续录》，《泉翁大全集》卷七十三，第1804页。
3 ［明］湛若水：《新泉问辨续录》，《泉翁大全集》卷七十三，第1809页。
4 ［明］湛若水：《新泉问辨录》，《泉翁大全集》卷六十七，第1651页。
5 ［明］湛若水：《寄陈惟浚》，《泉翁大全集》卷九，第253页。
6 ［明］湛若水：《大科书堂训》，《泉翁大全集》卷五，第99页。
7 ［明］湛若水：《答孟生津》，《泉翁大全集》卷九，第264页。
8 ［明］湛若水：《新泉问辨录》，《泉翁大全集》卷六十七，第1666页。

这是说，认知与涵养可以在静坐、读书，以及应酬日常事务等活动中进行。他说“耕田凿井、百官万物、金革百万之众”，不论哪样活动，不论什么时间，比如人们在劳作、应酬或驰骋沙场时，都可以体认天理。这是说，认知与涵养在任何时候、任何地方、以任何方式，都可以进行；涵养与认知对每个人来说，都是平等的。

对湛若水的“随处体认天理”，其弟子元德有一段精辟的评论，《新泉问辨录》中如此记述：“元德窃思体认天理，不曰某处，而曰随处，最好。随意、随心、随身、随家、随国、随天下，只是一个格物。随性、随情、随形、随体、随礼、随乐、随政、随教，只是一个慎独。随视、随听、随言、随动，只是一个勿。随色、随貌、随言、随事、随疑、随忿、随得，只是一个思。何等容易！何等快活！”[1]这里一个“随”字，湛若水即把涵养与认知扩展到了任意的空间，扩展了认知的空间，也就扩展了涵养与认知的范围，并强调人人皆可“体认天理”。这无疑展示了其平等观，也展示了其学说的启蒙性。

湛若水认定，“静坐”只是涵养与认知的一种方式，而并非适用于任何人、任何时候。这是他作为一名朝廷官员，从自身的体会所得出的看法，一种不同于过着隐居生活的老师的看法。陈献章在科举失意之后，即长期在家乡闲居，收徒讲学，参与社会活动极少；仕途得意的湛若水，则公务繁忙，应酬众多，哪有闲暇像老师那样，整天在家中静坐呢？这也就是人们所说的，“社会存在决定社会意识”，有怎样的现实生活，就会产生怎样的思想理念。

湛若水“随处体认”的社会意义在于：

首先，湛若水揭示了体认天理是作为人的一种道德涵养，是人人本应进行的，对每个人来说，是应该的，也是必须的，而非士人的专利。可见体认天理，进行心性涵养，是人人平等的。

---

1 ［明］湛若水：《新泉问辨录》，《泉翁大全集》卷六十七，第 1753 页。

再者，湛若水揭示了体认天理可以“随处”，人们依据个人的生活环境，通过各自的方式进行；揭示体认天理进行心性涵养不受空间的限制，是多样的，自由进行的。

第三，湛若水揭示了体认天理可以“随时”，人们可以依据各自的生活与工作环境，在不同的时段里进行。

第四，湛若水告诉人们，体认天理并非局限于“静坐”一种方式，而可以采取多种方式自由进行。

可以说，湛若水的“随处体认天理”，冲破了儒家传统的“作圣之功”的旧框架，带来了自由而清新的风气，体现出明代中叶商品经济稍具发展时代的思想解放与理论创新。这一创新，是在特定的历史环境中完成，也是回应了时代提出的问题。湛若水说：“随处体认天理，此吾之中和汤也，服得时百病之邪自然立地退听；常常服之，则百病不生，而满身气体中和。”[1]湛若水为解决当时的社会问题而提出的“随处体认天理”，是疗治社会顽疾的良方。这体现了甘泉心学的实用性、功效性，也由此展示明代心学并非空谈心性，而是应时代的需要而产生的学术思想，自有其可贵的社会价值。

湛若水的“随处体认天理”，要强调的是，不论在何时、何地，通过何种方式，或是读书，或是应酬，或是劳作，或是静坐，只要能感悟到自己的本体之心，即“体认天理”，就算是进行心性涵养了。这，便是湛若水“随处体认天理”的真谛！

湛若水的“随处体认天理”，在江门游学时提出，在为官之后继续发展和完善。不仅有理论的创新，还极富有实践意义。他既在理论上推进了陈献章的学说，使岭南心学的涵养与认知学说，更完备，更精微；又在实践层面上，为包含士农工商在内的社会各阶层的民众，指明进行修身养性的具体的途径。客

1 ［明］湛若水：《新泉问辨录》，《泉翁大全集》卷六十八，第1675页。

观上，他是在告诉人们：认知与涵养，并非少数人的专利，而是人人必须进行，人人可以进行的。这体现湛若水，作为学者型高官，心系民众，立志创建理论以服务于社会。

湛若水的“随处体认天理”，不仅依循陈献章“静养端倪”的基本路径，而且，还以陈献章“道通于物”为理论依据。“道通于物”，是陈献章学说的核心命题之一。他认为，“道”是世界万事万物的本原。在其哲学论作《论前辈言铢视冠冕尘视金玉》一文中，他明确提出，天得道，就成为天；地得道，就成为地；人得道，就成为人。“道”，就是天所以成为天，地所以成为地，人所以成为人的依据。进而，他又提出，任何事物都离不开“道”，而“道”寓于物，蕴含在万事万物之中，即“道通于物”。就是说，道不离物，物不离道，任何事物之中蕴含着“道”，在人的心中，同样也蕴含着“道”。从这一理论基点出发，陈献章认定，人通过静坐，在排除了一切的私欲之后，便是进入了寂静状态，于是就可以见到蕴含在心中的“道”，就能使得自己的“心”与“道”相“凑泊吻合”，也就达到了“道”与“心”合而为一的境界，人就能涵养为有道德的圣贤。

陈献章的“道通于物”论，成为湛若水的“随处体认天理”论的理论依据。他在给友人的函件中，如是说：“盖心与事应，然后天理见焉，天理非在外也。特因事之来，随感而应耳。故事物之来，体之者心也。心得中正，则天理矣。”[1]天理不在人心之外，当有事来了，人就随事物而感悟，在这种感悟中，如果“心”是“中正”的，也即是“无欲”、无私的，那么“心”也便是体认了“天理”，“心”也即是“天理”了。尽管。湛若水没有以“静坐”作为涵养与认知的门户，也没有从“静坐”到“心”与“道”的认知过程的具体推演，但是，人们从如上说法中，清晰地看到湛若水传承了陈献章的“道通

---

1 ［明］湛若水：《答聂文蔚》。

于物”思想，具体体现在：

其一，湛若水认定“天理非在外”，而是在内，在人的心中，这就体现了陈献章的“心为道舍”，道不离物的思想。

其二，湛若水同样把“涵养”与认知作为心的体认、感悟，认定“涵养”便是向内体悟心中的道。

其三，湛若水是“心得中正即天理”，同陈献章认定涵养便是体认心中的道，同样是以心蕴含着道作为理论依据。

从陈献章到湛若水、王阳明，他们心学的理论基点便是先秦时期的“人禽之辨”。孟子、荀子等人都十分强调，人与禽兽的区别在于“道德”二字，人是有道德的动物。《孟子·告子上》：“犬马之于我不同类”；《孟子正义·离娄下》：“人之性善，禽兽之性不善；人能知义，禽兽不能知义。”是否具有善性——仁义道德，便是人与禽兽的分水岭。儒家一直坚持“人禽之辨”，并以之作为人必须进行心性涵养，以及社会进行德治的理论依据。迄至明代，“人禽之辨”便成为陈献章、湛若水和王阳明所倡导的涵养方法的理论依据。

陈献章认定，人在“得道”“会理”之后，也就把心中的善性觉悟了，于是便可以成为“圣贤”，成为真正意义上的人。他同孟子一样，把是否有“善”性作为人与禽兽的分界线。他撰写了短文《禽兽说》，形象而精辟地阐述了人与禽兽的区别。在文中，他如是说：“人具七尺之躯，除了此心此理，便无可贵。浑是一包脓血裹一大块骨头，饥能食，渴能饮，能着衣服，能行淫欲。贫贱而思富贵，富贵而贪权势，忿而争，忧而悲，穷则滥，乐则淫。凡百所为，一信气血，老死而后已，则命之曰‘禽兽’可也。”[1]陈献章是说，一个有着七尺躯体的人，如果没有了“此心此理”，心中没有了道德本性，那就是一包脓血裹着一大块的骨头；他们饥了要吃，渴了要饮，贫贱的时候想要富

1 ［明］陈献章：《禽兽说》，《陈献章集》卷一，北京：中华书局，1987年，第61页。

贵，富贵了又贪图权势，他们或是争斗，或是忧伤，或是放纵，或是淫欲，任何时候，一切行为，都只是考虑气血的需求，而不是从道德出发，他们哪是人？只能叫他们作“禽兽”！可见，在陈献章及其他儒者看来，有了道德，才配称为“人”，否则便是“禽兽”。

湛若水的“随处体认天理”，同样以“人禽之辨”作为理论基点。他同样依据孟子的“人禽之辨”的观点，强调人虽然有先验的“良知”，但还是必须把这种道德本性向外扩展，即孟子所说的“达”，而后才有仁义的道德行为，如果“不仁不义”，没有道德品格，那就归入“禽兽”了。湛若水在讲学时，以简明的言语告诫学生：“夫人之初生，莫不有一念之良知良能，达之则为仁为义，不能达之，则为不仁不义。不仁不义，则不可以为人，不可以为子。不可以为人子，则入于禽兽之归矣，甚为可惧可哀。”[1]显然，湛若水同他的先师陈献章一样，以“人禽之辨”为依据。他同老师一样，把没有道德的人归为“禽兽”。

如前所说，湛若水的“随处体认天理”，是强调人们对天理的体认，“随未发已发，随动随静”[2]，不受时空的限制，也不论什么状态，“随心、随意、随身、随家、随国、随天下”，无处不可以体认天理；“随其所寂所感时”，随动时或静时，无时不可以体认天理。[3]这是对体认天理不受时空限制的理论概括。据张诩在《白沙先生墓表》中的记述，陈献章静坐数年，仍不见成效，于是调整了涵养的方式。文中称：“如是者数年，未之有得也。于是迅扫夙习，或浩歌长林，或孤啸绝岛，或弄艇投竿于溪涯海曲，忘形骸，捐耳目，去心志，久之然后有得焉，于是自信自乐。”[4]陈献章的本意是，由“静坐”可以

---

1 ［明］湛若水：《韶州明经馆讲章》，《泉翁大全集》卷十二，第363页。
2 ［明］湛若水：《答孟生津》，《甘泉文集》卷七。
3 ［明］湛若水：《求放心》，《甘泉文集》卷二十一。
4 ［明］张诩：《白沙先生墓表》，《陈献章集》附录二，第883页。

“无欲”，而后达到“自得”“自乐”，但其现实中对天理的体认过程，却并非单一的“静坐”，而是用不同时间、不同地点的种种方式去获取“自得”“自乐”。

如果说，陈献章在创立“自得之学”时，便没有把涵养局限于“静坐”，那么，可以说，在以后漫长的岁月里，他的涵养，以及他教导学生涵养，也如此。陈献章一生以办书院、教学为其主要的人生活动，而他的教学确实从来没有只是教人“静坐”。他常常携带着酒，与弟子一同登山，席地而坐，仰望长空，感悟大自然之奥秘，尽享人生之真乐；亦常常邀弟子同往垂钓，师生一起或品茶、或咏诗唱和，或抚琴而歌，或观赏美景，或仰望天空，或高歌呼啸……由是而与自然交融，体悟自得、自乐境界。如用湛若水的“随处体认天理”来描述，岂不是更完善？

湛若水明确提出，“静坐”并非认知的唯一方式，在日常生活中，时时、处处都可以进行。“心与事应，然后天理见”，人们对天理的体认，不仅要在“静处”，还要在“动处”，“随时”“随事”进行体认。在湛若水看来，静坐、读书，以及应酬日常事务，如“耕田凿井，百官万物，金革百万之众”等，与人交往的种种活动，或者闲暇“无事时不得不居处恭”，进行“静坐”，都一样可以体认天理。[1]“体认天理”，是对世界的认知，以及对自身心性的涵养，对每个人来说，都是必须的，因而，对于在田野劳作的百姓，对于忙于公务与应酬的官员，对于驰骋沙场的将领与士兵，又如何能闲居家中，进行静坐而去认知与涵养呢？故湛若水认为“静坐”只是“无事”时可以采用的认知与涵养方法，而非适用于任何人、任何时候的方法。

在湛若水看来，不仅百姓应该是“随处体认天理”，连圣贤也不得例外。他说：“体认天理，而云随处，则动静心事，皆尽之矣。若云随事，恐有逐外之病也。孔子所谓居处恭，乃无事静坐时体认也。所谓执事敬、与人忠，乃有

---

1 ［清］黄宗羲：《甘泉学案·语录》，《明儒学案》卷三十七，第894页。

事动静一致时体认也，体认之功贯通动静显隐，即是一段工夫。”[1]湛若水以为，大圣人孔子，也不仅“静坐时体认”，而且在各种活动中，都在进行“体认”。

三、系统的“合一”论

从“一体”观的理论基点出发，湛若水提出系统的“合一”论，主要有如下方面：

理气合一

湛若水明确提出，“舍气，何处寻得道来”[2]，又说“气与道为体”，通俗地道出了，气与道不可分，是合一的。这里的“道”，便是“理”，“舍气无道”的说法，便是“理气合一”论。湛若水的“理气合一”论，既是对先师陈献章思想的继承，也是对北宋思想家张载所主张的气论的传承，是沿着他们的理论路向推演出来的。

事心合一

宋理学认为，“心”在内，“事”在外，二者相分，湛若水则明确提出“心事合一”。在湛若水看来，“心”与“事”无内外之区别，“心”与“事”合一，是圣人之学。所以，在《雍语・辨志》篇中，他强调“圣人之学，心事合一，是故能开物为成务”[3]。

湛若水认为，儒家的“心事合一”的主张，关系着能否成就事业。因为儒家之所以讲究“修身”，那是为了“齐家”与“平天下”，也就是先“内圣”，之后实现“外王”。显然，湛若水的心学，并非空论心性，而是把心性的涵养，落实到社会生活层面上，这体现出湛若水的务实精神。

---

1 ［清］黄宗羲：《甘泉学案・语录》，《明儒学案》卷三十七，第904页。
2 ［明］湛若水：《语录》，《甘泉文集》卷二十三。
3 ［明］湛若水：《雍语・辨志》，《泉翁大全集》卷六，第150页。

知行合一

湛若水认为，“知”与“行”并进，是涵养的“一段工夫”，二者不可相分离。涵养，便是“知”与“行”合一。在《答聂蔚文侍御》中，他明确说：“体认兼知行也。”[1]他认为，“体认兼知行”，便是体认天理，进行涵养时，“知”和“行”是相兼、相融在一起的，也即是“合一”的。故在给弟子讲学时，湛若水更明确地提出“知行合一”的说法。

湛若水强调，人的涵养是知与行同时进行的，是连贯的过程，叫作“一段工夫”。他认为，涵养便是“察见天理”，而后是把天理存留于心中，并向外扩充，付诸行动。他强调“知行并造”，而所谓“知行并造”，具体便是“博学、审问、慎思、明辨、笃行”的“造道”过程，也就是人们在“读书、亲师友、应酬”，即“随处体认天理”的过程；“涵养”即是“造道”的工夫。在这“造道”，即“涵养”的过程当中，人的“意、身、心”都同时投入，“一齐俱造”，是同时进行、不可分割的完整过程。他概括地说：“即知即行，知行并进，非今日知明日行也。”[2]

为论证“知行合一”，湛若水举了一个最常见的例子：人的“食”——吃东西，和人的“知味”——品尝味道，同时并进，即在同一时间进行，“人莫不饮食鲜能知味”，没有饮食人怎能知道味道？他明确地说，“无食后隽永之味”，世上只有在饮食时才品尝得到味，而不可能在饮食之后，口中的美味还永久停留。他又指出，那些分离知与行的人，他们不懂得，为什么“冬日饮汤，夏日饮水”；他们甚至吃了能“杀人”的“砒霜”，还不知道是什么味道，不懂得我的味是怎样得知的。湛若水告诉人们，“食”与“知味”，不可分离，也就是说知与行不能不合一。这就深刻揭示了知与行的辩证关系，既反对分离知行，也反对混淆知行。

---

1 ［明］湛若水：《答聂蔚文侍御》，《甘泉文集》卷七。

2 ［明］湛若水：《天泉书堂讲章》，《泉翁大全集》卷十二，第 370 页。

理欲合一

湛若水的“合一”论系列中，“理欲合一”论最具时代意义。它不仅合理地回应了宋明时期学界所关注的“理”与“欲”的关系问题，而且蕴含了商品经济发展所带来的自然人性论。

宋代以来，由于工商业的快速发展，人们对物质利益的追逐，社会呈现人欲横流、道德下滑的态势。面对社会的危机，有儒士主张“去人欲，存天理”，用压抑人欲的办法，去维系社会纲常，这便是“程朱理学”思想家的看法。然而，在主流思潮下人们还是在思考：是不是一定要压抑人欲，才可以维系道德纲常？人欲与天理是不是绝对对立？明代心学家们，开始持否定态度。湛若水提出“理欲合一”论，即是挑战了程朱理学的“存理去欲”观。

身处高位的湛若水，必然保持官方的立场，因而，他对理欲关系的看法，也不能完全背离作为官方哲学的程朱理学。他一样强调“无欲”，并把无欲作为涵养的关键。在他看来，“真乐”，便是“洒然”，即潇洒，也即自得，是涵养的最高境界，故他说“无欲则洒然而乐也”。然而，人们更应看到，湛若水提出“理欲合一”论，以之去抗衡“存理去欲”论。湛若水十分明确地提出：“人有此性，自然有此喜怒爱恶。欲亦性也，何有不善者哉？”[1]显然，湛若水是把人的“喜怒爱恶”，看作自然人性，认定这是与生俱来的自然而然存在的人性，这样的人性，也是一种人欲，故他大胆地喊出“欲亦性也”。他在“欲”与“性”之间，画上了等号，进而认定“欲”既然是“性”，当然就没有“不善”了。他十分大胆地为人欲摘掉“不善”的帽子：“男女饮食，其欲乎？凡欲皆性也。”[2]“男女饮食”是“欲”，但湛若水认定，“凡欲皆性”，所有的“欲”都是“性”，那么，“男女饮食”既是“欲”，也便是“性”了。

---

1 ［明］湛若水：《语录》，《甘泉文集》卷二十三。
2 ［明］湛若水：《语录》，《甘泉文集》卷二十三。

这便是先秦时期告子所说的“食色，性也”，也是儒家《礼记·曲礼》所说的“饮食男女，人之大欲存焉”。可见，湛若水的“欲亦性”，依据先秦诸子的观点而发挥，进而直接挑战了朱熹“饿死事小，失节事大”的说法。在理欲问题上，湛若水认定人欲存在的合理性，“去欲”不可能，只能通过“体认天理”，树立仁心、公心、善心，去克制人欲。

综上所述，为了挑战宋代理学的支离观，湛若水创立了系统的“合一”论，其价值体现在：首先，阐发了宇宙的整体性，以及事物之间的协调性，推进了中国哲学向思辨方向发展；其次，萌发了自然人性论，彰显了明代心学的创新精神与早期启蒙思想；最后，为古代哲学向现代转化提供了理论准备，为今人的辩证思维提供了借鉴。

四、 甘泉心学与阳明心学

在京师为官期间，湛若水结识了王阳明，二人“一见定交”，立志“共兴圣学”。开始时阳明十分赞成甘泉的“随处体认天理”，后来则出现学术分歧，虽互不苟同，但彼此的切磋，使明代心学的理论更趋博大深厚。

湛若水与王阳明，既有深厚的友情，也有激烈的学术论争。论辩集中在“随处体认天理”与“致良知”之异上。具体说来，二人的分歧有如下几点。

第一，对“心”的解读不同。

湛若水以为，“阳明与吾看心不同”，王阳明的“心”，仅仅是指人胸中的“方寸”，即身体内的心，是指内在的心；而他的“心”，则并非指内在的“方寸”，而是内在的与外在的“事”的“合一”，没有内与外的区别。这是湛若水与王阳明的主要分歧。所以，尽管湛若水与王阳明一样，以心作为宇宙的本体，由于二人对心的解读的不同，他俩关于“心本体”的观点存在差异。

第二，对“格物”的解读不同。

如前所说，湛若水不同意王阳明对“格物”的解读，二人对此确实存在比较明显的差异。王阳明称，“格者，正也。正其不正，以归于正也。”[1]他解“格物”为“正念头”，也就是“去恶存善”，也就是人们对宇宙的认知与自身的涵养。湛若水则认为，“格物”，不仅是内心的涵养，同时还须由内向外扩充，即须笃行践履，“格物”应是“知”与“行”一起“并行”，是心与事合一、内与外合一。他具体阐述说，“格物”即是“造道”，也就是“知”与“行”同时进行，如古人所说的“博学、审问、慎思、明辨、笃行”，具体做法就是“读书、亲师友、应酬”，如此“随时随处”体悟天理，进行涵养，是意念、身心都一起进行，最后达到善的境界。显然，湛若水解读“格物”，与王阳明不一样：格物不仅仅是“正念头”，而是“造道”，是“知行并进”，是体认天理的涵养工夫，又是涵养的对外扩充，是治国平天下。当然，王阳明在社会活动中，同样进行“造道”，同样把道德心向外扩充，进行善性的社会践履。问题在于，他没有把这方面的体悟汇入其理论之中，湛若水恰恰是指出其理论的偏颇。

第三，对“良知”的理解有异。

湛若水与王阳明的如上分歧，归根结底是彼此对“良知”的理解不同。“致良知”是阳明心学的核心命题，他的“良知”，是指心中的“良知”，也即“天理”；是人的道德本性，也即天理。王阳明的“良知”因与“天理”等同，似乎不需外铄。然而，湛若水却认为，人心中的“良知”，仍需要向外进行扩充，产生出至善的道德行为。人虽有“天然”的“良知良能”，但它并不等同于“仁义”道德。他强调，必须如孟子所强调的“达”，即通过后天的“思”和“虑”，“读书学问”，使良知良能向外“扩充”，把个人的道德本性转化为

1 ［明］王阳明：《大学问》，《王文成公全书》卷二十六。

社会道德践履，使它扩展到社会，如果仅仅向内涵养而忽略向外的学习与践行，便不可能产生出“仁义”的道德品格与道德行为来。显然，湛若水关注了道德的社会实践性。

湛若水强调，从初生的“良知”的一念，到具有“仁义”的道德品格与行为，需要通过“达”来实现。“达”，即把道德本性向外付诸实践，这才是关键。他以简明的言语告诫学生：“夫人之初生，莫不有一念之良知良能，达之则为仁为义，不能达之，则为不仁不义。不仁不义，则不可以为人，不可以为子。不可以为人子，则入于禽兽之归矣，甚为可惧可哀。”[1]

第四，“内”与“外”的分歧。

湛王二人在学术主张上的分歧，概括地说，是主张“随处体认天理”与主张“致良知”的分歧，但归根到底则在于“主外”与“主内”的分歧。在给杨少默的书信中，湛若水说到，阳明近期有两封给他的信提及两人始终未能意见一致的缘由，乃是湛若水的“随处体认天理”是求于外，是一种“主于外”的学问。对此，湛若水提出，这是王阳明对他的误解。“随处体认天理”的主张，是依据儒学的经典《大学》古本而提出，他所说的体悟是没有“内”与“外”的区别的，当然不会是“主于外”。湛若水从来反对把整体的事物分割开来，而创立“体用合一”“内外合一”“动静合一”“事心合一”“知行合一”“理欲合一”“德业合一”等等系统的合一理论，可见他的“随处体认天理”，并非只是“主于外”。

湛若水与王阳明都谈及彼此在学术观点上确实存在分歧，二人却也都认同彼此的“异”，只是“小异”，而“同”，则是“大同”。

对二人的各自的主张，湛若水赞同“大同小异”的说法，并认定他日与王阳明会更趋同，这与王阳明的说法差不多。在《答阳明》中，他如是说：

---

1 ［明］湛若水：《韶州明经馆讲章》，《泉翁大全集》卷十二，第 363 页。

“格物之说其超脱，非兄高明，何以及此！仆之鄙见大段不相远，大同小异耳。”[1]在《答王宜学》中，湛若水又说：“阳明先生亦尝有辩论，多未同，但未可以强聒。吾惟信其同者，以俟他日之小异者自同耳。”[2]还是强调了他与阳明学说之同。

在王阳明去世后，湛若水为其撰写《阳明先生王公墓志铭》，在文中他说，阳明公初时，“主格物之说”，后来主张“良知之说”，而他一贯主张“随处体认天理之说”，但是这些都是“圣贤宗旨”，只是人们舍弃了“精义”，而固执彼此的言语。他强调“良知必用天理，天理莫非良知”。湛若水强调的是，“体认天理”和王阳明的“致良知”，都是“圣贤宗旨”，都是儒学的正宗，只是人们忽略了这“精义”，而引发争议。

由上足见，湛王二人学说之“大同”，在于他们的“天理=良知”，彼此的学术宗旨同样在阐述“圣贤宗旨”。应该说，是世人舍弃了命题的“精义”，作文字上的文章，而产生误读，甚至夸大了他们之间的分歧。这历史的误会，也太大了！

王阳明所说与湛若水之“大同”，主要指彼此都要把握“圣学传心之要”。具体便是：二人同样“以心为本”，认定心派生万物，统摄万物，主宰万物，湛若水说“自一念以至万物，无非心也”，王阳明说“心外无理，心外无物，心外无事”；二人同样反对“支离”，强调事物的整体性，同样强调“一”“合一”“一段工夫”；二人同样以“良知”“天理”，即人的道德本性作为认知与涵养的对象，在方法上同样是采用“反诸心”，即内求的路向。这些都是心学的基本内涵，也是湛若水与王阳明学术思想的“大同”所在。

嘉靖六年（1527）初，为平息广西少数民族地区的叛乱，朝廷重新起用

---

1 ［明］湛若水：《答阳明》，《泉翁大全集》卷八，第243页。
2 ［明］湛若水：《答王宜学》，《泉翁大全集》卷九，第256页。

王阳明，任命他为都督院左都御史兼理巡抚两广，负责两广及江西、湖广的军事事务。忠于朝廷的王阳明，在短时间内，即平定了广西田州等地的叛乱。由于带病征战，王阳明感到身心疲惫，平乱后便上疏请假回家歇息。他从南宁返回浙江，特意绕道广东，到了湛若水的家乡新塘。

王阳明要到新塘去，不仅因为那里是好友湛若水的故乡，当地还留有他为湛若水双亲先后撰写的墓志铭；还因为那里有他六世祖王刚留下的足迹，埋葬着六祖王刚的尸骨，还有湛若水故乡人为纪念王刚而修建的庙宇。据史料记载，明洪武年间，王刚担任兵部郎中，后升任广东参事，在粤平乱时，战死于增城，是湛若水故乡人心中的英雄，当地建有“忠孝祠”以作纪念。王阳明此次的新塘之行，具有双重意义：拜祭先祖与造访友人故里。

进入湛若水的故居，王阳明留下了墨宝。其诗《书泉翁壁》称：“我祖死国事，肇禋在新塘。”又有五言诗《题甘泉居》，抒发他对友人的思念之情。诗曰：“我闻甘泉居，近连菊坡麓。十年劳梦思，今来快心目。徘徊欲移家，山南尚堪屋。渴饮甘泉泉，饥餐菊坡菊。行看罗浮云，此心聊复足。”[1]诗中，表述了他十多年来对友人的日思夜梦，袒露他今日能亲临目睹友人的故乡，油然产生了移居的念头，期待能在南山建造房子，与友人同饮甘泉之水，共赏菊坡之菊，同观罗浮之云。诗中寄托着对友人的思念，对友人故乡的向往。对此，湛若水有诗回应：“我所思，友人也！”在过去的日子里，“虽有离合”，但“此志不移”，共同志愿永不变，可谓“道义之交”。

王阳明因病上疏请假回乡，但还未获准，他便启程返乡，这就授人以柄了。当他的死讯传出，即有人告他擅离职守，皇帝听信谗言，下诏对他进行责备，并称王阳明的家人不得继承他生前爵位，其学说被定为伪学而遭禁。王阳明受到不公惩处时，湛若水挺身而出，为友人鸣不平。他连续撰文，肯定阳明

---

1 ［明］王阳明：《题甘泉居》，《王阳明全集》卷二十，上海：上海古籍出版社，1992 年，第799 页。

的功绩，在讲学中宣扬友人的学说，又告诫后学要不违师道，他坚信百年之后，世人会还给阳明一个公正。

受王阳明家人之托，湛若水撰写了《奠王阳明先生文》与《阳明先生王公墓志铭》，在文中向世人宣扬王阳明的功绩，追思彼此的友情。在以后的岁月里，湛若水还不时撰写诗文，以寄托对友人的哀思。《我所思兮三章》，是湛若水在王阳明去世后二十年所作，诗中寄托了对友人的“思”与“哀”，以及对友人所建立的丰功伟绩的肯定与赞美。湛若水与王阳明的学术论争，促使了明代心学的深化与发展，共同在中华文化的发展进程中作出了杰出的、划时代的贡献，为后人留下了珍贵的文化遗产，值得今人传承与弘扬。

时即道也

——论心学之道与现象学之存在的时间观比较

广州中医药大学经济与管理学院院长　邱鸿钟

【摘　要】什么是道？什么是存在？道或存在与时间的关系如何？这是数千年来东西方哲学家都感兴趣的话题，本文通过对明代哲学家湛若水“时即道”的观点与西方现象学关于存在与时间观的比较，可以发现中国心学和现象学都认为道或存在不远离人，人正是取道于时间而践行于道，时间即是道或存在显现自身的方式。

【关键词】时间；心学；现象学

什么是道或什么是存在？道或存在与时间的关系如何？这是东西方哲学家数千年来都感兴趣的话题，通过对明代哲学家湛若水的“时即道”与现代西方现象学关于存在与时间观的跨文化比较，可以发现两者具有十分相近的哲学旨趣。心学与现象学关于存在与时间关系命题的研究对于我们认识传统心学的现代价值和东西方哲学共同探寻的哲学核心问题具有重大的学术意义。海德格尔认为，如果人是世界上唯一能追问存在问题的存在者的话，那么，关于人对存在问题的发问的哲学探究便是一种具有优先地位的基础性研究，即“按存在者的基本存在建构来解释存在者，这种研究必须跑在实证科学前头”[1]。而时间意识就是关于人在这个世界中生存的基本存在建构。

一、“道”“存在”表述的困惑与解决方案

“道”是中华文明中含义和语用均十分独特的一个术语。“道”，虽然被认为古往今来，从自然到社会和人之心性，无处不在，无时不有；但“道”这一语词的含义和指称却一直处于一种难以言表的窘境，历代先贤不断地用各种比喻来阐释“道”的语义，但几乎没有一个公认和统一的定义。老子在《道德经》二十五章中最早勉强地给“道”作出的阐释是：“有物混成，先天地生。寂兮寥兮，独立而不改，周行而不殆，可以为天地母。吾不知其名，强字之曰道，强为之名曰大。”老子之后，历代哲人对“道”的语义的阐释各有自己的偏好。《易传·系辞上》先用阴阳关系释道，所谓“一阴一阳之谓道”。古时还有不少哲人将“道”与“理”互释，认为道的运行中一定有自身内在的规律，如《庄子·缮性》中说：“道，理也……道无不理。”《管子·君臣上》则说：“别交正分之谓理，顺理而不失之谓道。”《韩非子·解老》索性将道与理并称：“道，理之者也”，“万物各异理，而道尽稽万物之理”。理，本义为物质本身的纹路，古人之所以以理释道，就是因为道可以借此领会为各种事物不断现身的轨迹。岭南心学开山鼻祖陈献章也曾感叹：“道不可状，为难其人也。”[2]他认为，“天道至无心，圣道至无意”[3]。道，既是不以人的意志为转移的自然之律，也是一种不可言状，但又通于物，彰显在“天命流行，真

---

1 ［德］海德格尔：《存在与时间》，陈嘉映、王庆节合译，北京：生活·读书·新知三联书店，2013 年，第 12 页。

2 《陈献章集》上，北京：中华书局，1987 年，第 56 页。

3 《陈献章集》上，第 55 页。

机活泼。水到渠成，鸢飞鱼跃”[1]等自然现象中，还可以在“举一隅而括其三隅”，或“据一隅而反三隅”的认识与实践活动中领会。[2]也许因为中国古汉语中原本就缺乏联结主语与宾语的系动词“是”，于是，“道”就只得依靠各种比喻来进行意指了。

正如中国古代哲人对“道”的定义晦暗不明一样，“存在”这个概念在西方哲学史上也一直是一个长期未能透彻阐释的含混的概念。海德格尔甚至感叹：“以叙事的方式去报道存在者是一回事，而要去捕捉存在者之存在而言，我们常常缺乏的不仅是语词，而且在根本上还缺乏语法。”[3]可见，东西方哲学家遇到了同样的哲学难题，即人类用什么样的语词和语法来阐述万事万物的存在才是真理呢？什么是“存在”？如果替换成语词的话，海德格尔认为，存在是指动词“是”（to be），或者勉强用“现成状况”这个表达式来代替或解释存在，而不是指存在者的名词（being）；他还用“此在”一词来表达人在这个世界中的生存状况。现象学和存在主义都同样意识到，存在难以用言语阐明。

如何才能使“道”和“存在”从表述的困局中走出来？也许我们应该按照现象学所提倡的方法那样去重新思考这个古老的问题，即向历史回溯，回到历史上提出那些问题之先，并重新以一种本源的方式去习得过去所提出的问题。于是我们重返经典，看看老子在《道德经》中是如何用一种独特的递进方法给“道”进行阐释的。其实，老子是分三段来阐述“道”的存在的。在第一段，老子描述道：“有物混成，先天地生。寂兮寥兮，独立而不改，周行而不殆，可以为天地母。”这是对“道”所指称事物的描述，这是一种先于和独立于人类，天然自成，往返运动而永不停歇的现存世界的现象。在第二段，老子说：“吾不知其名，强字之曰道，强为之名曰大。”在人的意识没有意指

1 《陈献章集》上，第278页。

2 《陈献章集》上，第56页。

3 ［德］海德格尔：《时间概念史导论》，北京：商务印书馆，2009年，第204页。

宇宙其他存在者之前，道起始当然是无名的，所以他无奈只得使用“道”这一语词来进行初始命名。他试图用“道”一词来说明宇宙进化成现在看到的这种样式是有某种自身内在规律的，他接着再用“大”一词来说明这一指称现象的浩渺广大，无处不在。可见，“道”是老子对日月无人燃而自明，星辰无人列而自序，禽兽无人造而自生自灭的自然现象的领会。在第三段，道既然无边无际，无所不在，而人生有限，人的意识又如何能感知和把握这无涯的现象呢？于是，老子运用顶真句的逻辑机巧，话锋一转，用人可以感知的物质运动变化及运动的往返结构现象来进一步阐释道，他接着说：“大曰逝，逝曰远，远曰反。”逝，通常指事物发展过程（时间）的流逝，如“逝者如斯夫，不舍昼夜”（《论语·子罕》）。“逝，往也”（《说文》）；“逝，行也”（《广雅》）；“倏而来兮忽而逝”（《楚辞·九歌·少司命》）。远，指悠远的过去，如“穷高极远”（《礼记·乐记》）；“则筮远日”（《仪礼·士冠礼》）。反，可作往返，返回，重复之解，如《国语·越语下》中有：“一日五反”；《前汉·胜传》中说：“使者五反”，注曰：“反，谓回还也。”由此可见，面对“道”表达的难题，老子最终选择了用“逝去”“过去”和“将来”往返的时间结构来阐释“道”的解决方案。

其实比较儒道诸子关于道的解释，不难发现历代哲人都开始转而取道从日地阴阳关系来阐释“道”。如《易传·彖传上·乾卦》中说：“大哉乾元、万物资始，乃统天。云行雨施，品物流形。大明终始，六位时成，时乘六龙以御天。乾道变化，各正性命，保合太和，乃利贞。首出庶物，万国咸宁。”“道”在《易传》里转而被领会为就是对地球上人类和一切生物生存具有决定性影响的日地关系。万物生长靠太阳，故《易传·系辞上》中说：“一阴一阳之谓道。”《庄子·天下篇》中亦有这样的评论：“《易》以道阴阳。”《说文》引古籍对易字的解释就是：“日月为易，象阴阳也。”从《灵枢》中“阴阳系日月”的篇名可知，阴阳概念的确始于古人对人的生存与日-月-地关系的领会。古人坚信“天为阳，地为阴，日为阳，月为阴，其合之于人”（《灵枢·阴阳系日月》）“人以天地之气生，四时之法成”（《素问·宝命全形论篇》），“夫自古通天者生之本，本于阴阳”（《素问·生气通天论》）。“阴阳者，天地之道也，万物之纲纪，变化之父母，生杀之本始，神明之府也。”（《素问·阴阳应象大论篇》）。可见，日-月-地-人关系被领会为是人“在-这个世界-中”生存，或决定其健康与生死的根本枢纽。将难以言表的晦涩之“道”转而用最直接明见的日照在昼夜和四季循环变化中彰显出的时间结构来进行体验，这是一种对“道”认识的转向。《管子·轻重》中说：“王者乘时，圣人乘易。”在管子看来，对易与时间的领会虽然都很具有智慧，但能将易理解为阴阳变化之时间结构的人似乎对自然的领会更胜一筹。

由于寰宇间各种事物的变化从长远来看，总是表现为周而复始地往返现身；从近处看，则总是感觉为过去、现在和将来的单向流逝，简而言之，古人发现对“道”的理解可以转化为对阴阳时间结构来进行领会。湛若水（1466—1560）慧眼洞察了道与时间的这种关系，他在《书问》一文中径直说：“**道全在时字上，时即道也**。易六十四卦，三百八十四爻，**全是时上**。孔子所以异于伯夷、伊尹、柳下惠而为圣人之大成，亦时而矣。明觉自然处正是天之聪明，即所谓天之理也。”自此可以认为，中国传统哲学关于道与时间的阐释达到一个新的高度。

有趣的是，现象学在解决“存在”表述问题上的困惑与中国哲学在“道”言说上的艰难一样，但最终殊途同归，即取道于时间意识的这条路径上来。胡塞尔这样说道：“时间性乃是存在领悟一般之可能条件；对存在的领会与概念把握是从时间出发的。”[1]海德格尔甚至将“**从时间的展开来阐释存在**”作为他对存在问题进行探索的主要路径，他说：“在隐而不彰地领会着解释着存在这

---

1 ［德］胡塞尔：《现象学之基本问题》，丁耘译，上海：上海译文出版社，2008 年，第 375 页。

样的东西之际，此在由之出发的视野就是时间。”在回顾了整个西方存在论思想发展史后，海德格尔无不感叹地说：“**一切存在论问题的中心提法都根植于正确看出了的和正确解说了的时间现象以及它如何根植于这种时间现象**。”[1]由此比较可见，湛若水的论断虽然文字不多，但却比西方哲学家更早领悟到了时间立义在认识和把握存在中所具有的奠基性作用。

二、时间意识的构造

既然说不明道不清的“道”和“存在”只能取道于时间来阐释，那么，哲学家们必须先回答以下这些问题：时间是什么？人的时间意识如何形成？又怎样建构？时间意识与“人在……之中”的存在关系又如何？时间为何具有一种与众不同的存在论功能，或者说在有关存在哲学问题的讨论中具有一种特别的优先地位？通过跨文化比较，我们不难发现，中国心学与现象学对此有着惊人相似的观点。

据说南宋哲人陆九渊（1139—1193）在读到古籍中关于“宇宙”一词的释义时，灵光一闪，茅塞顿开，书曰：“天地四方曰宇，往古来今曰宙。”(《尸子》)从此，他顿悟到时空概念与人的意指、命名和指称的关系，也领会到孟子“万物皆备于我”这一观点的深刻意蕴，也许正是由于他的顿悟与阐释才使得孟子这句本不太显眼的话成了历代心学思想的渊源和圣学原理。他沿着这一思想路线继续前行，鲜明地提出了“宇宙便是吾心，吾心便是宇宙”(《陆九渊集》)这一心学经典命题。到明代，陈献章亦说：“君子一心，万理完具。”“事物虽多，莫非在我。[2]”王阳明也说：“离却我的灵明，便没有天地鬼神万物了。”（《传习录》下）这一代表心学宗旨的观点，与当时已成显学的理

1 ［德］海德格尔：《存在与时间》，第21—22页。

2 《陈献章集》上，第55页。

学观点大相径庭。王阳明采取了兼收并蓄的融合路径，尝试将理学的核心概念包纳进心学的视野之中，他说：“心即理，天下哪有心外之事，心外之理乎？”（《传习录》卷一）按照心学自吾心上达宇宙万物的认识路径，包括时空等一切“道”和“理”当然都不能脱离人这个此在来得到理解和阐释。中国心学关于宇宙与心的观点和现象学的旨趣是完全一致的，只是表达得更为宏观一些。

海德格尔曾这样指出：“阐释存在之为存在的基础存在论任务中就包含有清理存在的时间状况的工作。只有将时间状态的问题讲解清楚，才可能为存在的意义问题提供具体而微的答复。因为**只有着眼于时间才可能把捉存在**，所以，存在问题的答案不可能摆在一个独立的盲目的命题里面。”[1]在西方哲学史上康德也许是最早看出了时间意识先于认识活动的第一位哲学家，他将“一个经验性的直观的未被规定的对象叫做现象”。认为一切事物作为感性直观对象的现象都在时间中，“经验性知识的一切增加，及知觉的每一步进展，都只不过是内感官的规定的某种扩展，亦即时间中的某种进步，其对象则可以随便是现象或是纯粹直观”[2]。正是在这种意义上，“时间是所有一般现象的先天条件，也就是说，是内部现象（我的灵魂）的直接条件，正因此也间接地是外部现象的条件”[3]。而且他坚信这条原理应该具有客观正确性和先天的普遍性。海德格尔评论道，康德虽然已经将时间现象划归到主题方面，走到了发现时间意识的大门口，但他耽搁了一次本质性的大事，终究没有深入到人的灵魂深处搞清楚时间和笛卡尔“我思故我在”之间的决定性联系的奥秘。

布伦塔诺及其思想的继承者胡塞尔是接过康德对时间问题思考长跑的勇士。在布伦塔诺看来，主观时间意识起源于大脑“原初联想”的机制，即

---

1 ［德］海德格尔：《存在与时间》，第 22—23 页。
2 ［德］康德：《纯粹理性批判》，邓晓芒译，北京：人民出版社，2004 年，第 189 页。
3 ［德］康德：《纯粹理性批判》，第 37—38 页。

“每个被给予的表象在本性上都会有一个连续的表象系列与之相联结，其中的每个表象都再造着先行的表象的内容，但却是以这样的方式：它始终把过去的因素附着在新的表象上”；也就是说，是“想象创造了一个实际上是新的表象因素，即时间因素”。[1]时间不仅有一个彗星尾，带来过去的回忆，而且“时间晕也有一个将来”[2]，想象还可以从过去出发而构成未来的表象而获得将来或无限的时间观念。胡塞尔受布伦塔诺关于时间表象形成学说的启发，试图进一步从人意识活动的意向性来解决时间观念的先验性这一难题。他认为，人的意识对变化的客体或事件的把握总是瞬间的把握，只有通过相继的回忆、联想和立义等延续的意识行为，才能保证意识构造的同一性。胡塞尔常将时间比喻为具有不同相位的充盈的河流，尽管人不可能两次踏进同一条河流，人对河流同一性的认定其实只是基于它被回忆，并带着被当下化之物的特征而站立在意识面前。时间意识具有明见性，这不仅包括感知、直观，还包括回忆和期待都具有明见性，而且都是一种时间进程。在他看来，所有是反思的客体的东西（感知的、回忆的和期待的），都显现在同一个主观时间中，而主观时间在无时间的意识中构造起自身。[3]他认为，人的“总体意识是一个完完全全的意识，是一个完完全全的诸流体的河流，而每个这样的流体都属于一个统一，因而这便是第一性意义上的意识内容，作为被体验性或被意识性（被感觉性）的体验”；“事物显现是被意识性、内容、内在时间统一，但它们本质上构造新的统一。显现构成在第二性意义上的统一意识”。[4]基于胡塞尔关于时间意识的现象学还原分析，可以认为，时间为何在存在论中具有独特的优先地位，“道”和“存在”为何只能取道于时间来阐释，这是因为不仅世界总是呈现出无穷变化的

1 ［德］胡塞尔：《内时间意识现象学》，倪梁康译，北京：商务印书馆，2017 年，第 247 页。

2 ［德］胡塞尔：《内时间意识现象学》，第 238 页。

3 ［德］胡塞尔：《内时间意识现象学》，第 165 页。

4 ［德］胡塞尔：《内时间意识现象学》，第 385 页。

物质运动的存在，而且人的大脑和意识也只能是一个线性流动的记录仪，并且是一个**主动运用语词和意指重新构造现象的过程**。甚至可以说，**意识不仅总是有所意指的，而且总是用时间感知、直观、回忆和期待所有事物变化的**。胡塞尔说有一条关于知觉体验的本质法则是："每一体验不只是按时间相续性观点，而且也按同时性观点存在于一种本质上封闭的体验联结体中。"在他看来，时间意识产生于主体之内，并且主体在意指活动中总是给认识对象印上时间立义的烙印。**人对时间的意指和立义是人类投向寰宇世界的第一道意识之光**，从此才获得对其他所有存在者观察和言说的视野。因此，"初始的时间意识本身就起着知觉意识的作用，并在相应的想象意识中有其对应物"[1]。可见，世界万物只要经过了人的知觉、想象、记忆和思维等认识加工，都会必然地打上一个时间的标记。也如海德格尔所说，**时间意识充任着一种划分认识领域的标准**。例如将自然进程和历史事件称之为时间性的存在者，而将空间关系与数学关系称为非时间性的存在者。**人从知觉、想象、记忆，到思维和回忆，人的一切所思的活动都在时间的目光中完成**。

虽然康德已经正确地指出了"时间不是独立存在的东西"，时间不过是内部感官的形式，它规定着我们内部状况中诸表象的关系，但是我们却不能因此认为时间与生活世界就没有任何关系。一种自明的现象是：宇宙中的一切自然存在及其运动规律，包括人类自己在内的生物的生死规律，在人类意识诞生之前就已经形成，这是不以人的意志为转移的大道，正如湛若水所说："大道为公，不为尧存，不为桀亡。"[2]胡塞尔也承认："一种现象学的时间分析若不顾及时间客体的构造就无法澄清时间的构造。"[3]海德格尔则较前辈更加全面地关

1 ［德］胡塞尔：《纯粹现象学通论》，李幼蒸译，北京：商务印书馆，1996 年，第 273—274 页。

2 《湛若水文集》卷二，第 503 页。

3 ［德］胡塞尔：《内时间意识现象学》，第 61 页。

注了人的生存环境与人的时间意识之关系。人生存在大地上，首要的生存规则便是依据光照变化日作夜息，调整自己的行动。海德格尔正是基于人这个此在依赖太阳生存的这种关系而认为，“时间”首先恰恰是在天空显现出来的。日出、日午和日落，太阳在天空中的位置，或者太阳在地表形成的投影都很自然地会令太阳成为人类可资利用的计时参考标准，因此，“时间既不在‘主体’中也不在‘客体’中现成存在，既不‘内在’也不‘外在’；时间比一切主观性与客观性‘更早’‘存在’，因为它表现为这个‘更早’之所以可能的条件本身”[1]。这就是说，远在人类用语言命名太阳、太阳在天空的位置和昼夜、月、年之前，人就已经从天天与太阳的照面中学会了对昼夜的划分和领会了昼夜日复一日的循环结构，并且伴随着劳动和语言的发展，对“太阳神”的顶礼膜拜便逐渐让位于由语言建构起来并迅速发展强大起来的自我意识之王，人不再只是被动地听命于自然，而是开始将人的意识投射于存在，并选择了视野所及的太阳、月亮、星座等多种自然参考物作为人所能利用的时间坐标，建立了二十四节气、阳历、阴历和阴阳合历等历法，发明了圭表、沙漏和时钟等各式各样的计时工具，赋予时间以丰富的文化立义，于是时间成为世界上最普遍的，历史最悠久的公共的文化基石。

2017 年，诺贝尔生理学奖授予了三位美国科学家，表彰他们在果蝇体内发现一组与生物钟有关的特定基因，这组基因被命名为周期基因（period gene，简称为 the per），而且发现周期基因的核糖核酸（mRNA）和蛋白水平呈昼夜节律性变动——即在早晨浓度较低，夜晚浓度升高。这一发现对于解释人的时间意识的起源也具有一定的哲学意义，说明人的大脑及其机体的所有生理、心理和行为都呈现出昼夜节律的生物钟现象并非仅仅只是意识层面的文化现象，而是亿万年日地关系在生物进化中刻录到基因中的存在结构的印记。

---

1 ［德］海德格尔：《存在与时间》，第 473 页。

三、 此在、真理与时间

道既不好命名，也不好把握与实践，就像存在的彰显晦暗不明一样，那么东西方先贤进一步要追问的问题便是：**人如何才能切入、把握和遵循大道？道和存在是如何在时间中展开的**？人又是如何彰显自己的存在和揭示其他的存在的？**真理依赖于此在的时间立义吗**？十分有趣的是，**中国哲人和现象学家都采取了取道时间的解决方案**。

我们先来讨论真理与时间观，或时间与世界观的关系问题。在爱因斯坦狭义相对论提出以前，伽利略建立的绝对时空观，牛顿经典力学和经典运动学就是真理的代表，后来爱因斯坦提出的相对论打破了这种时间和空间是各自独立的绝对存在的理论，而认为时间和空间各自都不是绝对的，在时空中运动的观察者可以建立"自己的"参照系，可以定义"自己的"时间和空间，而且不同的观察者所定义的时间和空间可以是不相同的。在现象学-存在主义看来，**真理是一个与人的意指和此在密切关联的概念**。前者意味着：真理是"被意指者与被直观者之同一性的合成"[1]，后者意味着："认知就奠定在此在的一种原初的结构的基础之上，认知只是因此才能够是真的（才能够拥有作为分明可见的述谓的真理）：因为真理并非全然是认识的一种特性，相反，它是此在本身的一种存在品格。"[2]换言之，时间意识及其时间文化立义是人这个此在的一种原初结构，必然会对真理的认知具有根本性的影响。如果我们以建立在日地关系领会基础之上的中医药基本理论为例，评价其理论和相关技术的合理性或科学性的标准就应该与提出该理论和发明这些技术的原初意指，与此在的生存环境和时间立义为基础。相对论的新时空观带来了相对论的真理观革命。从这

---

1 ［德］海德格尔：《时间概念史导论》，欧东明译，北京：商务印书馆，2009年，第65页。
2 ［德］海德格尔：《时间概念史导论》，第228页。

种意义上说，中西医的根本区别是时空观的差异。脱离了时空观现象学分析的基础，有关真理或科学的中西医之争是毫无意义的。

我们再来讨论**时间与人日常生活操持的关系问题**。道不远人，道需在人生活中去领悟，但是众人却常难背道而驰。当陈献章读《孟子》之语："道在迩而求诸远，事在易而求诸难"（《孟子·离娄上》），以及"行之而不著焉，习矣而不察焉，终身由之而不知其道者，众矣"（《孟子·尽心上》）之后，对现实中众人舍近求远，弃易求难，或缺乏察觉与反思的状况发出了悲切的感叹。[1]海德格尔与湛若水一样，几乎有着同样的感受，那就是历史上有太多的人错过了对"存在"问题澄清的机会，或将其视为一种理所当然的，或无须界定的明见问题。因此，为了教导百姓如何把握道，以及如何阐释人的存在的这个难题，智慧的中国哲人与西方现象学-存在主义家都选择了从时间的路径来谋划解决方案。如《周易·乾·象》中说，"大明终始，六位时成"。认为道之终始成就于时间之中。有趣的是，海德格尔几乎是反过来表述了同样的思想："绽出的时间性源始地敞明'此'。"[2]人不仅在时间中回忆和解释着过去的历史，而且操持着自己的现在与将来的生活方式，因此，他认为，从生存论的意义上，**"时间性构成了此在的源始的存在意义"**[3]。

中国哲人关注的是人如何顺时而谋，而现象学-存在主义追问的则是如何在操持中照面和理解人的存在。中国贤哲教导百姓要把顺时而行、依时势而动作为谋划人生的一种最根本的智慧。《诗经·小雅·裳裳者华》中说："左之左之，君子宜之。右之右之，君子有之。"行动取向是左是右，关键在于适应环境，恰如其分。适时而动也是《易经》立义的基本宗旨和用以指导人行为的基本准则，如《周易·艮·彖》中说："时止则止，时行则行，动静不失其

---

1 《陈献章集》上，第 176 页。

2 ［德］海德格尔:《存在与时间》，第 399 页。

3 ［德］海德格尔:《存在与时间》，第 270 页。

时，其道光明。”“天地以顺动，故日月不过，而四时不忒。圣人以顺动，则刑罚清而民服，《豫》之时义大矣哉!”（《周易·豫·彖》）清代易学家惠栋曰：“易道深矣！一言以蔽之，曰：时中。”略举几个卦辞如下。“蒙卦”《彖》曰：“蒙，亨。以亨行，时中也。”“遁卦”《彖》曰：“‘遁，亨’，遁而亨也；刚正位而应，与《时》行也。‘小利，贞’，浸而长也……遁之时义大矣哉!”“损卦”《彖》曰：“损刚益柔有时，损益盈虚，与时偕行。”“益卦”《彖》云：“益动而巽，日进无疆；天施地生，其益无方。凡益之道，与时偕行。”可能因为孔子对《周易》的注释，而对“时中”有更深刻的领会。据检索，《论语》中也有15个时间副词，出现的词频数为59次。故孟子赞孔子为“圣之时者”（《孟子·万章下》），适时而为被认为是孔门之学的基本准则。《中庸》曰：“君子之中庸也，君子而时中。”就是要求君子的行为要未雨绸缪，合乎时宜，恰到好处，与时俱进，随时变通。荀子说：“与时屈伸，柔从若蒲苇，非慑怯也；刚强猛毅，靡所不信（伸），非骄暴也。以义变应，知当曲直故也。……此言君子能以义屈信（伸）变应故也。”（《荀子·不苟》）可见随时而屈伸，并不是懦弱害怕；刚强勇猛到处伸展，也不是骄横凶暴；判断的标准只有一个，那就是行动是否有利于人的生存。把握时机而动也是诸子百家的共识，如《国语·越语上》中说：“夫圣人随时而行，是谓守时。”“守时”，在这里专指遵守天时，敬奉天道。《管子·霸言》曰：“智者善谋，不如当时。”“当时”，即选择适当时机。《庄子·至乐》中也说：“**万物皆出于机，皆入于机**。”“机”，即时机，指事物发展展开的某些重要、关键之时间点或时段。在庄子看来，时机既是万事万物存在绽放的窗口，也是事物发展的内在本质。用时阐释道，有助于民众建立面对死亡的自然态度，克服对死亡的恐惧。庄子说：“适来，夫子时也；适去，夫子顺也。安时而处顺，哀乐不能入也，古者谓是帝之县（悬）解。”（《庄子·养生主》）“如果无古今，而后能入于不死不生。”（《庄子·大宗师》）他还认为，人如果能做到“不忘其所始，不求其所终；受而喜之，忘而复之，是之谓不以心捐道，不以人助天。是之谓真人”（《庄子·大宗师》）。庄子正是基于明白了内时间意识的构造性而幽默地化解了人对死亡恐惧的困局。陈献章细读《易经》，对比当时的社会情形，十分赞同孔子“**知几其神乎**”的观点。[1]所谓“几者”，《周易·系辞下》中解释道：“几者，动之微，吉之先见者也，君子见几而作，不俟终日。”所谓“知几其神”，就是预先察见事物的征兆，把握行动的最好时机。陈献章不断强调，人与天地同体，四时以行，“此学以自然为宗者”[2]。具体来说，就是要求人首先要以遵循自然四时规律为做事做人的基本准则。

以时间为切口来把握道，这种思想全面渗透和体现在中华民族的日常生活世界。《礼记·中庸》中说：“凡事豫则立，不豫则废。言前定则不跲，事前定则不困，行前定则不疚，道前定则不穷。”对于以农业立国的华夏族而言，“使民以时”（《论语·学而》），“不违农时”（《孟子·梁惠王上》），即在草木开花结果时禁止砍伐，鱼鳖怀卵时禁止撒网下毒，春耕、夏耘、秋收、冬藏不失其时，堪称那时的“圣王之制”。对于中医之道而言，认为“人以天地之气生，四时之法成”（《宝命全形论篇》）。人不仅五脏应四时，而且四经、气血脉象都应时间变化，因此，无论是养生，还是医疗行为的根本大法都是“因时之序”（《生气通天论》）。故中医说：“阴阳四时者，万物之终始也，死生之本也，逆之则灾害生，从之则苛疾不起，是谓得道。”（《四气调神大论》）中医认为正确的生活方式就是：“虚邪贼风，避之有时”，“和于阴阳，调于四时”；错误的折寿的行为特点则是：“不知持满，不时御神。”（《上古天真论》）治疗的基本原则就是“得时而调之”，如“凡刺之法，必候日月星辰四时八正之气，气定乃刺之”（《八正神明论》）。

海德格尔认为，时间并不是世俗理解的那样是一种纯粹的、无始无终的现

---

1 《陈献章集》上，第 175 页。
2 《陈献章集》上，第 192 页。

在序列。时间和时间性根本不是“存在者”，也不存在，“**时间性在本质上是绽出的**”。这也就是说时间或时间性的本质即是世间诸事物自在自为地、整体统一地到时候绽出或显现自身（或出离自身）的现象而已。[1]海德格尔在这里说的所谓“时间性”也是他不得已勉强借用的语词。从人的此在看来，时间性其实可以理解为：寰宇间为人所牵挂（即操心操劳）的诸种事物依意指而到来。**时间只是事物到时呈现自身的一个同义词**。在人的意识世界里，现在、将来和过去是时间性的几种主要相位。胡塞尔认为，其实人感知的只有当下的现在，而现在又不断堕入过去，成为记忆；而将来则是靠想象而来。海德格尔的见解与胡塞尔强调的重点不同，他认为，“时间源始地从将来到时”。因此，“将来在源始而本真的时间性的绽出的统一性中拥有优先地位”[2]。这是因为人是世界上唯一自知会死而又一直奋力生存的存在者，也即一种向死而生的存在。从人具有自知不可避免的死亡意识而言，人“源始的时间是有终的”。于是，海德格尔认为，正是这种有终点的时间使操心的结构之建制成为可能[3]。海德格尔从现象学的意向性这个核心概念出发，把人的生存定义为“此在”，而“此在的一般存在规定为操心”[4]，或者说，操心就是此在的存在。因此，所谓“此在”，就是它的展开状况，就是人为了生存在这个世界之中而心有所畏的操心和操劳。事实上，人一觉醒来就几乎没有停止过操心和操劳；而且人在幼年、少年、青年、中年和老年不同阶段有不同内容的操心和操劳。人的一生就是由不同的操心结构所组成，而操心就是对生活的谋划。中国先哲也一直将事前的谋划当成将来行动能否成功的关键。从存在主义的现象学看来，“操心的存在论意义是时间性”[5]。个体从幼到老，从家庭到社会，从一个社会阶段

1 ［德］海德格尔：《存在与时间》，第 374—375 页。
2 ［德］海德格尔：《存在与时间》，第 375 页。
3 ［德］海德格尔：《存在与时间》，第 377 页。
4 ［德］海德格尔：《存在与时间》，第 144 页。
5 ［德］海德格尔：《存在与时间》，第 414 页。

到另一个社会阶段的生活，只有从时间的发展性才能得到理解。离开了人此在的操心行为，时间和时间性就成了无本之木；而离开了时间性就不能理解操心的意义。正是人有所牵挂的操心操劳才使得寰宇间的各种上手事物或现成事物到时来与人照面，各种存在者就总是作为“在时间中存在的东西”得以通达。

时间性还绽露为人此在的历史性。[1]人既因为历史性有知识和文化的累积而拥有远远超过其他高级动物的智慧和能力，也因为有既往个人成长史中痛苦的记忆，使得人获得了一种其他动物没有的罹患神经症的可能。从这种意义上说，人因为有了内时间意识而书写了自己的历史，同时也给人带来对未来的各种希望和幻想。

四、结语

当我们再次追溯道、存在与时间之谜的思想史时，不难发现老子对道阐释的困惑与胡塞尔对时间之谜令人感叹的相似。老子说：“道可道非常道，名可名非常名。”两千年后胡塞尔也发出了如下感叹：“时间是一组完全被界定的问题范围的名称，而且这些问题都是极其困难的。”通过跨文化的比较研究，对于道、存在和时间的本质这些千年之问带来了哪些启示呢？

什么是道、存在和时间？在中国心学看来，“宇宙便是吾心，吾心便是宇宙”，时间就是此在对自己身处的这个世界发展过程的一种领会，而寰宇中万事万物自然而成或绽放自身的这种过程、现象、动力、机巧、路径和方法就是道。在胡塞尔看来，时间不是某种独立的存在物，也不是现象或运动本身，而是人对运动变化之现象的感知、记忆和想象的内意识；人大脑的神经结构和心理活动的机制决定了人对外界事物感知、记忆和想象的线性结构，决定了人的

---

1 ［德］海德格尔：《存在与时间》，第 379 页。

一切感官只能感知现在这一时刻的真实，而且现在即刻逝去，便成为过去的记忆。因此，凡经过人知觉、思考和记忆过的东西都被自动打上时间的印记。从这种意义上说，一切经验的东西都通过内时间意识的综合和联结而被给予或被建构。在海德格尔的现象学-存在主义看来，各种存在物“到时”整体涌现的现象就是存在，或者说，时间就是“到时”各种存在一起展现在人面前的现象。人的内时间意识也不是凭空先验产生的，而是与人所感知的日地关系的生存环境密不可分，日出日落，星移斗转，为人的时间立义和时间结构意识提供了自然的原型。

道不可言状，与存在和时间总是难以表述一样，因为这三个概念所指称的对象都不是独立的存在物或独立的现象，而是与寰宇间一切物质运动和现象同步发生和被人感知的“东西”（在这里将时间称之为“东西”也真是无可奈何之举）甚至不能将时间看成是物质运动和现象的一种性质。受人类语言与世界的关系所限，对于道、存在和时间这类普遍、动态、抽象、内意识的非存在物或现象，语言的功能几乎走到了“语不尽意”的世界边界。因此，中国先哲和海德格尔不断地叮嘱后学：道、存在与时间不过就是彰显在“水到渠成，鸢飞鱼跃”[1]的自然现象之中，也充实在日常生活中人的各种操劳操心之中。基于对道与存在的这种领悟，那么，就人道而言，“天命之谓性，率性之谓道，修道之谓教。道也者，不可须臾离也；可离，非道也。”（《礼记·中庸》）“圣人之学，惟求尽性。”[2]道不是物，存在亦不是存在者，因此它们不可见，不可状；但道和存在是人这个此在的展开，因此，道和存在可以在日常生活的操心操劳中被体验和领会。

对于人来说，只有人才有时间意识，以及有关于时间的语词和概念；但就人与现实的关系而言，时间意识也反映了人在日地关系中的时间立义，以及人

1 《陈献章集》上，第 278 页。
2 《陈献章集》上，第 278 页。

对寰宇世界与此在一起同时或相继绽开现象的领会。康德认为，时间既是先验的，与范畴同质；时间又是经验的，与现象同质。[1]人在世界物质运动变易中所能做的最能发挥主体作用的事情，莫过于提前对将来的谋划。谋划时间，就是对道的洞察，就是对存在的揭示。虽然天地、社会和人之本体不同，但都遵循不以人的意志为转移的道和存在的规律。所以，寻觅大道之道和揭示存在的机巧都在于勿忘勿助，顺其自然。

---

1 ［德］康德：《纯粹理性批判》，第 139 页。

试析湛甘泉的感应论

佛山科学技术学院经济管理学院教授、博士　唐雄山

【摘　要】感应论是湛甘泉思想体系中十分重要的组成部分。湛甘泉感应论包括两个部分：感应的前提与感应的内涵。根据对湛甘泉感应论的分析，感应的前提有二：天理论与一体论；感应的内涵有四：人感天应、君感民应、君感臣应、官感民应。

【关键词】天理；一体；感应

湛若水（1466—1560），号甘泉，是明代著名思想家、政治家、教育家，是陈献章的衣钵传人，继承和发展了白沙心学，完成了系统而精微的岭南心学体系。感应论是湛甘泉思想体系中十分重要的组成部分。湛甘泉对感应的前提与内涵都有十分详细的论述。

一、感应的前提

在湛甘泉的思想体系中，天理论与一体论是感应论的基础与前提，感应论是天理论与一体论的自然延伸。

（一）天理论

1. “天理”的内涵

在湛甘泉的思想体系中，“天理”是一个最重要、最核心的概念，也被表述为理、道、大道、达道，有时也被称为性，其内涵可以分三个层面。第一个层面，就世界的万事万物而言，万事万物之间的总体与总趋势的平衡便是“天理”；第二个层面，就人性而言，人性各个要素的总体与总趋势的平衡便是天理；第三个层面，仁、义、礼、孝、悌、慈、怜、让、忠、诚、俭等便是天理。后面两点直指人心与人性。我们先来看看第一个层面与第二个层面。

> 甘泉子曰：“吾观于大易，而知道器之不可以二二也。爻之阴阳刚柔，器也；得其中焉，道也。器譬则气也，道譬则性也。气得其中正焉，理也，性也。是故性气一体。或者以互言之，二之也夫。故孟氏曰：‘形色天性也。’又曰：‘有物有则。’则也者，其中正也。易曰：‘一阴一阳之谓道。’其阴阳合德也乎！”[1]

上述这段文字主要讲了两个内容：一个是宇宙间万事万物的平衡；另一个是人性内部各个要素的平衡。

“吾观于大易，而知道器之不可以二二也。爻之阴阳刚柔，器也；得其中焉，道也。”这段话讲的便是宇宙间万事万物的平衡。在这里，爻、器、阴、阳、刚、柔是万事万物及其特性的代名词。这里的“中”，即是中道、中庸，用现代的语言来表述就是“平衡”。宇宙间的万事万物互相依赖、互相矛盾、互相制约，进而达到总体、总趋势的互相平衡的状态。这种总体、总趋势的互

---

1 ［明］湛若水：《樵语・一本》，《泉翁大全集》卷一，门人沈珠潘子嘉世礼同刊，嘉靖十九年（1540）刻，万历二十一年（1593）修补本。

相平衡的状态就是“道”，就是“天理”。

在讲了宇宙间万事万物的平衡之后，湛甘泉便直接转入了人性内部，论述人性平衡便是理，便是道。“器譬则气也，道譬则性也。气得其中正焉，理也，性也。是故性气一体。”实际上，甘泉子在这里提到了两种性：一种性是“气形之性”，“形色天性也”中“形色”是指代词，指代人随气形而来的自然之性，它包括了生存欲与死亡欲、占有欲与放弃欲、同情怜悯心与冷漠心、承担责任的欲望与推卸责任的欲望、自体性（自我性）与群体性，等等；另一种性是气形之性平衡的产物，“气得其中正焉，理也，性也”，这里的“中正”就是平衡，这种平衡也是总体、总趋势的平衡。气形之性总体、总趋势平衡的状态就是理，就是中庸，也是所谓的道，它是人气形之性的理想组合形态。“一阴一阳之谓道”实谓阴阳总体、总趋势的平衡就是道。在人的形气之性中，生存欲为阳，死亡欲为阴；占有欲为阳，放弃欲为阴；同情怜悯心为阳，冷漠心为阴；承担责任的欲望为阳，推卸责任的欲望为阴；群体性为阳，自体性（自我性）为阴。

在甘泉的思想体系中，天地万物（包括人性）阴阳总体、总趋势的平衡就是天理。

> 士德仕鸣问易。甘泉子曰：“一阴一阳之谓道。”曰：“为之说者，陆也混，朱也离，有诸？”曰：“一阴一阳，阴阳合德，其天地之中乎！夫道，中而已矣。喜怒哀乐之气也，得其中焉，和也，天下之达道也。故耳目之圣明，道气之同形，孰或混诸？孰或离诸？”[1]

甘泉子在这里再次由万事万物的阴阳平衡引申到人性的平衡。阴阳平衡是

1 ［明］湛若水：《樵语·元气》，《泉翁大全集》卷一。

一种“德”，是“中”，是“道”。人性中的各个要素的平衡是“和”，是“天下之达道”。这里的“喜怒哀乐之气”指代人由气形而得的自然之性。就阴阳而言，喜为阳，怒为阴；乐为阳，哀为阴。所以甘泉子说：“孟氏之养气，其养性乎！性与气一也，示人以易见也。（改）其说曰：‘气之中者性也。故其为气也，配道与义。’”[1]根据甘泉子的观点，孟子所谓的“养气”，就是“养性”，即使自己的气形之性达到总体与总趋势上的平衡。气形之性达到了平衡，就“配道与义”。所以，湛甘泉又说：“性也者，其天地之生生者乎！其于人心也，为生理。道也者，其生生之中正者乎！其于生理也，为中和。夫中正者，天之道也；中和者，人之道也。反是则辟焉戾焉，不足以为道，君子不道焉。”[2]在湛甘泉的著作中，类似上述这种论述还有许多，这里不再引用与分析。下面，我们看看湛甘泉思想中“天理”的第三个层面。

湛甘泉说：

> 自其天理浑沦而言，谓之道，志则心之所存，惟在乎此而已矣。志而后有得，自其得天理而言，谓之德，据则常守之不失。据而后有仁，自其纯于天理而言，谓之仁。[3]

湛甘泉在此论述了天理的三个层次：道、德、仁。“自其天理浑沦而言”，是指就平衡的普遍性而言，它是宇宙中的普遍规则，因此可以称之为道。“自其得天理而言”，是指个体的人得到平衡规则而言，它是中庸，是“和”、是“中和”。中庸、“和”、“中和”不仅是就人性而言，而且也是就人的行为而

1 ［明］湛若水：《樵语·乘除》，《泉翁大全集》卷一。
2 ［明］湛若水：《樵语·语道》，《泉翁大全集》卷一。
3 ［明］湛若水：《诚意格·立志上》，《圣学格物通》卷三，桂林：广西师范大学出版社，2015年，第228页。

言。“据而后有仁”是指仁就在人所得“天理”之中，即平衡规则之中。人性中这种要素与人性的其他要素（或属性）是一种自在，是一种本有，为了将其与其他的人性要素区别开来，人们叫它为仁，即所谓的“自其纯于天理而言，谓之仁”。这是一个复杂的价值判断与价值选择的过程。这种价值判断与价值选择源自《大学》的“明明德”，并带来了一系列的重大的历史性影响：人性中其他要素受到忽视与冷落。但是，当总体平衡（“中庸”“和”“中和”）无法得到，而人们又不得不进行选择时，这种价值判断与价值选择便对人类社会生存与发展起着十分重要的作用。因此，湛甘泉“天理”的第三个层面与第一、第二个层面具有同样重要的意义与作用。

在中国传统的思想中，仁的内涵十分丰富，同情、怜悯、关怀、爱、孝、悌、慈等等都是仁。除了将仁视为“天理”外，湛甘泉将义、礼、俭、诚、正也视为“天理”。他说：

夫仁义之心即吾心之生理，所谓性也，旦昼不害其性，则夜气益清，夜气既清则旦昼之理益明，盖性之存亡系乎气之清浊。气得其中正，即仁义之性也，故曰合一。[1]

夫以仁礼存心，非谓取诸外以存之也。仁即是心之生理，礼即是心之天理。同是一理，苟能体认此理，而心存存，即无一念而非仁礼矣，此乃复吾心本体之正，非由外铄我也。我之心也，得其心则得仁礼矣，失其心，则失仁礼矣。此君子之所以异于人者，乃得人心之常尔，岂别有异于人哉？故君子之学在于体认天理而存，随感而见，施之爱人则为仁，施之敬人则为礼，本立而道自生矣。[2]

1 ［明］湛若水：《正心中》，《圣学格物通》卷十九，第 800 页。
2 ［明］湛若水：《正心中》，《圣学格物通》卷十九，第 797—798 页。

“仁义之心即吾心之生理”，“仁即是心之生理，礼即是心之天理。同是一理”，说明“生理”即“天理”，“天理”即“生理”，因为，仁、义、礼都来自人的“四端”。

湛甘泉又说：

> 俭德者，俭约之德也。[1]
>
> 诚者，心之实理，上下同然者也。[2]
>
> 正者，天理之公，仁义是已。[3]

《格物通卷十三·敬天上》：

> 《周颂》：敬之敬之，天维显思。命不易哉，无曰高高在上，陟降厥士，日监在兹。
>
> 臣若水《通》曰：此成王受群臣之戒而述其戒之之辞，盖群臣之意欲王持敬以保天命也。敬者，主一之谓，《中庸》所谓戒慎恐惧也，即天理也，言天理至为显著，人君当敬之以顾谛天之明命也。思，语辞也；不易，言难保也；士，事也。存天理则天命眷之，失天理则天命去之。其去就予夺之防无常而难保也。是以人君与天，其势虽若悬绝，然事之隐显、大细、远迩，天无不陟降而日监视之。人君当无一念而不敬以合乎天理，则天命归之矣。然则吾心即天也。有天下者，乌可谓天为高远忽而不敬乎？于戏，天人一理也，伏惟圣明凝神于斯，则敬立而天命自永矣。[4]

---

1 ［明］湛若水：《诚意格·谋虑上》，《圣学格物通》卷五，第275页。
2 ［明］湛若水：《诚意格·感应上》，《圣学格物通》卷七，第337—338页。
3 ［明］湛若水：《诚意格·审几下》，《圣学格物通》卷二，第198—199页。
4 ［明］湛若水：《敬天上》，《圣学格物通》卷十三，第586—589页。

在这里湛甘泉将敬列为“天理”。敬就是“戒慎恐惧”，“戒慎恐惧”的对象就是宇宙间的平衡规则，人性平衡规则，人性内部的仁、义、礼、孝、悌、慈、怜、正、诚、俭等。而这些也是“天理”。为什么人君要敬“天理”，因为“天理”是治道的本体与基石，“存天理则天命眷之，失天理则天命去之”，“人君当无一念而不敬以合乎天理，则天命归之矣”。

从上述湛甘泉关于“天理”第三个层面的论述来看，同情、怜悯、关怀、爱、孝、悌、慈、义、礼、俭、诚、正、敬等，只是人性构成的一部分，但这一部分却被湛甘泉称为“天理”。这是儒家的历史传统。

由“天理”内涵的三个层次可见，湛甘泉继承了《中庸》与《大学》思想，并试图调和两者之间的矛盾与冲突。

2. “天理”的特点

从上述的分析论述及其他相关的资料来看，湛甘泉思想中的“天理”具有四个特点，正是这四个特点奠定了感应的基础。

第一个特点是，“天理”既是万事万物的本源，也是万事万物的本体，即具有本源-本体性。湛甘泉说，“一阴一阳之谓道”，实际上就是说阴阳平衡就是道，就是“天理”。正是有了阴阳平衡，宇宙间的万事万物才得产生，如此，阴阳平衡就成了万事万物的本源。尽管这一本源不是万事万物的最终本源，但缺少这一本源，万事万物就无法产生。万事万物产生之后，平衡或阴阳平衡便内在于万事万物之中，成为万事万物的本体。[1]没有这一本体，万事万物就无法存在或失去其本有性质而变成其他的事物；一旦变成其他事物，其内部则会形成新平衡或阴阳平衡。这便是“一阴一阳之谓道”全部的、真正的含义。

第二个特点是，“天理”既是事实本体，也是价值本体。就“天理”的第

1 唐雄山：《贾谊本源、本体的特点及其思想传承》，《孔子研究》，2013 年第 1 期，第 45—51 页。

一个层面来看，“平衡”既是宇宙间万事万物存在的一种状态，是一种事实；同时，也是湛甘泉（乃至整个儒家）的价值取向。湛甘泉将之称为“和”“中和”“道”“达道”，认为是万事万物存在的理想状态。就“天理”的第二个层面来看，人性诸要素的平衡是人性组合形态之一，是个体或群体人性存在的一种形态，即一种事实；同时，也是湛甘泉（乃至整个儒家）的价值取向。湛甘泉认为，人性诸要素的平衡是中庸、达道，是理想的人性组合形态，它会产生理想的心理结构、思维模式与行为模式。[1]就“天理”的第三个层面来看，仁、义、礼、孝、悌、慈、怜、诚、俭、正、敬等是人与生俱来的人性构成要素，它们以事实、以质的状态内在于每一个体与群体，也就是说它们是我们每一个人的事实本体；同时，它们也是湛甘泉（乃至整个儒家）的价值取向。湛甘泉认为，仁、义、礼、孝、悌、慈、怜、诚、俭、正、敬等是理（“天理”），是我们每一个人都必须遵循的达道。

第三个特点是，“天理”作为万事万物的本体，具有普遍性。根据湛甘泉的观点，平衡是事物得以存在的规则与机制；平衡是万事万物存在与发展的常态，失衡（不平衡）则是万事万物存在与发展的非常态，因此，平衡具有普遍性。同时，仁、义、礼、孝、悌、慈、怜、诚、俭、正、敬等作为人性的要素，它们普遍地内在于每一个体与群体，无古今之别，无中外之异。所以，湛甘泉说：“天理二字，人人固有，非由外铄，不为尧存、不为桀亡，故人皆可以为尧舜，途之人可以为禹者，同有此耳。故途之人之心，即禹之心；禹之心，即尧舜之心；总是一心，更无二心。盖天地一而已矣。”[2]

第四个特点是，“天理”具有可转化性、可调动性、可传播性、可感染性。《格物通卷十九・正心中》：

---

1 唐雄山：《湛甘泉论理想人性组合形态的塑造——兼论“随处体认天理”的可能性及其路径》，《佛山科学技术学院学报》（社科版），2015 年第 6 期，第 7—13 页。

2 ［明］湛若水：《新泉问辩录》，《泉翁大全集》卷六十七。

孟子曰：恻隐之心，仁之端也；羞恶之心，义之端也；辞让之心，礼之端也；是非之心，智之端也。人之有是四端也，犹其有四体也。有是四端而自谓不能者，自贼者也。谓其君不能者，贼其君者也。凡有四端于我者，知皆扩而充之矣，若火之始然，泉之始达，苟能充之，足以保四海，苟不充之，不足以事父母。

臣若水《通》曰：孟子此章直指本心体用全具，可谓深切而着明矣。不忍人之心即心之生理，所谓仁也，即下恻隐之心至于羞恶辞让是非之心，即是四端之发，随感而异见尔，非谓原有四心也。夫惟圣人有是心则有是政者，所谓体用一原也。君子能知是心而扩充之，复其本心也；众人不能，则此心虽发，将随发随泯，自暴自弃者也。虽然，充之则足以保四海，不充之不足以事父母，是故帝尧之德光被四表，后之人主或以天下之大不能悦其亲，而遂肆欲以危宗庙社稷，是心充与不充之间其所系，岂细故哉？故人君苟不失其本心之正，斯不失天下之心，而天下国家可保也。[1]

“本心体用全具”中“本心”便是“天理”。湛甘泉认为，孟子的论述打通了由体到用的隔阂，使体用贯通而成为一个整体。所谓“体用一原”，“天理”是体，是理论核心与基础；治国理政则是用，是“天理”的具体体现、具体实行（操作）。治道之所以为治道，是因为治中有道，即有“天理”；没有“天理”、离开“天理”，则无以为治；没有治，则“天理”空悬，没有着落处。

为什么可以打通由体到用的隔阂？那就是因为“四端”（即“天理”）具有可转化性、可调动性、可传播性、可感染性。就可转化性而言，“四端”（即“天理”）可以转化为仁、义、礼、智等心理结构与行为模式，这为制度规范的

1 ［明］湛若水：《正心中》，《圣学格物通》卷十九，第 794—796 页。

形成创造条件，而制度规范是任何社会得以形成并正常运行的基础。“帝尧之德光被四表”，指的是尧帝发挥、扩充、传播“四端”（即“天理”），对周围的人产生巨大的影响，调动、感染其他人本性中的“四端”，并形成仁、义、礼、智等心理结构与行为模式。

（二）一体论

一体论是湛甘泉治国理政核心理念之一，包括天人一体、上下一体、心事一体（即学政一体与知行一体）、“二业”一体。[1]其中，天人一体、上下一体是感应的前提。

1. 天人一体

天人一体是中国传统思想的重要的组成部分，是中国古代思想家对人与自然关系深入思考的结晶，对中国人处理人与自然的关系具有极为重要的指导意义。湛甘泉充分继承了天人一体的思想传统。《诗·大雅·文王》：

> 穆穆文王，于缉熙敬止，假哉天命。

对此，湛甘泉解释道：

> 穆穆，深远之意。于，叹美辞。缉，续。熙，明也。止，语辞。假，大也。此诗言穆穆之文王，叹其继续光明而能敬止以膺受天命之大。如此有以见天人之一气也，气一则理一矣，理一则心一矣。[2]

1　唐雄山：《湛若水的治国之道》，广州：广州出版社，2018 年，第 15 页。

2　［明］湛若水：《诚意格·感应上》，《圣学格物通》卷七，第 351—352 页。

湛甘泉又说：

> 天人一体，欣戚相通者也。日月薄蚀，天之大变，如痛之切身。天与人其气一也，其心一也，其理一也。[1]

湛甘泉这里说到的天是天地的指代词，有时也是天地万物的指代词。根据湛甘泉的观点，天人之所以一体，是因为天人气一、心一、理一。所以，天人“欣戚相通”。

湛甘泉进一步说：

> 天地之口吾其体，天地之帅吾其性，人与天本一理也。[2]

可见，在湛甘泉看来，天人之所以能够成为一体，除了天人气一、心一、理一外，性也为一。湛甘泉这种思想已经超越自体性（自我性）、群体性与类性，[3]而是站在宇宙的高度在思考问题。

2. 上下一体

天人一体为上下一体提供坚实的理论基础。上下一体是指君臣一体、君民一体、官民一体。一体的内容包括：① 痛痒、苦乐一体，② 穷达、贫富一体，③ 安危、存亡一体。从现代管理学的角度来看，“上”指的是一个组织或组织中一个部门最高的管理者或领导者，“下”指的是组织或部门中除了最高领导

---

1 ［明］湛若水：《敬天上》，《圣学格物通》卷十三，第 605 页。
2 ［明］湛若水：《正心下》，《圣学格物通》卷二十，第 866 页。
3 参见唐雄山、王伟勤：《人性组合形态论》，广州：中山大学出版社，2011 年，第 240—251 页。

者之外的其他成员。

（1）痛痒、苦乐一体

关于君民痛痒一体，湛甘泉说："君民相为一体者也，何者？天地万物与吾一体者也。"[1]正因为君民一体，气血相关，所以痛痒亦为一体，即民之痛痒就是君的痛痒。君主知道君民痛痒一体，那就要对人民加以爱护，不能伤害，不能"重敛百姓，厚自奉养"。他将"重敛百姓，厚自奉养"的行为比喻为"馋人自啖其肉"，最终的结果只能是"肉尽而毙"。[2]既然君民痛痒一体，那么苦乐亦为一体。湛甘泉认为，君主要以人民的苦难为自己的苦难，以人民的快乐为自己的快乐。他严厉批评统治者"恣情纵欲""乐物之乐""乐以荡心"。[3]

不仅君民痛痒、苦乐一体，君臣痛痒、苦乐亦为一体。他说："古之君臣之喻多矣，有喻之以父子者，非不亲也，然而有父子不相顾者矣；有喻之以元首、股肱、腹心、手足者，非不一体也，然而有痛痒不相关者矣。"[4]

（2）穷达、贫富一体

所谓"穷"，就是诸事不顺，处于困境；所谓"达"，就是诸事顺畅。诸事顺畅则荣，诸事受挫则辱。湛甘泉认为，君臣一体，诸事顺利则俱荣，诸事困顿则俱辱。[5]他说："夫国病则主忧，主忧则臣辱，相视一体者也。故人君者，赖臣之力以宏济于艰难。人臣者，济君之艰以急国家之难而安其民者也。"[6]只有君臣一心、各守其道，方能诸事通达，他引班固《白虎通》的话说："君使臣以礼，臣事君以忠，谦谦君子，利涉大川，以贵下贱，大得民也。"他又

---

1 ［明］湛若水：《薄敛下》，《圣学格物通》卷九十六，第 3720 页。
2 ［明］湛若水：《薄敛下》，《圣学格物通》卷九十六，第 3720 页。
3 ［明］湛若水：《诚意格 · 儆戒一》，《圣学格物通》卷九，第 455 页。
4 ［明］湛若水：《事君使臣下》，《圣学格物通》卷四十五，第 1741 页。
5 唐雄山：《湛若水的治国之道》，第 16 页。
6 ［明］湛若水：《事君使臣上》，《圣学格物通》卷四十四，第 1701 页。

说："君臣一心而治化行矣，君臣二心则祸乱至矣。"[1]

"贫"与"富"则是就财富而言的，湛甘泉认为，君民贫富一体，民富则君富，民贫则君贫；只有人民富起来了，君才能富起来，即所谓"百姓足，君孰与不足？百姓不足，君孰与足？"（《论语·颜渊》）如果人民贫困，而君主占有许多财富，那么，君主的富有也不能持久，这是因为"夫君民同心一体而痛痒欣戚相通者也，故心一则体一，体一则其爱之以均，聚散之必同"[2]。

（3）安危、存亡一体

湛甘泉认为，民安则君安、国安，民危则君危、国危，反之亦然。他说："宇宙一气也，君民一体也，故君为心，民为体，心与体一也。心庄以肃则容体舒且敬矣，不容间也。……心之全非自全也，体全故也；心之伤非自伤也，体伤故也。君之存亡以民心之存亡也，一体而已矣，知其体一，所以仁也，仁则民安而君安矣。"[3]要想民安、国安，统治者（管理者）必须推行仁政，施爱于民。

湛甘泉将君比喻为喉，将臣比喻为舌；有时也将君臣比喻为元首、股肱、腹心、手足，以说明君臣安危、存亡一体。他说："至于（君臣）喉舌之喻，则一体死生，以之可不惧乎。夫君犹心腹也，臣之侍从，言论犹喉舌也。侍从台谏之官，不言如喉舌不通其身心，将与喉舌俱死矣，此非特人君家国之忧，亦为人臣者终身之忧也。"[4]

二、感应的内涵

湛甘泉的感应论的具体内涵主要有四个方面：人感天应、君感民应、君感

1 ［明］湛若水：《事君使臣下》，《圣学格物通》卷四十五，第 1379 页。
2 ［明］湛若水：《薄敛上》，《圣学格物通》卷九十五，第 3691 页。
3 ［明］湛若水：《畏民上》，《圣学格物通》卷十六，第 718—719 页。
4 ［明］湛若水：《事君使臣下》，《圣学格物通》卷四十五，第 1741—1742 页。

臣应、官感民应。

（一）人感天应

正是因为天人一体，湛甘泉认为，人必须敬天，并依天（宇宙、自然、自然规律、自然万事万物内在结构与规律）行事。“日阳精一，日而绕地一周；月阴精一，月而与日一防星者，二十八宿众星为经，金木水火土五星为纬，皆是也。辰以日月所防分，周天之度为十二次也。人时谓耕获之，凡民事早晚之所关也，夫在天成象，在人为时，天象各有常度，四时各有常运，不得乖违。”[1]

作为统治者（管理者），要敬天、顺天，按照自然规律行事，否则就会受到天的惩罚。他说：“人君，代天理民者也，非敬则不能顺天度以历象，不顺即不敬也，不敬顺乎天以历象，故阴阳不序而寒暑反易，安能定四时以敬授乎民使知耕获之候、人事之序乎？此尧放勋之治首汲汲于此，故圣人先天而天弗违，后天而奉天时，始终一敬尔，为人君者奉天理民可不敬乎？”[2]

当遇到天灾时，统治者需要诚心反思，变灾为祥，否则，祸害必至，他说：“灾害之成否，系于人君之一心尔，有反身修德之诚，则变灾为祥，怠荒弗悛，则咎祸必至。”[3]之所以如此，是因为：“民心即天心也，天心即君心也，故感之而无不应焉。”[4]

（二）君感民应

关于君感民应，湛甘泉说：

---

1 ［明］湛若水：《敬天上》，《圣学格物通》卷十三，第 581—582 页。
2 ［明］湛若水：《敬天上》，《圣学格物通》卷十三，第 582—583 页。
3 ［明］湛若水：《儆戒四》，《圣学格物通》卷十二，第 559—560 页。
4 ［明］湛若水：《敬天下》，《圣学格物通》卷十四，第 632 页。

仁者，人心之天理，君民同然者也，上行之则下效之，而兴其同然之心……人君之于天下仁而已矣，天下之民心亦仁而已矣，为人君者，欲兴教化，岂待外求之哉。[1]

上述这段话包括了圣君感化万民的原理与机制。“仁者，人心之天理，君民同然者也”，是感化的原理；而“上行之则下效之，而兴其同然之心”，则是感化的机制。

关于君主感化万民的原理，《周易·咸·彖》说：

天地感而万物化生，圣人感人心而天下和平。观其所感而天地万物之情可见矣。

对此，湛甘泉有详细的解读，他说：

天地之与万物一气也，故天地之气相感，则太和絪缊而化育成矣。圣人之与万民一心也，故圣人感之以吾心之理，则丕应徯志而和平致矣。天地以气，圣人以心，其所以感应者理一而已，理一即性一，性一即情一。情不可见，以其所感而见之尔。故天地圣人之感人物而无不应者，以其情性之同也，故即其所感，观之天地，万物之情见矣。人君能得人心同然之理，有感而必通矣。天下其有不和平者乎，故不必求之天下之人心而求之吾心焉可也。[2]

从湛甘泉上述的解读来看，君主感化万民的原理有二：第一，从宇宙的角

---

1 ［明］湛若水：《立教兴化上》，《圣学格物通》卷四十六，第1767—1768页。

2 ［明］湛若水：《诚意格·感应上》，《圣学格物通》卷七，第338—339页。

度来看，“天地之与万物一气也，故天地之气相感，则太和氤氲而化育成”；第二，从君与万民的关系来看，“圣人之与万民一心也，故圣人感之以吾心之理，则丕应徯志而和平致矣”。湛甘泉认为，人君与万民气一、心一、理一、性一、情一，“能得人心同然之理，有感而必通矣”。

关于人君感化万民的机制，《孝经》说：

先王见教之可以化民也，是故先之以博爱而民莫遗其亲，陈之以德义而民兴行，先之以敬让而民不争，导之以礼乐而民和睦，示之以好恶而民知禁。

湛甘泉对此进行了更深入、更详细的阐述，他说：

博爱者，老吾老以及人之老，故无不爱也；陈之以德义者，陈说其德行道义以感动之，得其心之所同然，故兴行也；先以敬让者，躬行、恭敬、辞让则感其辞让之本心，故不争也。礼以理其心，乐以乐其心，故和睦也；示好以引之，示恶以止之，故知禁也。博爱也、德义也、敬让也、礼乐也、好恶也，上之教也。不遗亲也、兴行也、不争也、和睦也、知禁也，下之化也。是故观其教化而人心之同然者，可知矣。[1]

恭、敬、慈、孝人心之所同然者也，上行之则下效之，此无他故矣，盖其所同然者，有不期然而然尔。故先王事天地、奉宗庙、养高年、字百姓，皆尽吾性之不容已者尔，民之恭、敬、孝、慈之化，岂非感发其所同然者乎，故立教者得其心之所同然者，则几矣。[2]

1 ［明］湛若水：《立教兴化上》，《圣学格物通》卷四十六，第 1784—1785 页。
2 ［明］湛若水：《立教兴化下》，《圣学格物通》卷四十八，第 1824—1825 页。

从上述两段文字来分析，我们可将圣君感化万民的机制概括为三个词：诚心、尽性、立行。

同时，湛甘泉指出，不同类型的君主对万民感化的机制不同，其结果也会存在差异，有时差异十分巨大。他说："文武兴，则民好善；幽厉兴，则民好暴。感应之机，何异于影响之捷哉？人君惟慎其所感而已矣。"[1]

所以，明太祖说："治道必本于教化，民俗之善恶，教化之得失也。……身者，教化之本也，人君身修而人化之，好仁者耻于为不仁，好义者耻于为不义，如此则风俗岂有不美？国家岂有不兴？苟不明教化之本，致风俗陵替者，民不知趋善，欲国家长治久安不可得也。"[2]

（三）君感臣应

湛甘泉对君感臣应有十分深刻的论述，他说：

> 上以廉耻礼义遇之，则使臣以礼矣；下以节行忘私报之，则事君以忠矣。故上以礼，则下以忠感应之，必然也。为人君欲得臣之报礼以图治理者，何惮而不以礼乎。[3]

"故上以礼，则下以忠感应之，必然也。"这句话包含了两个层面的含义：第一，君主与臣下存在心理互动与行为互动关系；第二，君主有什么样的心理与行为，臣下便会有什么样的心理与行为。君臣之间互相感应，但由于君主在总体上处于优势地位，所以应在互相感应的过程中处于主导地位。君主对臣下的感应必须以诚作为基本原则，湛甘泉说：

---

1 ［明］湛若水：《立教兴化上》，《圣学格物通》卷四十六，第 1783 页。
2 ［明］湛若水：《立教兴化下》，《圣学格物通》卷四十八，第 1835 页。
3 ［明］湛若水：《事君使臣下》，《圣学格物通》卷四十五，第 1737 页。

君臣感通之道诚而已矣。诚者，心之实理，上下同然者也。故彼感此应，有不期然而然者。若不诚，则心二，心二则势离，乱之所由生也。上下一于诚，则上下交而其志同，如腹心手足之一体矣。以之作事，何事不成乎？然则君臣相与感应之际可不诚哉？[1]

信是言与行的一致性，诚则更进一步，它强调心与言、行的一致性。湛甘泉认为，诚是天理，是“心之实理”，君臣之间互相感通的关键与基础就是诚。

（四）官感民应

这里的官是指除皇帝之外掌握实权者，主要是指各级地方最高长官。各级地方最高长官掌握着所统治地区的政治、经济、文化资源，其一言一行都影响着其下级及广大民众。湛甘泉说：

民得天地之和气以生，故其性本淳厚，知诱物化，遂渐移而浇薄尔。然厚既可迁而薄，则薄者岂不可反而厚乎。厚者，乃其本然也。反之之道，惟在于上尔。民之于上，固不从其令而从其好尔。……盖在心为德，在事为道。德者，体而。道者，用也。敬典而在德，则道由中出，教由我行。以身教者，从，故其感人捷于桴鼓……盖人人各率其性，各由其道，则天下为大道之世矣。[2]

湛甘泉这段话有三个方面的内容：第一，人民“得天地之和气”而生，所以其性本来淳厚，但由于后天不良的价值观、世界观与人生观的诱导及后天不良环境的影响，便变得“浇薄”了。第二，淳厚可变得“浇薄”，“浇薄”当

1 ［明］湛若水：《诚意格 · 感应上》，《圣学格物通》卷七，第 337—338 页。

2 ［明］湛若水：《立教兴化上》，《圣学格物通》卷四十六，第 1769 页。

然可变回淳厚，因为淳厚是人性的本然状态。第三，要让人民由“浇薄”变回淳厚，关键在于各级统治者的德行，即各级统治者的人性组合形态、心理结构与行为模式。因为人民的心理结构与行为模式不怎么受统治命令的影响，而受各级统治者的人性组合形态、心理结构与行为模式的影响。所以，各级统治者要以身教来感化广大人民群众。

《论语·泰伯》：“君子笃于亲，则民兴于仁，故旧不遗，则民不偷。”

这里“君子”可泛指各级地方官员或长官。各级地方官员诚心实意地孝敬自己的父母、善待自己的兄弟姐妹，其所管辖之地的人民就会“兴于仁”，形成积极的心理结构与行为模式。至于为什么会如此，湛甘泉说：

> 亲者全其亲，故者全其故。亲故者，人之情、天之理也。然上之人同此心也、同此理也，下之人亦同此心也、同此理也。故我能尽此心于亲亲，则下兴其仁爱之心，同然矣。我能循此理而不遗故旧，则下亦感化而厚勃然矣。[1]

上述这段话中，湛甘泉分析了地方长官（官员）感化所辖地区人民的原理与机制。第一，原理就是“亲故者”是人之情、天之理，地方长官（官员）与所辖地区人民同此情，同此理，同此性，同则相感相趋。第二，机制就是上行下效，即所谓的“我能循此理而不遗故旧，则下亦感化而厚勃然矣”。正是因为“民之于上，固不从其令而从其好”，所以，地方官员的选拔就十分重要。

1 ［明］湛若水：《立教兴化上》，《圣学格物通》卷四十六，第1782—1783页。

湛若水的治国理念与策略

广东省社会科学院研究员　黄明同

【摘　要】湛若水是明代著名的教育家、思想家、政治家，从政35年，官至二品，政绩辉煌。其治国理念与策略主要有：天下一舟、政由心生、君须畏民、贤才治国、德与礼一、分田均产、重农恤商等方面，皆具有合理性，至今仍有启示意义。

【关键词】治国；理念；策略；天下；一舟；畏民；贤才；分田；均产；重农；恤商

湛若水（1466—1560），曾为明南京政府三部尚书，官至二品。35年的仕宦生涯，使其在治国理政上总结及创造了许多理念、政策和策略，皆为正确的、合理的，至今仍有着积极的、可借鉴的意义。其治国理念与策略，可分为三个方面：一是，治国的总体思路；二是，治国的政治方略；三是，治国的经济方略。可以说，湛若水的理政理念与策略，是其学说在社会层面上的具体实践，也是其为官实践多年后的理论升华。本文将对其治国理念与策略作一简要的评述。

一、天下一舟

以反对“支离”为历史使命的湛若水，其学说处处体现“主一”思想。

“体用一原”是其学说的核心命题。正是从这一理论基点出发，他提出了“人与天地万物一体”的整体观，并在治国理政方面明确主张“天下一舟”的总策略思想。

嘉靖二年（1523）五月初九，湛若水呈上《乞上下一心同济圣治疏》。此奏本在宇宙观的高度上，阐述其治国的核心理念，也是其“以学术开导人主”主张的体现。

在湛若水看来，宇宙是一个整体，任何事物都是一个整体，国家亦不例外。在奏文中，湛若水明确提出：“夫天下一大舟也。”[1]湛若水把国家比作一艘大船，十分形象而生动地描绘出在这样一个大舟上，君与民的分工，以及彼此的密切关联，阐明“民为邦本”“同舟共济”，君臣共治的治国理念。他如是说：“本在人主之一心，犹夫舟之舵也；公卿贤士辅导之臣，运筹指方，犹夫舟之有长年三老也；百僚宣力，犹夫篙师，榜人主之左右也；内臣、外戚犹夫附舟之人也；天下民庶实为邦本，犹夫君之宝货在载也。”[2]这一比喻是说：在国家这个大船上，君是舵手，公卿贤士是艄公，百官们是分布于船两侧的划船人；在船上的官员，上至皇帝，下到百官，各有分工，各司其职；船的行驶，有赖于船上所有人的合作。他通过这段话阐明了国家的治理，必须由君臣进行共治；必须同舟共济，通力合作。

在湛若水这个“同济圣治”的比喻里，没有提及宦官。宦官作为皇帝最为贴心、最为信任的官员，在行政事务中不可或缺，湛若水非但没有谈及他们在共治中的作用，还在《乞上下一心同济圣治疏》中，把宦官比喻为“凿舟而破”之人。这是说，他们在船上，不仅不是行船的合力者，反而是一股破

1 ［明］湛若水：《章疏 · 乞上下一心同济圣治疏》，《泉翁大全集》卷三十六，钟彩钧、游腾达点校，台北：“中央研究院”中国文哲研究所，2017 年，第 931 页。

2 ［明］湛若水：《章疏 · 乞上下一心同济圣治疏》，《泉翁大全集》卷三十六，第 931 页。

坏力。这又是为什么？原因是湛若水生活的时代，宦官之患，已成社会的大祸。

明初的官制改革，取消了宰相的设置，本意是为了进一步加强皇权的集中，却出现事与愿违的情况：皇帝身边的太监即宦官，愈来愈得宠，特别是一些荒诞懒惰而疏于政事的皇帝，常常假手于身边的宦官处理政事，于是皇帝的大权渐渐旁落。明代“宦官弄权”之事，屡屡发生：正统年间，宦官王振弄权；成化年间，宦官汪直擅权；正德年间，宦官刘瑾掌控朝政；等等。宦官们利用自己的特殊地位，培植私人势力，为非作歹，陷害朝官，由于他们权力膨胀，不断招致政治风波，进而导致社会动乱。鉴于明代这样的社会状况，湛若水认定宦官“恃宠坏法”，便是“凿舟”的破坏者，而不是合力行船的共治者。

《乞上下一心同济圣治疏》中的各项比喻里，湛若水把“天下庶民”比作船上装载的“宝货”，是皇帝的“宝货”。不言而喻，船的运行目的应是运送“宝货”，那么，在湛若水看来，君臣共治的目的，便是为了“宝货”，即“天下庶民”。这正是湛若水民本思想在治国理政中的体现，也是其注重民众的启蒙思想的显露，值得珍惜！

湛若水的“天下一大舟”的共治理念，蕴含着思想启蒙，主要体现在：

首先，帝制大一统社会，君主有着独尊地位，“溥天之下，莫非王土；率土之滨，莫非王臣”（《诗经·小雅·北山》），然而湛若水敢于主张“共治”，揭示国家的治理并非一君主所能成，必须要用君臣“共治”的合力。这在一定意义上蕴含了否定“专制”之意。

其次，湛若水用分工、辅助、协调，来揭示“共治”。他既主张君与臣有各自不同的职责，又强调相互制约。这呈现了一种新的国家治理架构，是一种具有现代意义的“均权”主张。

再次，湛若水的“共治”理念所用的比喻，把庶民视为“宝货”，是船只运行、护送的目的。这揭示了国家治理的“为民”宗旨，以及“重民”的早期民权含义。

总的说来，湛若水的治国理念，开始突破中央集权大一统独尊的、传统的治国理念。也正因为这样超前的理念，湛若水的学说被当时的统治集团定位为“邪说”，视作洪水猛兽。

二、 政由心生

湛若水依据其心学理念，提出“政由心生”，认定学生心，心生人，人生政，把政事与人心紧密结合。

《叙政》是湛若水专论为“政”的短文。在文中，他明确提出：“学也，学也者，心也。心也者，人也。人也者，政也。夫政由人生者也，人由心生也，知所以为心，则知所以为人矣。知所以为人，则知所以为政矣。是故学政之致一也。”[1]

在给弟子讲学时，湛若水又说，“所谓权者，亦心也”[2]。政事是人对国家的管理，政事是由人而生，而人是由心而生，而心则决定于学。可见湛若水的推理是：

学→心→人→政。

对如何为政，湛若水明确提出，“为政以德”[3]，官员应以“德”来理政。这是对儒家“德治”的传承与弘扬。

湛若水的“政由心生”“为政以德”论，不仅体现其注重人，而且尤其注重人的道德精神在理政中的决定性作用。他认定，有怎样的“心”，便有怎样

1 ［明］湛若水：《序·叙政》，《泉翁大全集》卷十八，第534页。
2 ［明］湛若水：《新泉问辨录》，《泉翁大全集》卷六十八，第1668页。
3 ［明］湛若水：《讲章·天关精舍语录》，《泉翁大全集》卷十三，第400页。

的政，于是进一步提出人的“四心”生出“四政”，“夫恻隐、羞恶、辞让、是非四者，人之心也；无是心，非人也；无是人，非政也。是故有恻隐之心则有惠政矣，有羞恶之心则有廉政矣，有辞让之心则有礼政矣，有是非之心则有明政矣”[1]。

湛若水揭示了国家社会的政治生态，并非凭空而产生，而是由主政者，以及国家机关的官员们的“心”，即道德精神所决定，有怎样的心，就会有怎样的政，故他明确提出：有“恻隐之心”，便产生“惠政”；有“羞恶之心”，便产生“廉政”；有“辞让之心”，便产生“礼政”；有“是非之心”，便产生“明政”。“四心”生“四政”，故他明确提出，“惠则人知爱，廉则人知敬，礼则人知化，明则人知畏。四者治之极也”[2]。

湛若水提出“四政”的同时，把这“四政”视作“治之极”，即治理国家的最高境界，并强调为官者须有“四德”。所谓“四德”，即“廉”“谦”“恭”“勤”。他认为，“夫廉，德治节也；谦，德治光也；恭，德之键也；勤，德之盛也”[3]。在湛若水看来“四德”是取得政绩的根本，“夫四德者，绩之本也。是故一本立而庶绩成”[4]。

湛若水提出官员应具备“四德”，并把这“四德”作为取得政绩的根本，这是从本源上阐明了“政由心生”的具体内涵。他告诫国家官员：只有具备了廉、谦、恭、勤这四德，才可能取得政绩。从另一侧面来说，有四德之人，才能理政；有四德之人，才能做出政绩；有四德之人，才是好的国家管理者。

湛若水关于“政由心生”“心生四政”“四者治之极”“四德者，绩之本”

---

1 ［明］湛若水：《序·叙政》，《泉翁大全集》卷十八，第 534 页。
2 ［明］湛若水：《序·叙政》，《泉翁大全集》卷十八，第 534 页。
3 ［明］湛若水：《序·送大司空崔先生考绩京师序》，《泉翁大全集》卷十八，第 544 页。
4 ［明］湛若水：《序·送大司马崔先生考绩京师序》，《泉翁大全集》卷十八，第 544 页。

的阐述，深刻揭示了主政者的道德与政事的密切关系。这正体现着一种注重人，注重高扬人的道德精神、人的主体精神的启蒙思想，是明代中叶萌发的一种新思潮。这一思想，不仅在当时具有里程碑式的意义，在当今社会亦仍具有现实意义。

三、君须畏民

君民关系，从来是国家治理的重要内容，也是湛若水的治国理政思想中十分重要的部分。他从天人关系的高度阐述君民关系，继承传统儒家的“民为邦本”的思想，提出畏民、爱民、恤民的主张，值得今人借鉴与弘扬。

以“畏民”为基点的“民本”思想，是湛若水治国理念的核心内容。“民本”，是中国传统的治国理念，从《尚书》，到孔孟，再到宋代理学和明代心学，儒家一直主张“民为邦本”。湛若水站在新时期的时代巅峰上，重新解读了儒家的“民本”思想，为它抹上了启蒙的色彩，凸显出新的价值取向。

《尚书》：“民为邦本，本固邦宁。”[1]湛若水认为，国家的根本是“民”，只有“民”这个根本稳固了，国家才得以安宁。“民”的地位被确立在一个根本性的位置上，而这个“本”是否牢固，关系着国家的命运。

“民”与“邦”关系密切，《尚书》解释“民”的重要性时，把民升格到“天”之上，“天聪明，自我民聪明；天明畏，自我民明威”[2]。在古代中国，邦国的最高统治者，被称作“天子”，是天之子，是代表着上天来行使权力，有着至高无上的绝对权威。“民本”的主张者却认为，天的智慧与权威，来自

1 《尚书·夏书·五子歌》。
2 《尚书·虞书·皋陶谟》。

庶民百姓。所以，《尚书》进而提出："畏于民喦。"[1]"喦"，即"岩"，是指凸起的山峰，有险要、险峻的意思；借此说明君主应对"民"怀有敬畏之心。这是"畏民"思想的早期表述，也是"民本"思想的精华所在。

战国时期，儒家的民本思想有了进一步的发展。孟子不仅丰富了"民本"的内涵，而且把"民本"思想提升到治国理念的层面。

孟子明确界定了君主、民众与国家的关系。他沿着《尚书》的思路，仍然把"民"放置在君主与国家之上。《孟子·尽心下》："民为贵，社稷次之，君为轻。"[2]把古代中国"民本"思想推演为"重民"思想，并作了最为简明的概括：民与社稷、君主相比，民更为重要。由这一基本观点出发，孟子提出君主应将自己的仁心扩充到国家的治理上，实施仁政。在孟子看来，仁政的主要内容是"制民之产"，具体是让百姓拥有足够维持生计的生产和生活资料。他构想，一个家庭要拥有一定数量的土地和房屋，使他们有足够的生产和生活资源，来抚养年迈的父母和年幼的孩子。这便是儒家"民本"治国理念的具体实施蓝图，从重民进而推演出恤民的思想与策略。

孟子之后的荀子，则由"重民"而演绎出"畏民"的思想。学界谈到先秦的民本问题时，大都说到荀子的一个比喻：君为舟，民为水；后人大都认同他所说的结论："水则载舟，水则覆舟。"(《荀子·王制》)这个水与舟的比喻，揭示了民众力量对君主统治的威慑，君能不畏民吗？

湛若水继承传统儒家的治国理念，首先是主张以民为本，强调本固而后能国安。在《乞上下一心同济圣治疏》中，他说："天下民庶实为邦本。"[3]在《圣学格物通》中，湛若水进一步提出："民者国之本，本固而后国安。"[4]显

---

1 《尚书·周书·召诰》。

2 《孟子·尽心下》。

3 ［明］湛若水：《章疏·乞上下一心同济圣治》，《泉翁大全集》卷三十六，第931页。

4 ［明］湛若水：《畏民上》，《圣学格物通》卷十六。

然，这些便是《尚书》的说法，湛若水将它们融入自己的治国理念。为了使皇帝更明白这些道理，湛若水在《圣学格物通》中，提出“譬如草木必先有根，而后有干，而后有枝叶”[1]。湛若水把“民”比作“根”，把国家与君主比作“干”和“枝叶”，由“根”所生长出“干”和“枝叶”来，没有根本，又何来枝、叶？这一比喻，既生动又深刻，说明了“民”的根本意义，对于枝叶起着根本性的决定作用。这道出了君与民、与国的密切关系，阐明了君与民的辩证关系。

从“体用一原”论、“合一”论出发，湛若水提出“君民一体”。在《圣学格物通》中，他明确地说：“宇宙一气也，君民一体也，故君为心，民为体，心与体一也。”[2]事物是合一的，在国家社会里，君与民也是合一而不可相分的，彼此相互依倚，密切相关。

在《圣学格物通》中，湛若水对“君民一体”的密切关系，作了具体的阐述：一方面，“君之于民，以势而言，则尊卑殊分”，在当时等级森严的社会里，君对于民来说，是处于至尊的地位的；另一方面他又强调，“以情而言，则一体相须”。[3]在湛若水看来，就威势而言，“君”处于“尊”的地位，“民”处于“卑”的地位，但是从情义上说，君与民是“一体”的。

君民为何必须一体？湛若水从两方面进行阐述：一方面，“民”需要仰赖君去管治，才能“相安相养”，过上安稳的生活；另一方面，“君”则有赖百姓去供养和护卫，而且得民心才可以保住君位，保住国家。对“君”与“民”的相互依存、不可分离的辩证关系，湛若水在《圣学格物通》中说：“君非民泽孤立于上，谁与君者？”[4]“民固不可无君，而君又不可无民。”[5]这是说，在

1 ［明］湛若水：《畏民上》，《圣学格物通》卷十六。
2 ［明］湛若水：《畏民上》，《圣学格物通》卷十六。
3 ［明］湛若水：《畏民上》，《圣学格物通》卷十六。
4 ［明］湛若水：《畏民下》，《圣学格物通》卷十七。
5 ［明］湛若水：《畏民下》，《圣学格物通》卷十七。

一个国家里，没有民的恩泽，君便孤零零地在上，有谁拥戴你做“君”？在一个国家里，固然不能无君，而君又离不开民。对于“君”对“民”的依赖，湛若水具体说：“人君全倚靠那百姓去护卫，他才得安富尊荣。若非百姓，则城池谁与他守？社稷谁与他保？”[1]

在湛若水看来，君主处处离不开“民”，君民关系应是十分密切的。孟子曾说，“无君子莫治野人，无野人莫养君子”（《孟子·滕文公下》）。概括地说明，一个社会不能没有君去治理民，但君也不能离开民的供养。湛若水继承和弘扬了孟子的思想，他更进一步说明，君对民的依赖，不仅仅是“养”，还有其他的方方面面，他指出必须有民护卫君的安全，维护君的富贵与尊荣，以至保卫整个国家等等。可见，湛若水对“君民一体”，以及“民”的根本地位的阐述，较孟子更为具体和详尽。

对“民本”的重要性，湛若水除了强调“君”对“民”的依赖之外，还特别阐述了“民心”之向背，关系着国家社会的生死存亡，并由此认定“君”须“畏民”，他把《尚书》中的“畏于民碞”思想作了充分的展开。

“畏民”，是湛若水民本思想的基点，也是他的治国理念的鲜明特色。“得乎民之心则得天之心，而天位安；失乎民之心，则天位失。”[2]得民心者得天下，失民心者失天下，这是儒家的传统观念，湛若水继承了这一看法，并且用君与天的关系、民与天的关系的观点，来阐述民心对君位的影响，认为民心即天心，依据天人合一的理论，进行分析。在《圣学格物通》中，他提出，“天人同气，上下一理，通达流行，更不分别”[3]。由这样的观点出发，湛若水进而认定，“圣人之心，即百姓之心，百姓之心即天地之心”[4]。民心即天心，民心向

---

1 ［明］湛若水：《畏民上》，《圣学格物通》卷十六。
2 ［明］湛若水：《畏民上》，《圣学格物通》卷十六。
3 ［明］湛若水：《畏民上》，《圣学格物通》卷十六。
4 ［明］湛若水：《畏民上》，《圣学格物通》卷十六。

背关系着社稷的安危，怎能不畏！

《尚书·泰誓》："天视自我民视，天听自我民听"，天的意志体现于民，而民的意志也就是天的意志，"君失人心，则为独夫"，便成为不能代表上天意愿，又失去百姓支持的孤家寡人，没有了基础，没有了根基。于是，湛若水得出结论："君之存亡，以民心之存亡也"[1]；"得其心则得天下，失其心则失天下"[2]；"明君不畏万张之劲敌，而畏不可见之民心"[3]。湛若水明确告诫统治者："民心怨背"，"可畏之甚"[4]。在阐述君须畏民的思想时，湛若水也借用了荀子"君为舟、民为水"的比喻，认为君是舟，民是水，水可载舟，也可以覆舟。

湛若水反复向君主陈述"畏民"的理念，不仅在《圣学格物通》中作了详尽的阐述，而且在他担任皇帝的老师，给皇帝讲述经典时，对这一理念也进行了认真的解读。《经筵讲章》记述了他对皇帝语重心长的解说："民心一散，不可复合；天心一去，不可复留。到这时节，君不见其可爱而民愈见其畏也。"[5]又说："臣惟人君以九鼎之尊，临兆民之卑，鲜不轻视其民，以为不足恤者，然尝观之天人之际，甚可惧也。"[6]

湛若水是说，在君尊民卑的社会里，君虽没有轻视他的民，但从天人关系来审视，如果不懂得恤民，那也是很可怕的。于是他又继续告诫皇帝说，"得乎民之心，则得天之心，而天位安。失乎民之心，则失天之心，而天位危。盖君民一理，上下无间，其得失存亡之机系乎人君一心之敬否。故敬者乃圣学之

1 ［明］湛若水：《畏民下》，《圣学格物通》卷十七。
2 ［明］湛若水：《畏民上》，《圣学格物通》卷十六。
3 ［明］湛若水：《畏民上》，《圣学格物通》卷十六。
4 ［明］湛若水：《畏民上》，《圣学格物通》卷十六。
5 ［明］湛若水：《讲章·经筵讲章》，《泉翁大全集》卷十二，第 340 页。
6 ［明］湛若水：《畏民上》，《圣学格物通》卷十六。

要，乃致治保邦之本也。为人君者不可不加之意哉！”[1]

湛若水是在告诫皇上，你得了民心，就是得了天心，你的君主宝座就能安稳了；如果你失去民心，就失去了天心，你的宝座就危险了。他站在理论的高度上，提醒皇帝要懂得“君民一理，上下无间”的道理，要懂得君主是否有敬畏民众之心，关系着社稷的存亡与得失。他要强调的是，君民一心，敬畏民众，这才是圣学最为核心的内容，是关乎治国安邦的根本。君不可不“畏民”！

湛若水以“畏民”为基点的“民本”治国理念，是对儒家思想的传承，同时又是对传统理念的弘扬。他一方面，沿着儒家“民为邦本”“君轻民重”的理路展开；另一方面，则又从当时的社会现实出发，对传统理念进行扬弃与创新。富于“贵疑”精神的湛若水，他大胆地改写了“君”“民”“社稷”三者的关系。在《圣学格物通》书中，他明确提出，“恒人之情，莫不以君为贵，民为轻也。殊不知社稷所以为社稷，君所以为君者，以有民也。故无民斯无君，无君斯无社稷也”[2]。

湛若水的推演如下：

正面的路向：民→君→社稷

反面的路向：无民→无君→无社稷

湛若水告诫皇帝：人们总以为，君贵而民轻，殊不知君所以成为君，社稷所以成为社稷，都是因为有了民，如果没有民，哪会有君？没有君，哪会有社稷？他连续说了四个“无”，就清晰地理顺了社稷、君与民的关系，也就把“民”的地位，提升到“君”与“社稷”之上，凸显出“民”的至“贵”、至“根本”的地位。“君”与“民”，谁重谁轻？对孟子的答案，湛若水没有否

1 ［明］湛若水：《畏民上》，《圣学格物通》卷十六。
2 ［明］湛若水：《畏民上》，《圣学格物通》卷十六。

定，但他更明确提出，没有“民”哪有“君”，没有“君”哪有“社稷”。这一看法已经超越了原始儒家的民本思想，展示出中国早期的启蒙思想中的“民权”思想雏形。

应该看到，湛若水的“民本”的治国理念，也存在时代局限性与理论偏颇。这主要体现在，他对“民”所以“重”的论证，是借助“天”，是因为天的意愿来自“民”，民心即天心，由于天意不可违，故民才可畏。显然，他是在借助“天”的威权来进行论证，这难免会令生活在科学昌盛时代的今人，感到可笑。而当人们抹去了天人感应的神秘色彩之后，才可发现他的治国理念的真正价值。

回顾人类发展史，当社会进入到民权时代以后，“民”的地位在理论上得到了重视。孙中山为民族复兴，曾借鉴西方的经验，又因袭中国固有的思想。他创立的三民主义，便是突出一个“民”字；他领导革命，推翻封建帝制，创建的新国家，便命名为“民国”，而不采用西方的“共和国”，同样突出一个“民”字；他憧憬未来的国家，是“四万万人当皇帝”，也是民本思想的体现。中国共产党领导的革命，继续为民族复兴而奋斗，革命成功后成立了中华人民共和国，在“共和国”之前冠上“人民”二字；建国后采取的各种措施要使人民当家作主，强调官员要“为人民服务”；近年来，更不断强调“建设为了人民，建设依靠人民，建设成果人民共享”，反复说“要心中装着人民”，把“人民对美好生活追求的愿望”作为“奋斗目标”。把人民视作社会的主体、国家的主人，“江山就是人民，人民就是江山”。

四、贤才治国

循着“政由心生”的理路，湛若水提出“理政须养士”“贤才治国”的主张，并上疏倡议“亲贤”。他认定“贤才众著而天下治”，把能否以贤才治国视为天下平治的关键，提出纠正不亲贤的状况。

湛若水十分注重历史的经验，他认为，“帝王之治莫大乎君臣一德，亲贤而风动之”[1]，而他目睹正德期间的现实则恰恰相反，面对不亲贤的现状，他呼吁须纠正[2]。在《乞谨天戒急亲贤疏》中直言：“当斯之时，科道囚，老臣弃，不亲贤之至矣。”[3]在湛若水看来，正德期间朝廷不亲贤有违儒家的传统。他认为“帝王之治莫大乎君臣一德，亲贤而风动之”[4]，建言道：“陛下诚能修举盛典，以大臣之贤为统领，求在馆、在朝、在野之贤，明先王之学者，俾侍直于文华殿之侧。”[5]

湛若水主张的“亲贤”，便是让有德有才的人，能参与政事，发挥他们的作用，具体便是：“每日朝罢，即御文华，向晦乃人，俾群贤日相讲磨圣学。其学以德性为本而达于事业；其功在于学、问、思、辩、笃行，以开发聪明而成德行；其要在于体认天理，格物以至知至、意诚、心正、身修，而可致家国天下之治平。”[6]湛若水认定，贤才们的学说是“以德性为本”，以其学而使其事业成功。这是通过“学、问、思、辩、笃行”，“开发聪明而成德行”，其中的关键是，“格物以至知至、意诚、心正、身修，而可致家国天下之治平”。湛若水强调的是，家国天下的平治，不能没有贤才。他注重“用才”，建议当权者要“养士”，而“养士”则“如场师之养木”[7]。

鉴于贤才对治国平天下之重要，湛若水告诫当权者须注重“养士”与“用人”，在用人上，“拔其尤者而录之”；在选拔时，“不先夫道艺之贤，而词

---

1 ［明］湛若水：《章疏 · 乞谨天戒急亲贤疏》，《泉翁大全集》卷三十六，第 935 页。
2 ［明］湛若水：《章疏 · 乞谨天戒急亲贤疏》，《泉翁大全集》卷三十六，第 935 页。
3 ［明］湛若水：《章疏 · 乞谨天戒急亲贤疏》，《泉翁大全集》卷三十六，第 935 页。
4 ［明］湛若水：《章疏 · 乞谨天戒急亲贤疏》，《泉翁大全集》卷三十六，第 535 页。
5 ［明］湛若水：《章疏 · 乞谨天戒急亲贤疏》，《泉翁大全集》卷三十六，第 535 页。
6 ［明］湛若水：《章疏 · 乞谨天戒急亲贤疏》，《泉翁大全集》卷三十六，第 935 页。
7 ［明］湛若水：《序 · 赠学士崦西徐先生主考南畿还朝序》，《泉翁大全集》卷十八，第 547 页。

藻之工焉是取”[1]。湛若水对贤才的选择，是以德性居首位，而才能次之。

五、 德刑兼施

湛若水的治国理念与方略，既依循儒家的理路，又汲取诸家思想。在国家管理上，他既主张儒家的德治，也有法家重刑的倾向。他的“礼与刑一”、德主刑辅的主张，是他的合一论在国家管理上的体现。

湛若水生活在社会转型时期，他对如何治理国家的思考，既要从圣学的遗训出发，又不得不顾及社会的残酷现实。故他主张德治，又认定必须德与刑兼施；既注重道德教化，以德治为主，又不忽略刑罚的作用。湛若水明确提出，“《春秋》，圣人之刑书也。刑与礼一，出礼则入刑”[2]；“是故刑礼者，异用而同体，异事而同心，异治而同功也”[3]。

古代中国有“《春秋》断狱”的说法，那是说朝廷总是依据《春秋》一书的是非准则，来判定犯人的罪行。湛若水说《春秋》是“圣人之刑书”，便是这个意思。在湛若水看来，儒家本来就主张刑和礼合一，刑法和礼教同是社会治理所必需的手段，二者结合，缺一不可。古今中外社会的治理，离不开“德”与“法”二字，也即“刑与礼一”。湛若水的“刑与礼一”，揭示了社会治理必须遵循德法相兼的规律。

什么是“刑”？什么是“礼”？又为何需要合一呢？湛若水解释何谓“礼”：“礼也者，理也，天理也。天理也者，天道也。”[4]在湛若水看来，礼，

---

1 ［明］湛若水：《序·赠学士崦西徐先生主考南畿还朝序》，《泉翁大全集》卷十八，第547页。

2 ［明］湛若水：《尽心上》，《春秋正传》。

3 ［明］湛若水：《杂著·礼刑对赠陆君选之》，《泉翁大全集》卷三十二，第844页。

4 ［明］湛若水：《自序》，《春秋正传》。

便是理，就是天理、天道，是一种社会规范、道德规范。他主张用礼来治理社会，也就是采用儒家的德治，以道德教化营造纯净朴实的民风，而实现天下平治。故在《送福建提学宪副潘君赴任序》中，湛若水明确提出，“王道行而天下化淳矣”[1]。在《赠掌教钱君之姑苏序》中，湛若水进一步指出，治理天下须从教化开始，“兴师道立人道”。就是通过大力推行道德教化，去改变社会风俗，树立起“人道”，使人人能守住自己那颗包含着天理的道德之心，人人能体认天理。也就是说，人人有“良知”，便有天下平治的基础。

什么是“刑”？湛若水在《新论》中明确说：“刑也者，形也。”[2]在古代汉语里，“刑”和“形”二字相通。“形”也就是“刑罚”，而“刑罚”便是用来惩治那些“不孝”“不悌”，即没有道德的人。

对“礼”与“刑”的相辅相成的关系，湛若水在《新论》中作了深刻的论述。他认为，如不通过对没有道德的人进行惩罚，就等于教人不守名分而去“争”，如果人们无休止地去“争”，社会必然出现动乱。

湛若水强调道德教化，这是对儒家传统的治国理念的继承。孔子曾说：“道之以政，齐之以刑，民免而无耻；道之以德，齐之以礼，有耻且格。”[3]孔子是告诫统治者，如果是用行政命令来引导民众，民众如有不从，便使用刑罚，结果民众虽知道畏惧而请求免罚，但无法使民众在心中受到感化，更不懂得什么是耻辱；如果是在人的道德品格上对民众进行引导，以道德规范来调节人的行为，而不是用刑法，那么民众便不仅在内心懂得什么是耻辱，而且能自觉服从相关的规定。以孔子与孟子为代表的先秦时期的儒家，他们比较侧重于德治与礼治，“道之以德，齐之以礼”，这是儒家以德与礼治国的典型概括。[4]

---

1 ［明］湛若水：《序·送福建提学宪副潘君赴任序》，《泉翁大全集》卷二十一，第615页。

2 ［明］湛若水：《新论·同物章》，《泉翁大全集》卷二，第40页。

3 《论语·为政》。

4 《孟子·离娄上》。

孟子进一步发挥孔子德治思想，并在与当时的统治者对话时，明确提出实施“仁政”的主张。《孟子·离娄上》：“尧舜之道，不以仁政，不能平治天下。”[1]孟子所主张的“仁政”，有着丰富的内容，其中包括强调要通过一些经济政策，从根本上解决民众的安居乐业问题。尽管如此，人们还应该看到孟子的“仁政”，是以道德为出发点和归宿，具体便是以人的道德本性为依据，以培育人的道德为实现社会安宁的落脚。孟子在与滕文公议政时强调说，“有恒产者有恒心”，认定民众有了赖以生存的家产，才会有道德心，如果民众长期没有道德心，就会为生存而走上犯罪道路。他强调，物质生活条件是人们形成社会道德的基础。在《尽心上》中，他明确地说：“圣人治天下，使有菽粟如水火。菽粟如水火，而民焉有不仁者乎？”[2]这是说，治国者应使民众拥有丰富的物质生活条件，如果家中的粮食像水和火那样充足，这样的日子，民众怎么还会没有仁爱之心，还会去犯科作恶呢？可见，有了好的物质生活，就会有好的道德，就会有社会的长治久安。所以，“仁治”即“德治”，孟子的逻辑推理是：

恒产→恒心→仁心→仁治→天下平治

儒家的治国理念，到了汉代有了比较大的调整。董仲舒创立了新儒学，他把先秦时期的诸子百家熔为一炉，学界普遍认为，他的学说是“外儒内法”，表面上“尊儒”，实际上也用法家思想。在德治与法治的问题上，他主张“德刑兼用”，既继承儒家的德治，也兼有法家的法治。可以说，湛若水的“礼与刑一”，从学理上说他确实受到董仲舒的影响。

当然，湛若水注重“刑”，是他的兼容性的文化精神的体现，同时也是他对现实生活需求的一种回应。湛若水生活的年代，政治风波不断，社会动乱不堪：有边境之患，有宦官弄权，有官员贪腐，有宫廷之争，有边远地区的暴

1 《孟子·尽心上》。
2 《孟子·尽心上》。

乱，有匪盗扰民，等等。面对社会动乱，朝廷采取了极其严厉的政策。朱元璋就曾采用残酷的刑罚来严惩贪腐官员。如斩首示众，剥皮后装进草袋警示；如挑筋、去膝盖、断手、剁指、刖足等。朝廷还颁布了《大诰》，把害民之事，以及惩处的严刑峻法昭示于天下。对于这样残酷的现实与严厉的刑罚，湛若水曾有这样的看法："群盗斥斥，聚啸山谷，掳我妻孥，掠我财资，糜我骨肉。"作为朝廷命官的湛若水，他的治国理念怎么可能只讲教化的德治，而不讲刑罚的法治？可见，湛若水的"礼与刑一"，是在儒家德治中添加了法家的刑罚，这也是对现实生活诉求的回应。

"德"与"法"，可谓是治国必备。任何国家，任何社会，都不能不采取德治与法治相结合的治国方略，以使社会长治久安。湛若水也认识到，德与法缺一不可，但二者并不是平分秋色，而有主次之分，是德为主而刑为辅。

湛若水主张以德为主，便是希冀通过社会的道德教化，而达到平治。《樵语·纯学》："大德敦化，小德川流。"[1]基于这一认识，湛若水致力于教化。他期求通过教化，改变社会风俗，用"德"去化育民俗，而不要以暴力，"夫先王之治，风化而已矣"[2]。

面对社会暴乱，湛若水并不主张以暴抑暴，不赞成采用血腥的手段去镇压，而是主张用道德教化——非暴力的手段。这似乎是无稽之谈，其实他是要从产生社会问题的根源上去着手，解决社会问题。因为他意识到，暴乱的产生与社会道德的失落有密切关系。为何社会民不聊生，暴乱蜂起？湛若水以为，原因在于社会的道德纲常坏了，人们缺失了善恶之分的是非原则。这是从根本上道出了社会问题产生的原因。鉴于此，他认为解决问题的办法，理应对症下药，要人们通过"随处体认天理"，感悟心中的天理，人人有了道德自觉，便

1 ［明］湛若水：《樵语·纯学第四》，《泉翁大全集》卷一，第12页。
2 ［明］湛若水：《杂著·广孝篇》，《泉翁大全集》卷三十二，第853页。

能驾驭自己的物欲，而后则能维护社会的纲纪伦常，“礼乐之政行于天下，而天下太和矣”[1]。

基于如上的理论观点，湛若水的“刑”，最后也便落到“礼”上来了。在《新论》中，他说：“刑也者，形也。刑不孝，所以形天下之为孝者；刑不悌，所以形天下之为悌者。刑之不形，教民以争，民争不息，乱之罔极，非克天德者其孰能知之？”[2]这是说，对不孝、不悌的人要进行刑罚，是为了树立孝和悌的榜样；如果不树立榜样去教育民众，就会产生民众纷争，纷争不止，就会乱了社会纲常；那么只有复礼，回到道德规范上来，以维护儒家的德治立场。

湛若水德刑相兼的治国理念，体现了岭南人兼容的文化精神，同时也凸显他维护儒家德治的圣学立场。德法兼施合乎社会发展规律，对社会成员来说，“法律”是外部的约束力，可称之为“他律”，而“道德”则是发自人的内心的约束力，可称之为“自律”，法律的遵守，需要有自律的基础，可见自律更为根本。尽管，湛若水没有明确使用“自律”与“他律”的概念，但他对“法”与“德”的阐述，实质上已揭示了这一道理。湛若水这一治国理念，在当今社会，仍然有着真理性的价值。

六、分田均富

通过分田而实现均富，而使社会长治久安，这是湛若水经济策略的重中之重。故他认定，“分田”乃王政之本。

在湛若水看来，农事是社会存在与发展的基础，而土地问题，不仅是发展农事的关键，也是政权建设的根本。他主张“分田”，即恢复古时候的井田

1 ［明］湛若水：《杂著·君子笃恭而天下平论》，《泉翁大全集》卷三十一，第824页。
2 ［明］湛若水：《新论·同物章》，《泉翁大全集》卷二，第40页。

制，认定“分田”便是“王政之本”。在《新论》中，湛若水进行了具体阐述：“分田，其王政之本乎？有田则食足，食足则善心生，善心生则伦理明，伦理明则风俗厚，风俗厚则礼乐兴，礼乐兴则和气致，和气致则天地泰、万物若。”[1]这像是一个接龙，其实是一连串的推理。湛若水揭示了“分田”对国家建设的根本意义，他的推演是：

有田→食足→善心生→伦理明→风俗厚→礼乐兴→和气致→天地泰、万物若

湛若水正面揭示“分田”之重要，在《樵语》中的一段论述又从负面阐说不“分田”之危害。“田不分则民不均，民不均则富者侈，贫者困，贫者困则衣食不足，衣食不足则礼仪不兴。虽有孝子慈孙，不能相保则兵生，兵生而食不足，此灭亡之道。故分田则衣食足而教可兴，兵藏于农而国可守，公人物军国之费，是以其君安富尊荣，而垂拱无为也。故一事而有三利者，分田之谓矣。”[2]湛若水的逻辑推理是：

田不分→民不均→富者奢→贫者困→衣食不足→礼仪不兴→兵生→灭亡

湛若水认为，如果不分田，就不能消除社会的动乱而导致国家覆灭，反之，如果事实“分田”，效果恰恰相反。他进而指出，“分田”是一举而三利的好事：一是，民众能衣食足；二是，社会道德人伦得以维系，礼教可以兴；三是，社会不会发生兵戈的冲突，社会得以安宁。这，是正面效应。如果不“分田”则是如上“三利”的反面，即衣食不足，道德伦常不保，暴乱产生。这，是负面效应。

湛若水没有停留在“封建”的传统看法上为“分田”定性，而是在更高层面上提出，“分田”便是“天下大公”，“分田即仁政”。他明确指出，“王

1 ［明］湛若水：《新论》，《泉翁大全集》卷二，第32—33页。
2 ［明］湛若水：《樵语》，《泉翁大全集》卷一，第6页。

者大公而无我。井田，公于民者也；封建，公于臣者也。未有公于下而下不公于上者也。天下大公谓之仁域。夫分而治之则专，专则民受其惠。此至仁之术也。”[1]

湛若水所主张的“分田”，恢复古时的井田制，是直接针对着当时土地兼并带来的社会矛盾而提出的。“分田”的主观动机，是“恤民”。在湛若水生活的正德和嘉靖年间，土地兼并的状况十分严重；尤其在京都附近，皇室、宦官们大肆掠夺土地。据史料记载，正德十一年（1516）之前，皇亲国戚拥有的庄田，达 9 万多顷，数字还在不断飙升，至嘉靖年间，则升至 29 万多顷。湛若水认为，土地的兼并，是由于原来的井田制被废除所造成，故他说：“井田废，天下无善法矣。富者益骄以淫，贫者益滥以乱天下，无善治矣。故井田不复，王道之疚也。”[2]

面对当时的社会现实，湛若水考虑要抓住土地这一根本问题，进而解决民生的吃饭问题，再解决道德、伦理、风俗、礼乐问题，而后才可能达到社会安宁，天下太平。

无需讳言，湛若水的“分田”主张，只是恢复井田制度，没有提出从根本上改变封建土地制度的新模式，也就没能找到从根本上改变农民因无地而受到盘剥的出路。尽管如此，人们却不能因他的历史局限，而否定他的“分田”主张的理论价值。

可以说，湛若水分田而均富的思想，在当时有着积极的社会意义，尤为可贵的是，其思路展示了他已自觉或不自觉地意识到，人们的物质财富，是人们思想意识、道德伦常的基础。这既是对孔子的“不患寡而患不均”，以及孟子的“有恒产者有恒心”思想的传承，同时也是他对所处的社会现实

---

1 ［明］湛若水：《樵论》，《泉翁大全集》卷一，第 7 页。

2 ［明］湛若水：《记·韶州府翁源县创建预备仓记》，《泉翁大全集》卷二十八，第 764 页。

思考的理论升华。马克思主义历史唯物论告诉人们，社会存在决定社会意识，有怎样的社会物质基础，就会产生怎样的社会意识，即人的思想意识、道德伦常。可以说，湛若水如上的观念比较接近社会存在被社会意识决定的当代哲学思维。

七、 重农恤商

湛若水生活在明代中叶，中国正处在由自然经济社会逐渐向商品经济社会转型的变革时代，但“以农为本”依然是朝廷的基本国策，因而其治国理念在经济方面，既主张农桑为源，又注重商业，恤商而言利。这是宋代以来，由于工商业较快发展所带来的新观念。

（一）农桑，衣食之源

“以农为本”，是古代中国的国策，也是明代朝廷主要的经济政策。湛若水十分重视农业在社会中的基础作用，他明确提出，劝课农桑，以立治本；农桑乃民食之源。在湛若水看来，农业是国泰民安的基础，关系着民众的生死，以及国家社会的存亡。他在给皇帝讲学时便指出：“一日不谷食，便死了，这是小民所依以生的……稼穑是小民所依以生，盖无此则小民不生，小民不生则大人无养，大人，上下无养，则礼义廉耻亡灭，而人道息。”[1]湛若水既通俗又直白地告诫皇帝，民众的生活来源于农业，没有农业，社会不可能存在和发展。湛若水的逻辑推演十分严密：

百姓依赖着农事而生存，如果没有农事→百姓就不能生存→如果百姓不能生存→官员也就不能生存

1 ［明］湛若水：《讲章·经筵讲章》，《泉翁大全集》卷十二，第344—345页。

如果官员不能生存→社会的上上下下所有的人，都不能生存→结果是社会的道德伦常覆灭，人道再也不存在了

湛若水深刻地揭示了农事对整个社会的基础性影响。他认定，没有了农事这个根本的经济支柱，人就不能生存，道德也没有了根基，人道不再存在，那整个国家还能存在吗?

身为朝廷命官的湛若水，他重农的主张，显然代表着官方的立场。在漫长的自然经济社会里，农业是社会的支柱，湛若水认识到农业的基础作用体现在：农业提供了人民的衣食，有了衣食人民才能生存；而只有解决了衣食问题，才会解决礼义廉耻的道德问题，才能保住人道。他继承了从管子到孟子关于衣食对仁义有着决定作用的思想。先秦时期的这些思想家，他们朦胧地看到了物质生活对思想意识的基础作用，这可贵的思想，是从残酷的现实生活中体悟到的。现实告诉他们：当人们衣食无着的时候，就会铤而走险，做出不道德的事情来。湛若水曾具体说到：嘉靖年间，被朝廷平息的两广瑶僮少数民族的起义，那些起义者，也都是“良善耕种者”，“与平民无异”，言外之意是，他们只因生活无着而“暴乱”。可见，湛若水希望通过发展农业而从根本上使社会得以存在与发展。

（二）平物价，以恤商

出生在岭南的湛若水，他深受岭南文化的熏陶，富有务实与开放的文化精神。因而，他的经济主张，既要维护“以农为本”的国策，又要顺应宋代以来工商业的发展大势，更要继承岭南人“重农而不抑商”的思想。他大胆提出保护商人利益，以及发展商业的主张。针对当时工商业受到压抑，店铺萧条的社会现实，湛若水呼吁由政府出台一些恤商的政策，使商业复苏，商人的利益得到保障。他指出，当时的南京政府采取的一些措施，阻碍工商业的发展，应及时纠正，“南京大小衙门批牌取货，强抑减价，候领又难，宜行所在诸司

痛加禁革”[1]。

湛若水所说的事件，便是史料记载的铺户买办制度：明代的“铺户”，是指城镇中的商店；当时，所有的商店都必须在官府注册，并按行业承担官府所需物资的“买办”；铺户被分作三等九则，承担了“买办”物品的铺户，便叫作“铺行”；铺行承担任务之后，便向官府预领“官价”，然后为官府买办有关的物品，在期限之内交纳。在这个过程中，官府仗势欺人，他们或是强行压价，或是拖延支付货款，或是谎称货物质量存在问题而进行惩罚等等，诸多的刁难，使得商人吃尽苦头，不得不花钱去疏通。如此种种，导致的结果是“商者必贫，贫者必徙”，商人难免破产，破产之后只好流亡他乡，另谋出路。[2]

回顾历史，在以农为本的古代中国，朝廷总是采取重农抑商政策，抑商的手段多多，其中重税是扼杀商业的主要手段。迄至明代，尽管明太祖的社会改革中有些措施在客观上有利于商业的发展，如一些减税措施，然而，总体上明代还是采取的不利商业发展的做法。湛若水主张，“平物价，以苏铺行”，不仅仅是出于“恤民”的情怀，而恰恰是为当时经济发展提出强烈的诉求。

湛若水发展工商业的主张，是具有前瞻性的。学界愈来愈认定，中国的资本主义萌芽，早在宋明时期便开始出现。1992 年，在湛若水的故乡增城新塘，召开了中华人民共和国成立以来的首次湛若水学术研讨会。会上，数位专家的论文与发言都提出，湛若水生活的时代，已经出现了资本主义萌芽。有学者指出，“明王朝像一个得了不治之症的重病者，湛若水生活的时代，就是染了重病恶化的时代”，“这个恶化了的时代，封建制度衰落崩溃了，新的因素产生了，新矛盾出现了”；“在农业和手工业生产发展的基础上，明中叶以后，商

1 ［明］湛若水：《参赞事略 · 初任参赞机务南京兵部尚书告示》，《泉翁大全集》卷八十二，第 2074 页。

2 ［明］湛若水：《参赞事略 · 初任参赞机务南京兵部尚书告示》，《泉翁大全集》卷八十二，第 2074 页。

品经济进一步发展了，出现了有各种转能、脱离农业的雇工，这种雇工的封建人身依附关系松弛了，他们与‘机户’或‘雇户’的关系是出资出力、互相依存又互相对立的关系，这种关系不是封建的生产关系，而是一种资本主义生产关系萌芽，是新的因素”。[1]

生活在那个时代的湛若水，他对商人和商业的态度，体现了他能顺应商品经济发展的时代要求，也体现出岭南人敢于接受时代挑战、“敢为天下先”的特有品格。

湛若水是心学大家，也是高官，他的治国理政的理念，至今仍有借鉴意义，值得珍惜。

---

1 关履权：《湛若水的政治思想及其时代》，《湛若水研究文集》，广州：花城出版社，1993年，第176页。

“武夷风月”为衣钵

——湛若水与洪垣师徒之交探析

厦门大学人文学院在读博士　樊林君

【摘　要】湛若水与弟子洪垣情深谊长，传之以衣钵。嘉靖二十年（1541），洪垣离开岭南赴任之际，湛若水作诗以“武夷风月”传之，云“千古此明月，万古此清风。风来无迹，月去无踪。……武夷风月匪衣钵，以付洪子得其宗”。以“武夷风月”作为衣钵传承的象征，透射出湛若水“万物皆一气贯之”思想的微妙之处。据已有文献资料来推测，湛若水与洪垣确立亲密的师徒关系是在1538年前后。湛若水门下弟子众多，他选择将衣钵传给弟子洪垣，在于师徒二人以心印心的默契、学问思想上的共鸣，以及发自肺腑的真挚情谊。

【关键词】湛若水；洪垣；岭南心学；衣钵传承；武夷风月

洪垣（1507—1593），字峻之，号觉山，江西婺源人，嘉靖壬辰（1532）进士。湛若水（甘泉）视之为衣钵传人。《明儒学案》载，洪垣族叔从学王阳明，归家述所得，垣不以为然，“其后执贽甘泉，甘泉曰：‘是可传吾钓台风月者’”[1]。

---

1 ［明］黄宗羲：《明儒学案》，沈芝盈点校，北京：中华书局，1985 年，第 928 页。

一、甘泉以“武夷风月”为衣钵传承之信，妙处何在？

嘉靖二十年（1541）四月，弟子洪垣官补温州太守，甘泉作诗《送觉山外补之温州》相送：“白云苍苍兮珠江泱泱，觉山之去兮谁与翱翔。江水泱泱兮山云长，我思觉山兮安可忘。”[1]

他意犹未尽，作诗《武夷风月代券付洪子歌》，曰：“石翁谓达磨传衣为信，江门钓台亦衣钵也。既以付公，敢援此例，愿乞武夷风月，以为衣钵之信。”[2]达摩（达磨）祖师传衣钵与弟子慧可，开启禅宗在中华大地上的传承。陈献章（白沙先生）传江门钓台与甘泉，开启岭南心学的传承。那么，甘泉为何不选择一个固体实物，而以在天地中飘忽不定的“风月”为信，来传衣钵与洪垣呢？

此中缘由，若细细品味，可探知甘泉学派“无彼我、无终穷”之妙。在诗的开篇，甘泉即指明，“武夷风月与人同，光霁之体无彼我、无终穷。宇宙充塞，流行大通”[3]。从万物皆一气贯之的视角来看，风月与人本为一体，流行于宇宙之中。

“风月阅人知多少，人不见风月之始终。尧舜亦在光被中，回视浮云点太空。千古此明月，万古此清风。”[4]与有限的人生相比，明月清风能体现超越时间空间、超越善恶好坏的永恒性。

“风来无迹，月去无踪。”风月来去自如，有时难觅踪迹。“口不可授神可融”，本体的存在超越了语言文字，可心会不可言传。“武夷风月匪衣钵，以

1 ［明］湛若水：《泉翁大全集》第25卷，洪垣编，明嘉靖十九年（1540）刻本，第5—7页。

2 黎业明：《湛若水年谱》，上海古籍出版社，2009，第272页。

3 黎业明：《湛若水年谱》，第272页。

4 黎业明：《湛若水年谱》，第272页。

付洪子得其宗。”武夷风月，虽看起来不似可以交付的衣钵，但甘泉借它为信物，来将其心学宗旨托付给洪垣。

甘泉在另一首赠别诗中，也曾将“满江风月”赠与弟子，“翩翩连袂新安秀，寿我南山两及虔。宇宙囊中无可赠，满江风月送归船。”（《赠谢生惟近知远周生敬甫仪还徽州》）但只送“风月”，未托付“衣钵”。可见他对洪垣的寄托与厚望，与其他弟子有所不同。

在《惜别篇与洪觉山侍御》一诗中，甘泉写道：“惜别，惜别。别期在旦夕，念之令人心恻恻。所赖心同天地间，不以远近形迹隔。”[1]甘泉与衣钵弟子洪垣既已心心相印，感应遂通，就可超越远近形迹之隔了。“千山月出千山光，万里云收天宇长。吾将从此祝融去，武夷见月无相忘。”[2]当洪垣见到武夷风月，即不忘老师殷切之心。

嘉靖三十九年（1560）二月，95岁高龄的甘泉，约弟子洪垣复游武夷山，但师徒尚未重逢，老师就已驾鹤西去。洪垣“闻甘泉讣，走其家哭之，越两月而归”[3]。作为其衣钵传人，洪垣自知责任重大，须将老师的学问传至后人，“千古之真脉，既幸自我得之，又复自我失之，是为宗子者之责也”[4]。

万历七年（1579），洪垣为师编撰《湛甘泉先生文集》，并作序，称甘泉传承的是孔门圣学之真脉，“由周程而下，得其真者，莫如江门，而甘泉先生又面授而师承之，主敬自然之说，天理中正之说，卓哉其苦心焉。不惟于形色之似而务体认，以克肖其血脉之真，宛然尧舜之如在矣”[5]。

此外，洪垣对老师的学问，于传承之外，亦有阐释与生发。湖北大学姚才

1 ［明］湛若水：《湛甘泉先生文集》第5卷，桂林：广西师范大学出版社，2014年，第1674页。

2 ［明］湛若水：《湛甘泉先生文集》第5卷，第1674页。

3 ［明］黄宗羲：《明儒学案》，沈芝盈点校，北京：中华书局，1985年，第928页。

4 ［明］洪垣：《湛甘泉先生文集序》，见《湛甘泉先生文集》第1卷，第50页。

5 ［明］洪垣：《湛甘泉先生文集序》，见《湛甘泉先生文集》第1卷，第47页。

刚认为，洪垣阐发师说最有新意的地方在于，“体认天理”应当是“不离根之体认”。“天理有根，人欲无根，天理人欲只是一物，只在此心真妄之间。”[1]天理与人欲，并非截然对立的两物。二者可视为合一体，区别只在于心是否中正。这可谓是甘泉学派的创新之处。

黄明同在《心学大师湛甘泉》一书中，也认为洪垣发展了甘泉学问。洪垣作为湛若水的得意弟子，不仅在老师生前，为老师编辑了《泉翁大全集》85卷，而且对老师的思想也有所发展。在《理学闻言》中，他阐发了老师虚实、动静的思想，对老师的“知行合一”论进行更明确的概括。他说“真知流行，便是知行并进”[2]。此外，黄明同认为，洪垣将甘泉的“理气合一”说得更明确，“湛若水提出‘理气合一论’，经他的弟子的发挥，使这一理论更为精微，他的‘主于一’的宇宙观更具深度”[3]。

二、洪垣与甘泉何年结下师徒之谊？

洪垣拜师甘泉门下，具体在哪一年？上饶师范学院郭翠丽认为，“洪垣中进士时，礼部左侍郎湛若水讲学京师，垣受业其门”[4]。据记载，洪垣中进士是在嘉靖十一年（1532）。从已有资料来看，并未有确凿证据显示，那一年洪垣已经正式拜甘泉为师。

黎业明所撰《湛若水年谱》一书记载，嘉靖十一年（1532）甘泉先生作《叙方逸士诗》，赞叹婺源的方氏兄弟“历山溪之险，走四千余里，从甘泉子于金台”[5]。洪垣是方氏兄弟同乡好友，若此时也拜师其门下，甘泉为何不在文

---

1 姚才刚、张露琳:《明儒洪垣儒学思想探析》，《王学研究》第九辑，2018年。
2 黄明同:《心学大师湛甘泉》，广州：广州出版社，2017年，第81、82页。
3 黄明同:《心学大师湛甘泉》，第76页。
4 郭翠丽:《洪垣师从湛若水始末》，《上饶师范学院学报》，2003年第33卷。
5 黎业明:《湛若水年谱》，第176页。

中提及他呢？

据史料记载，洪垣在中进士之后的次年，即嘉靖十二年（1533），出任浙江永康知县，并在《永康县志》上留下美名。“嘉靖间由进士来知县事。廉慎有才，清税米量，兴水利，严溺女及火葬之禁，民至今思之。”[1]由此可知，此时他在知县任上，与甘泉不在一地，拜师求学其门下的机会，或许不多。

洪垣的名字第一次出现在黎业明编撰的《湛若水年谱》中，是在五年后的嘉靖十六年（1537）。该年11月26日，甘泉写有一封名为《启两淮巡按侍御洪峻之垣》的书信。“湛某再拜洪侍御大人道盟执事。沈汝渊举人书来报，知旌节已旋江都，振扬道教益笃。……沉生又报承执事慨言惠理山房，若遂成之，俾区区遂志后为驻足讲习之地，犹或能为此山添胜迹于后代，扬执事之芳绩也。……仲冬二十六日。”[2] 从甘泉对洪垣的称呼方式，以及书信措辞中所透露的二人关系来看，此时甘泉并未将洪垣视为门下弟子。

嘉靖十七年（1538），洪垣退下巡盐两淮之职务，返回家乡婺源。这一年，甘泉先生写诗赞叹洪垣为官从政之“四美”，亲切称其为“洪子”，并为之饯行。“有美，美洪子也。洪子觉山子，为体认天理德业合一之学，故其巡盐两涯也：于照商有通融革弊之政，于兴化有均税除害之政，于士人有教成二业之政，风俗有乡约善俗之政，君子称‘四美’焉。”[3]

“夫学仕兼优，知行并致，忘助之两勿，直达天理，洪氏之子，其殆庶几乎？”或曰：“洪子之善，乃其祖母余教成之致然也。”今竣事而还，便省祖母也，将曰：“祖母之所以教垣者何如？垣今则可以见祖母矣。”诗云：“无忝尔祖，聿修厥德。”洪子有焉。甘泉子既喜而饯之，于会化之馆，

1 转引自郭翠丽：《洪垣师从湛若水始末》，《上饶师范学院学报》，2003年第33卷。

2 黎业明：《湛若水年谱》，第232页。

3 黎业明：《湛若水年谱》，第232页。

会诸同志二十余人，褒之以诗云："有美一人兮，在福山之冈。爰服四美兮，两淮之光。淮之清深兮，流之洋洋。维扬之士民兮，念与之长。"[1]

大约自此时起，洪垣便与甘泉先生过从甚密，二人切磋学问，逐渐结成师徒情谊。洪垣向甘泉请教，读《尚书》时所生的种种疑惑，甘泉一一为之解答。同门葛涧记录了二人问答，于嘉靖十七年（1538）二月收录在《洪子问疑录》中，并撰《叙洪子问疑录后》，将二人比喻为孔子与子夏："夫兹录也，洪子之问也，吾师子湛子之答也，其子夏与夫子之遗意乎？"[2]

综上所述，据已整理刊印的文献资料来推测，甘泉与洪垣确立亲密的师徒关系，是在嘉靖十七年（1538）前后，而非嘉靖十一年（1532）。自嘉靖十七年（1538）起，在甘泉遗留后世的文章诗赋中，洪垣的名字屡屡出现。作为其弟子与忘年挚友，洪垣与甘泉一起谈学论道，编撰著作，兴办书院。当然，这方面的求证研究，还有待洪垣年谱等资料来确凿佐证。目前学术界在此方面的工作尚可深入，以使甘泉学派的研究史料更为充实完善。

三、 甘泉为何将衣钵传给洪垣?

从嘉靖十七年（1538）至甘泉离世的嘉靖三十九年（1560），这22年间甘泉与洪垣的师徒情谊与日俱增，不论二人身处一地朝夕相处，还是相隔万水千山，遥相思念。

甘泉门下弟子四千，为何将衣钵传给洪垣？郭翠丽老师撰文认为，这是"因为师生两人有着惊人的相似：学仕兼优，知行并致"。此外，"洪垣宗传正学，毅然以弘扬圣学为己任，这或许正是湛若水视洪垣为其衣钵传人的原

1 黎业明：《湛若水年谱》，第232页。
2 黎业明：《湛若水年谱》，第238页。

因吧”。[1]

甘泉众弟子中，“学仕兼优、知行并致”的弟子，“以弘扬圣学为己任”的弟子，不止洪垣一人。为何老师对他情有独钟、传以衣钵呢？除了郭翠丽所述原因之外，师徒二人以心印心的默契、学问思想上的共鸣、发自肺腑的真挚情谊，或许是衣钵传承的重要原因。

二人的深情厚谊，从遗留后世的诗文中不难窥见。嘉靖十九年（1540），广州天关精舍落成，甘泉作诗《精舍甫成寄怀觉山侍御》云：“讲堂一悟天开，上起亭云高台。台下三千弟子，梦想觉山归来。”虽有台下三千弟子，甘泉心里最牵挂的还是觉山（洪垣）。[2]

这一魂牵梦绕的师徒情谊，延续多年。嘉靖三十一年（1552），87 岁高龄的甘泉在《与洪觉山》一信中写道：“水于觉山、觉山之于水、其相爱之深、相信之笃、相期之远、相授受之真，水遍观海内，孰有能过之者乎？觉山诚亦遍观海内，孰有能过之者乎？虽海内之士观吾两人之相乎，孰有能过之者乎？”

嘉靖三十四年（1555），90 岁的湛若水收到洪垣来书，悲喜交加，即作《答洪觉山峻之》云：“拜读喜不自胜，悲而复喜。悲者，悲六载音问之断绝也，喜者，喜旧念之犹存也！白沙先师诗有云：‘世维识宝人，爱宝如爱子。宝为物所掩，念之颜色瘁，一朝宝复来，辄复喜不已。’此吾爱宝之情也。所以爱觉山者，海内无双，安得不悲喜之深哉！”[3]

师徒二人，年龄相差 40 余岁，在学问思想上深有共鸣。嘉靖十九年（1540），75 岁的湛甘泉，获准辞官，终遂心愿告老还乡。他从南京一路游览山水名胜，回归岭南。十月，甘泉入惠州罗浮山，居住在朱明精舍。不久，弟子洪

---

1 郭翠丽：《洪垣师从湛若水始末》，《上饶师范学院学报》，2003 年第 33 卷。

2 ［明］湛若水：《湛若水全集》第 19 卷，黄明同主编，上海：上海古籍出版社，2020 年，第 431 页。

3 黎业明：《湛若水年谱》，第 360 页。

垣为师编辑、刊刻《泉翁大全集》（85 卷）于朱明精舍，并为其作序。

嘉靖二十年（1541），湛若水在《复洪觉山侍御》书信中，阐明其“随处体认天理”学说之要害。“涵养根本之说甚为切要，然所谓根本者，天理是也。所谓血脉骨髓者，亦天理是也。天理之外，无余蕴矣。天理者，吾心中正之体而贯万事者也。……天理二字，不落心事，不分内外。何者？理无内外心事之间故也。”[1]

洪垣将甘泉的思想——天理为中正之心体，理解得甚为透彻。在其所撰《湛甘泉先生墓志铭》中引用类似论述：“人心与万物为一体，心体物而不遗。认得心体广大，则物不能外矣。格物非在外也，格之致之之心不在外也。”[2]

洪垣还补充道“盖心非独知觉已也，知觉而察知天理焉，乃为心之全体”[3]。笔者以为，认为心体广大无内外，是甘泉学派与禅学相通之处；但是否以“天理”为不可或缺的根本，是二者的一大区分。

万历七年（1579），洪垣撰《湛甘泉先生文集序》，称甘泉得孔门圣学真传，“然则孔门自颜曾思孟而下，又鲜有得其真者……由周程而下，得其真者，莫如江门，而甘泉先生又面授而师承之，主敬自然之说，天理中正之说，卓哉其苦心焉。不惟于形色之似而务体认，以克肖其血脉之真，宛然尧舜之如在矣。”[4]

他将甘泉与王阳明学说的异同，剖析得甚为透彻。他认为甘泉与阳明学说的相同之处，在于将圣人心性之学发扬光大，以此造福后世学者。“自二公以所不睹不闻性之体发之，学者晓然知天德王道，真从此心神化，相生相感，不复落于事功形迹之末。其有功于后学不浅。此非其所同乎？”[5]洪垣将此心学渊

1 ［明］湛若水：《湛甘泉先生文集》第 1 卷，第334 页。
2 ［明］湛若水：《湛甘泉先生文集》第 5 卷，第 1899 页。
3 ［明］湛若水：《湛甘泉先生文集》第 5 卷，第 1900 页。
4 ［明］洪垣：《湛甘泉先生文集序》，见《湛甘泉先生文集》第 1 卷，第 48 页。
5 ［明］黄宗羲：《明儒学案》，第 942 页。

源，往上追溯至尧舜。“故尧、舜开心学之源，曰：‘人心道心。’夫子曰：‘其心三月不违仁。’谓仁与良知天理，非心不可，然心者，实天理良知之管摄也。求之心，则二公之异同，亦可得其一二矣。”[1]

他认为圣学工夫，“于显微处用功，内省不疚，无恶于志，又进而敬信浑然，至于上天之载，无声无臭，以复此显微之体”。但阳明弟子，若学有所偏，则易沦为“任性而不循性者”“似倚于微而无上天之载，失之倚，非良矣”。[2]

此外，对于阳明“致良知”的三字箴言，洪垣不以为然，认为“君子学以致其道之谓。若谓学以致此良知，斯无谓矣”[3]。他认为不必求“致良知”，而应学以“致道”。

“道”是什么呢？他如此形容，“宇宙之内，浑然粹然而已……物感而意发焉，各得其正，无所着于念而率乎纯粹之原者，道也。”[4]如何“致道”呢？心秉持纯粹中正，不受杂念牵动，则可以致道。“经纶大经，其大不在功业，而在此心。心无私，则日用细微皆大经也。”[5]

他认为，“格物”不是刻意去除物欲，而是视心与物为浑然一体，感而相应，“未接物而本体自在，已接物而本体自如”[6]。

他还传承了甘泉关于“气”和“虚”的学说，将之阐释得明了透彻，“盈天地之间，一气也。其为形色，一体也。一体浑然，孰为之善？孰为之恶？”；“自有天地以来，太极两仪，五行万物，一气浑沦，可以言有，而不可以言无”。[7]

---

1 ［明］黄宗羲：《明儒学案》，第 943 页。
2 ［明］黄宗羲：《明儒学案》，第 942 页。
3 ［明］黄宗羲：《明儒学案》，第 943 页。
4 ［明］黄宗羲：《明儒学案》，第 948 页。
5 ［明］黄宗羲：《明儒学案》，第 931 页。
6 ［明］黄宗羲：《明儒学案》，第 930 页。
7 ［明］黄宗羲：《明儒学案》，第 946 页。

综上所述，洪垣与其老师甘泉心意相通，情谊深厚。他传承了老师甘泉的学问思想，并通过书院讲学，编撰《泉翁大全集》《湛甘泉先生文集》等著述，传之于后世学者。故甘泉将他视为衣钵传人。

参考文献：

[1]［明］黄宗羲：《明儒学案》，北京：中华书局，1985 年。

[2]［明］湛若水：《湛若水全集》，黄明同主编，上海：上海古籍出版社，2020 年。

[3] 黎业明：《湛若水年谱》，上海：上海古籍出版社，2009 年。

[4]［明］湛若水：《湛甘泉先生文集》，桂林：广西师范大学出版社，2014 年。

[5]［明］湛若水：《泉翁大全集》，台北："中央研究院"中国文哲研究所，2014 年。

[6] 黄明同：《心学大师湛甘泉》，广州：广州出版社，2017 年。

[7] 姚才刚、张露琳：《明儒洪垣儒学思想探析》，王学研究第九辑，2018 年。

[8] 郭翠丽：《洪垣师从湛若水始末》，《上饶师范学院学报》，2003 年第 33 卷。

湛若水心性一体视角下“家庭系统排列”的周易先天八卦阐释

中冶集团建筑研究总院高级工程师　李克让

【摘　要】“家庭系统排列”（简称“家排”）是现代应用心理学心理咨询与心理治疗领域一种新的团体治疗方法，其创造者伯特·海灵格认为，“家排”缘于中国老子的“道”，但他并没有说明“道”在“家排”方法中的理论根据与运作方式。“道”是中国传统文化之根，具有本体性，“万物负阴而抱阳”，“一阴一阳之谓道”。本文以湛若水心性一体的视角，从易经的阴阳之道入手，分析了先天八卦“宇宙全息、天人合一、万物一体、一气相通”在人的心性系统“家排”（心灵移动）方法里的作用机制，阐释了在先天八卦易理框架下，人与家庭系统心性作用的“爱、次序与牵连”这些核心法则与基本要素的形成机理与作用特点，为“家排”的更广泛的应用与推广构建了具有中国文化特色的理论基础。

【关键词】爱、次序与牵连

用人作代表，排列演绎出活生生的家谱或系统组织的人事关系，反映出家族以致社会组织系统内部的人事关联。用“老庄”的无为之道、易经的阴阳理论与西方的现象学、心理学相遇、相衬映所产生的中西方文化相融合的智慧，以反映家庭伦理关系、社会组织系统与个人命运相互间内在关联的本质与深刻含义。以发自内心的真诚，在爱的法则中演绎家族和社会关系，呈现“我们”所以成为“我们”的因果真相，并以此孝敬父母、缅怀祖先、敬重生命的“根”，理清人生与事业之路上的“结”，化解人生在世所遭遇的一系列的苦难、矛盾和束缚，将人生悲剧转化成喜剧。这种通过“心灵移动”的方式，用现象演绎、模拟、展示并反映出人与人、人与社会以及人与万物之间的关系，以达到呈现真相目的的应用心理学实践方法，就如同湛若水之天理即“吾心本体”，“随处体认天理”[1]，应对事物，心应感发。亦如同中国古老的易经卦象一样，充满着沟通显与隐、在场与不在场等阴阳之理与智慧之道，这就是“家庭与组织系统排列”。由于其应用心理学实践主要应用于家庭治疗，所以一般称为“家庭系统排列”（简称“家排”）。

“家庭系统排列”（Family Constellations）是心理咨询与心理治疗领域一种新的团体治疗方法，它是由德国心理治疗大师伯特·海灵格博士（Dr. Bert Hellinger）经30年的研究所发展的心灵与整合治疗方法。它是一门集生命哲学、系统论、心理动力学、信息感受、灵性催眠等学科方法为一体，为生命和家庭整体服务的综合体验性现代应用心理学。“系统排列”透过角色（代表）互动呈现现象，通过现象探究问题的根源和影响因素，并指出解决的方向。以此来帮助人们应对生命中的诸多困扰，使系统回归“爱的序位”，进而呈现自然和谐的健康状态。

“家排”有神秘的一面和一定的宗教性，但亦有现代应用心理学独特意义的超越性和实践性，“家排”的创造者伯特·海灵格对此有着独特的解释。他十分推崇中国的古代先贤老子的“道”，认为人类的命运与社会的发展是按照“道”法则运行的，这个“道”是世界的本体，是一切事物存在与发展都必然遵循的依据。老子在《道德经》中为我们阐述了宇宙万物都具有阴阳属性，

---

1 ［清］黄宗羲：《明儒学案》，沈芝盈校点，北京：中华书局，1985年，第876页。

即“万物负阴而抱阳”。阴阳概念统括了世间一切事物都存在的对立统一关系，比如“有”与“无”、“显”与“隐”、“物”与“我”等等。而孔子在《周易》之易传（十翼）系词篇中进一步引申了老子的万物阴阳属性，明示了万物阴阳的这种“道”的内涵，那就是“一阴一阳之谓道”。以湛若水《心性图说》“心”和“性”视角审视，“性”，包含天地万物的整体，宇宙浑然一体，都以同一个“气”为基础；“心”，则是能体察天地而没有遗漏的存在。性是心的本能，心是性的机枢，心和性是统一、不可分割的。万物不在心外，格万物就是格心。家排是心灵的移动，而家排（心灵移动）所呈现出的现象，则是天理心性所焕发的真相。而以周易的视角看，“家排”就是心理学的卦象。人与自然或人与人、人与社会所形成的阴阳对应，可以看作是对人生命运产生影响并相互作用的阴阳两极。而“家排”的应用心理学实践则可看作是人与人、人与社会之间心性相互关联的卦象演绎与呈现。

“家排”的核心法则与基本要素是：爱、次序与牵连。我们进一步以湛若水《心性图说》中的“性者，天地万物一体者也”，以及“心也者，体天地万物而不遗者也”[1]为理论依据，看家排（心灵移动）之“动静一心”，则“万物皆备于我”，这样就可以以易学的视角定义“家排”心理学卦象的性质，并以此为出发点，用先天八卦的卦气与卦理学说对“家排”的核心法则与基本要素进行分析与阐释。

一、爱

（一）爱是本体，爱是一切的源泉

爱是人生的本体，是心性的根本，人的所有情感都来源于爱。比如说

1 ［清］黄宗羲：《明儒学案》，第 877 页。

"恨"，是"爱"的对立面。又比如"贪"，贪是私欲，是过度自私之"爱"。爱是"家排"的首要核心要素，家族系统内的能量流动，本质上就是爱的流动。爱是一切的源泉，或者说，人类的一切都源自爱。

爱将我们连接在一起，爱使家族系统变得和谐美好，但爱也导致家族系统出现问题。比如，过度的爱就是"溺爱"，溺爱使人自私自利，如温室花朵，软弱而不能独立；狭隘的爱就是爱的胸襟、眼界和方式的狭隘，这往往是亲密关系、社会关系和人生事业被卡壳的原因。又如，盲目的爱，偏的爱，僭越的爱，秩序颠倒的爱，等等。家族系统中所有问题、所有过错的根源基本都与"爱"相关。

人表达爱的方式和层面是多种多样的，而且人们又总是按照自己的标准和方法来爱。当你一遍遍抱怨、指责对方看不见你、听不到你、也不能够回馈你的爱的时候，或者，当你固执地以你自以为是的方式去爱对方的时候，你是否可以先停下来问问自己：你是否看见了对方？你是否听到了对方？你是否理解对方的每一个动作背后的用意与需求？

（二）爱的本质

那么，爱的本质是什么呢？

以心性的视角看，爱是人类善良心性所焕发的美丽花朵。

以易经的视角审视，爱的本质就是阴阳的相互吸引、相感相合、和谐相处、一气相通的美妙状态。

阴阳的这种相互对应、相感相合的"爱"的状态，在《易传·说卦》里是以先天八卦卦辞表述的，即"天地定位，山泽通气，雷风相薄，水火不相射"。与先天八卦卦辞相对应，先天八卦图则以数理图式和卦气模型的形式反映出了阴阳的这种相对相感、相合相处的"爱"的特有属性。如图 1 所示，先天八卦图，阴阳二气卦气流转交错，两两相对。

天地定位，阴阳相对，相感相合，万物有爱，"天地相感万物生"。先天八卦类象系统具有“宇宙全息、天人合一、万物一体、一气相通”的特性，在这个系统中，人是天地之心、万物之灵，人是天地间一切存在的主体。因而人生之爱就是万物之爱的精魂，这里就可以以人生之爱彰显、代表和演示万物之爱。

图1　先天八卦图

（三）以“心、人、气”一体相关看先天八卦表述人生之爱

先天八卦，阴阳相对相合，相感相应代表了人生之爱的四个基本卦对，并由此形成了“爱”的不同阶段和不同状态，那就是：

“天地定位”所形成的父母（老年男女）关系，地天泰卦。乾为天为父，坤为地为母，“天尊地卑，乾坤定矣”，天地相感万物生，天人合一，万物有灵，而人是万物之灵首。父尊母慈，威仪天下，这是父母家长在一个家庭中的本体定位。泰者，通达安泰，这是老年夫妇爱的写照。

“山泽通气”所形成的少男少女关系，泽山咸卦。艮为山为少男、兑为泽为少女，山高泽低，山雾缭绕，泽气上蒸为云，山泉下流为溪，空气流动，往来相通。咸者，无心之感，这是世间一切爱的自然生发的天然体现与最好说明。阴阳相对、相互吸引、相感相合、和谐相处。别问缘由，别问出处，少男少女（婚前）相互吸引、相互爱恋就是最本然的天性使然。

“雷风相薄”所形成的长男长女关系，雷风恒卦。震为雷为长男、巽为风为长女，雷借风威，风传雷声，风雷激荡，互增其势。恒者，恒益持久，相得益彰，这是成年男女（婚后）相爱共生的家庭生活之道，或曰持家之道。

“水火不相射”所形成的中男中女关系，水火既济卦。坎为水为中男、离为火为中女，两者性质相反，水火本不相容，但它们各居一方，在“对立”

的同时也有“统一”的一面，两者相互为用、相互成就，相反相成，形成水火既济。既济者，对立统一，互济互融。这描述的是男女结婚相合、水火交融的情形。结婚是人生阴阳和合的最关键的时间点，是人生的一道分水岭，婚前婚后，爱呈现两种状态。

这就是通过易经“先天八卦”所探究、所感知的阴阳两两相对，和谐相关的爱的本体与本质。值得注意的是，爱的四个基本卦对的复卦，即天地否卦、山泽损卦、风雷益卦、火水未济卦，只有风雷益卦是所谓的“吉卦”，这反映了中国传统文化对以阴阳关系所表征的男女之爱在人生不同阶段所应相处的相互位置和相互关系所持的基本态度。

（四）心物一体，一气相通，爱的概念引申与扩展

以易经的视角定义爱，爱是阴阳相互吸引、相感相合、和谐相处的美妙状态。那么以此引申扩展，凡是阴阳关系就应该都能构成“爱”。

这里，以心物一体，一气相通为前提，以天地人三才的角度引申。天地之于人，是天地化育人，天地有大爱，这里就有了自然环境造就人的概念。社会之于人，是人身处其间，共济共融，人间有爱，这里就有了社会人文环境影响人的概念。天地大德，万物化生，万物有情，民胞物与。事实上，无论是中国古代的风水文化，还是现代的社会人文理论，都与家族相关。因此，家排在某种意义上，与中国传统的家训、家规、家传、家教等家风文化也是相互关联的。

我们还可以从更广泛的视角，以不同的范畴看爱：

比如说，对汉字“爱”的本意的追溯，如繁体字“愛”，是把你的“心”捧着交给对方，爱便是真心施与。

以科学或存在的方式看爱，爱首先可以说是一种情感，一种信息。爱也是一种能力或能量，有爱就有能量，有力量。爱既然是能量，那么在更广泛的微

观或宏观世界中，正如薛定谔量子力学方程和爱因斯坦质能方程所论，爱就是能量与物质的等效概念，有爱才有实体和存在。所以在这个意义上，爱也是所有物质性存在的本体。

二、 次序与牵连

湛若水《真心图说》阐述心、人、元气的关系，认为元气就是太极，心在人中，人在元气中。“天地同是一气”，我心居中正，则“万物皆备于我”，因而，天地万物皆有着天然的次序并彼此牵连。以湛若水“心、人、元气”的论述，看作为宇宙代数学的易经，其卦象系统描述的就是天理、天道。

（一）万物一体，系统万有，万物有序，彼此牵连

世界万象，都依赖于自然天理、天道的系统概念而存在。“人法地，地法天，天法道，道法自然”，易经卦象也表述“天地人”三才之道“宇宙全息、天人合一、万物一体、一气相通”的特有属性。先天八卦系统作为一个整体，其“类思维和象思维”的思维方式都源自其万物一体、万物有序、彼此牵连的万有系统。

（二）次序

八卦系统及其次序是太极阴阳互动、演绎的结果，它的卦序概念，亦可以看作是“道”的次序的一种说明。老子言：“道生一，一生二，三生三，三生万物。”《易传·系辞传》：“是故，易有太极，是生两仪，两仪生四象，四象生八卦。”阴阳互动、万物化生，并因此形成了先天八卦次序，如图 2、图 3 所示。而且，先天八卦的卦气流转与太极阴阳的这些本体概念互通，如组图 4。

易经的八经卦系统次序：乾 1、兑 2、离 3、震 4、巽 5、坎 6、艮 7、坤 8。

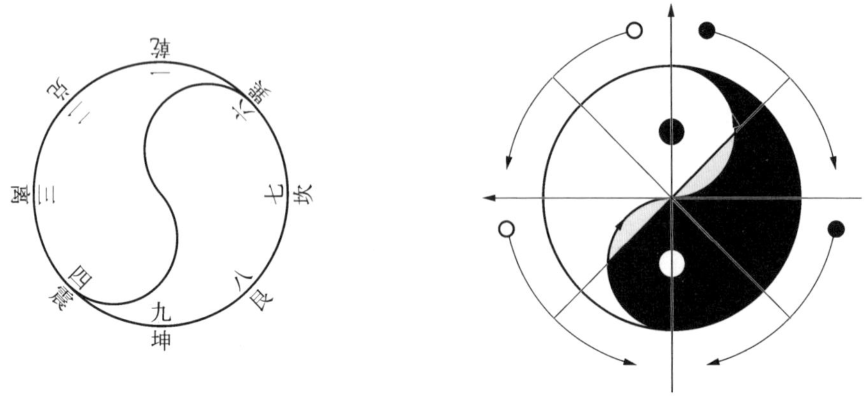

图 2　先天八卦阴阳二气（卦气）的流转与太极图互通

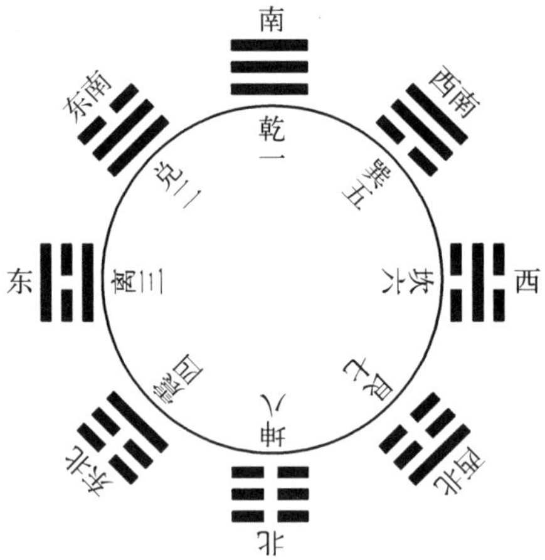

图 3　先天八卦次序

太极初始图

太极生两仪，
一分为二图

两仪分四象，
二分为四图

四象分八卦，
四分为八图

初始八卦图

“太极图”演化生成先天八卦卦气模型一

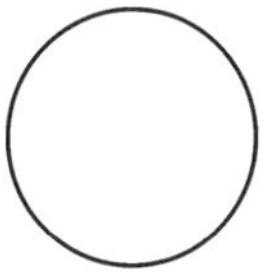

无极生太极

太极生两仪

两仪生四象(静)

两仪生四象(动)

四象生八卦

“太极图”演化生成先天八卦卦气模型二

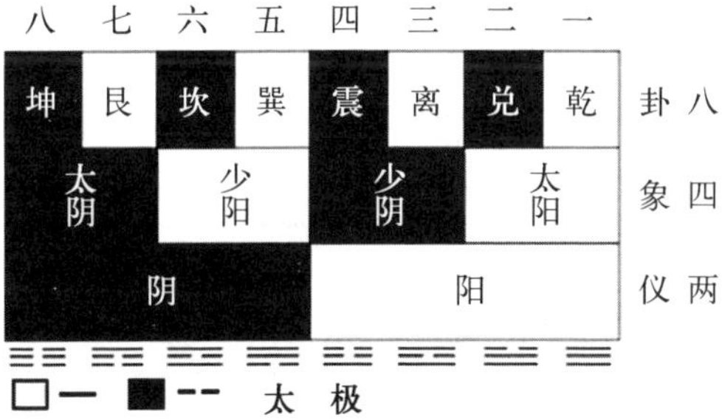

“太极图”演化生成先天八卦卦气模型三

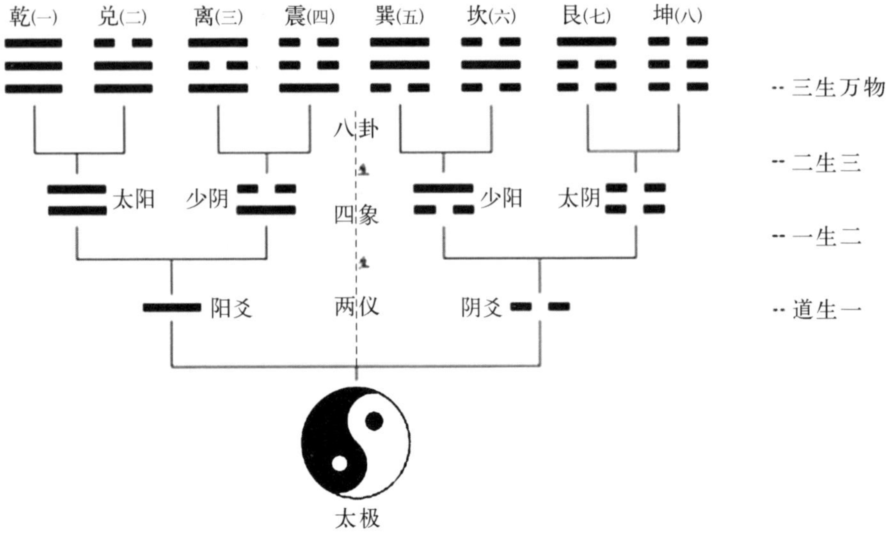

“太极图”演化生成先天八卦卦气模型四

组图 4　“太极图”演化生成先天八卦卦气模型

如图 5、图 6、图 7 对比所示，先天八卦系统的演化过程（万物生化）与“家排”的“家族谱”树状图具有类同性和相通性。由此，先天八卦的系统次序，就向我们阐释并说明了“家排”理论家庭次序之“道”的天然合理性。

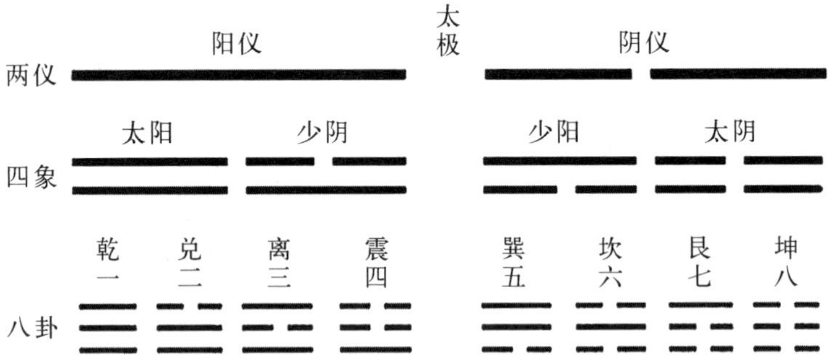

图 5　八卦系统及其次序形成（万物生化）

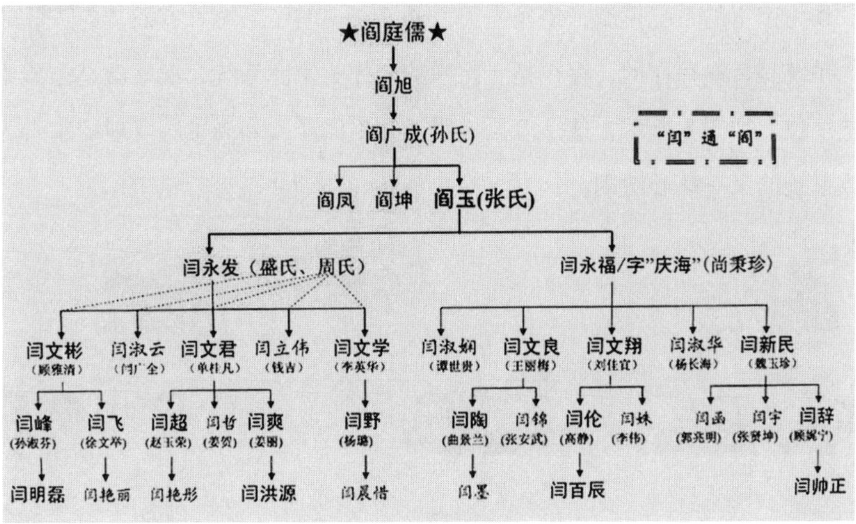

图 6　家族系统图谱之一

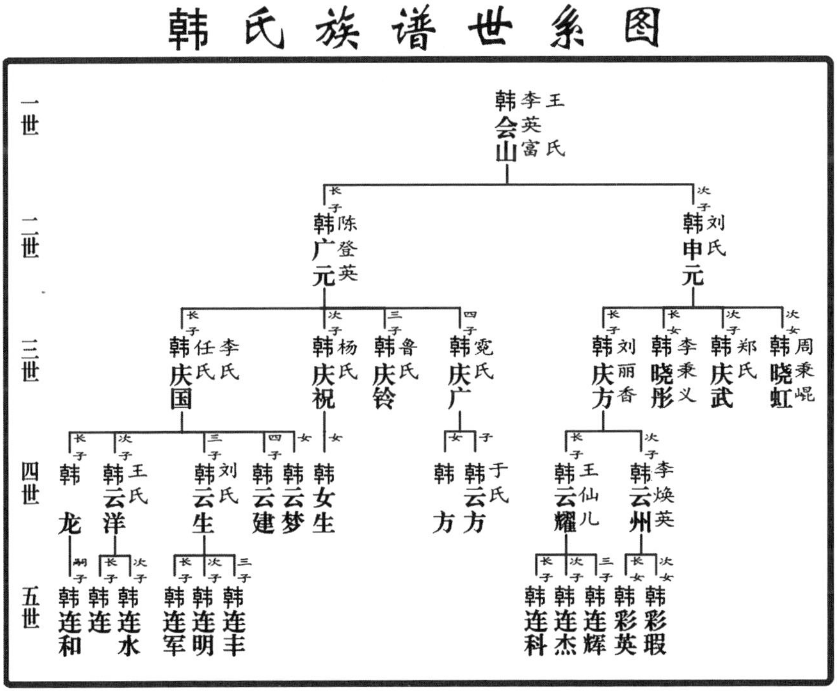

图 7　家族系统图谱之二

作为宇宙的系统模型，易经先天八卦系统说明了系统万有而且有序。或者说，系统是普遍存在的，存在是有次序的。作为家庭系统，次序就是家族中的神圣序位，如图8所示，这是海灵格用他一生的经验和洞见所发现的掌管人类家族系统的又一核心法则。

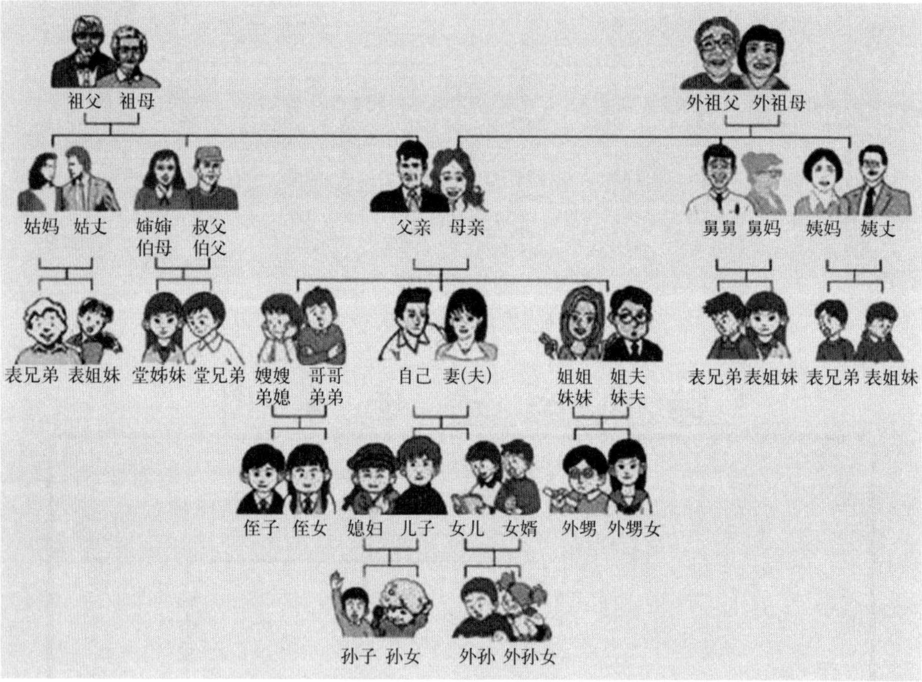

图8 家族系统序位

序位存在于人类的家族系统之中，就如同时间存在于世界的三维空间之中。如果你扰乱和僭越家族中爱的序位，那么你将时时为之付出代价。

所谓“家族序位”，就是指先者优先法则。系统中讲究先来后到，无论是谁，首先进入系统的对于后来者有优先权。父母比孩子优先，老大比老二优先，依此类推。家族成员归属的时间界定了每个人在家族中的位置，当这个序位被尊重时，家族中的爱就能自然地流动。

在“家排”工作坊中，显隐之间、在场与不在场之间，阴阳之道会显示什么有用、什么没用，什么能运作、什么不能运作，“家排”能够呈现出这些原始律则。譬如说：孩子不能取代他的父母，在任何时候，当一个孩子要显得比父母还要大的时候，那是注定会失败的，这便是人类社会与家族系统普遍的原始律则。

“家排”讲家族序位，这跟中国哲学有非常多的契合之处。中国哲学，尤其是儒家哲学，讲伦理秩序，包括孔孟之道所提倡的五伦中的“君臣、父子、夫妇、兄弟、朋友”，以及五伦关系中的“父子有亲，君臣有义，夫妇有别，长幼有序，朋友有信”相处原则，这些都是古代的圣贤们对农耕时代人类族群序位的尊重。

也许有人会对此提出异议，认为这是守旧的教条主义，是农耕社会封建家长制度的残余，其实这是人类繁衍生息至今所保留下来的家族集体良知，关乎自然法则，关乎天道，关乎家族系统“熵值”的降低。中国传统所特有的家庭祠堂及宗族牌位便反映了家族集体良知守卫着的这个序位，一家一户，家家遵守，如同守卫着整个人类的生命线，生命因为这个序位而被传承下来，所以我们每个人的内心深处都在守护着这份良知，一旦有后来者僭越，或是企图主宰更高的位置，集体良知就会惩罚他，以平衡整个系统，使“熵值”稳定。

海灵格发现在有问题的家庭中都存在着某种失序，失序就意味着系统的混乱。年轻一代常常自以为是地承担着原本属于老一辈人的责任、功能、特权或罪责，从而扰乱家庭序位。例如儿子因为父亲的错误而受苦；父亲因为曾祖父的罪恶感而精神分裂，真应了所谓的“父债子还”；等等。这些因为承担了上一辈的功能和责任而损害了家族序位的晚辈，常常会不自觉地表现出自我毁灭和不断失败的倾向，造成家庭悲剧。

（三）牵连

牵连是“心、人、元气”《真心图说》系统存在的基本形式，如同先天八卦系统中的卦爻一样。一个完整而严密的系统，系统中的各个要素（每一卦、每一爻、以至于它们所代表的每个要素）都是相互牵连的，如组图 9 所示，先天八卦各要素彼此牵连。

伏羲先天八卦图

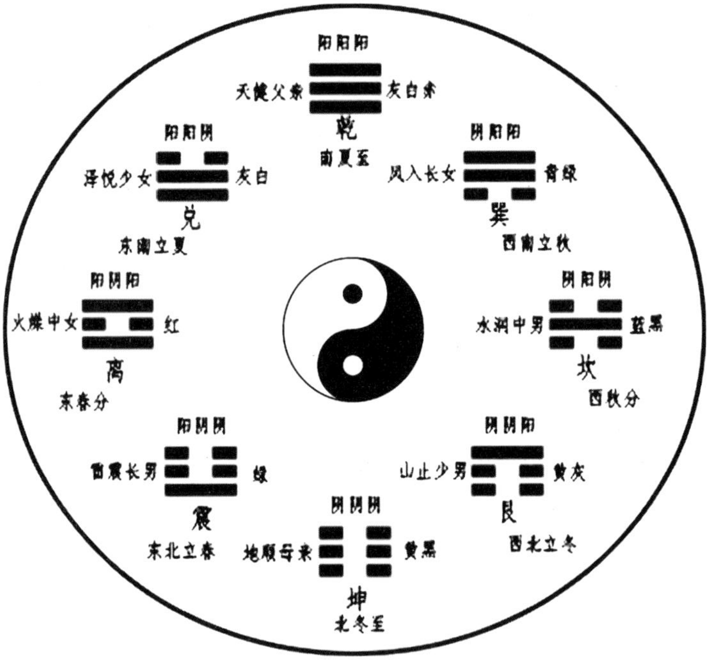

先天八卦体系要素分析

组图 9　先天八卦各要素彼此牵连

作为全息系统概念，先天八卦可以作为一个社会系统模型，来描述社会中每个成员之间以及人与自然万物之间的相互作用关系。作为社会性的生命，每个人都隶属于某些系统：他是一个家庭的成员、某个社区的居民、某个组织的一员等，而且他本人也是一个系统，一个由身、心等各要素构成的系统。这些大大小小的系统相互联系，相互影响，构成一个完整全息的社会系统。社会中的每个人就是在这样一个社会系统中孕育、出生、成长、死亡，这些发展变化都会对系统中的每个成员产生牵连作用，也会对系统结构整体产生影响。

1. 牵连是社会系统的隐藏动力

从人的发展来说，家庭是最基本、最重要的一个“心、人、元气”系统。海灵格发现在家庭系统中，有一些隐藏着的、不易被人们意识或觉察到的动力操控着家庭成员之间的关系，如果我们没有把抵触隐藏规律的原因揭露出来，而只是做些个人表面意识与情绪沟通的处理，背后的问题仍将会一再地发生。如果我们忽略了它，家人就会受到困扰，而这些困扰就是“牵连”。很多人的身心问题，其实都是“牵连”造成的。“牵连”可以说是造成“重复着一个之前的家族成员的命运”的隐藏因素。

由此可见，牵连也是问题的重要根源，但牵连是难以发现的，有时你都难以想象，很远的与你看似没有一点关系的人或事，你却被牵连其中。很多“牵连”的开始，是儿童早期凭着对父母单纯的“爱”，凭着所谓的“良知”和“忠诚”，企图继承父母的问题而引起的。用传统的精神分析理论来说，是一个人没有顺利完成与父母的分离造成的。在一个家庭中，这种未完成的分离还可能导致家族中一连串的“牵连”关系。“牵连”会使一个家庭成员从幼年开始就产生不能理解的思想、情绪、行为以及人际关系欠佳、疾病和心理问题，并延续在其生命中。

这些隐藏的动力影响或控制着我们，而我们又难以觉察它的存在，我们可能实实在在地因忽视它而感受到伤害。因此，我们可通过“家排”这种心理学“卦象”探究牵连，如同揭示先天八卦每一个卦爻的细节变化一样，从这些伤害中知晓“牵连”的存在，将它的原因显露出来，进而找出有针对性的化解手段并疗愈它。

2. 谁能与我们形成牵连

系统排列的重要观念是“系统观”，你我都不是单独的一个人，在系统里有个巨大的力量让每个人相互作用、相互连结，相互彼此产生影响。正如海灵格所言，“我们都是在更大的家族系统之中，为一个共同的良知所指引，接受幸福需要谦卑和勇气”。

从系统观来说，系统中能与我们形成牵连的，包含着血缘关系与非血缘关系。

系统中有血缘关系的人：

血缘关系里面的人包含了父母、兄弟姊妹、父母的兄弟姊妹、祖父祖母、外公外婆、曾祖父曾祖母、外曾祖父外曾祖母等等。所有这些跟我们血脉相连的人都是我们系统中的重要关系人。

系统中没有血缘关系的人：

a. 让出位置的人。从系统里面我们观察到，让出位置使后面的人进来的人也属于我们的系统。所谓“让出位置”的意思就是，前面的伴侣让出位置给后面的伴侣进来，这前任的伴侣就属于我们的系统，前任伴侣包括我们的父母、祖父母、外公外婆的前任伴侣。

b. 发生杀害、谋杀或是意外等与生死有关的事件。跟生死相关的事件也会让对方跟我们的系统产生关联，不管是我们害死对方或者对方害死我们，这些事件都会使系统产生关联。

c. 不当得利。当我们获得巨大的利益，或者是别人从我们这里得到巨大的利益，彼此之间就会产生一种纠葛。比如我们系统中的祖父，他从曾祖父那里继承庞大的遗产，可是曾祖父的钱是卖鸦片赚取的暴利，而这些利益却也造成了许多家庭的被伤害，当这些庞大利益留传下来，继承这些财产的人往往也都会付出一些代价。

注：本文是以湛若水心性一体视角，看先天八卦易理内涵阐释现代心理学“家排”理论，但反过来，亦可以看作是以“家排”理论阐释传统文化的心性一体与周易文化的先天八卦思想。

参考文献：

[1]［德］伯特·海灵格:《心灵之药》，周鼎文译，北京：世界图书出版公司，2011年。

[2]［德］伯特·海灵格:《谁在我家》，张虹桥译，北京：世界图书出版公司，2003年。

[3] 张世英:《哲学导论》，北京：北京大学出版社，2008年第二版。

[4] 高亨:《周易大传今注》，北京：清华大学出版社，2010年第一版。

[5]［魏］王弼:《周易注》，楼宇烈校释，北京：中华书局，2011年。

[6] 张其成:《张其成讲读〈周易〉象数易学》，南宁：广西科学技术出版社，2009年第一版。

庞嵩哲学思想概述

佛山科学技术学院岭南文化研究院研究员　戢斗勇

【摘　要】甘泉学派的衣钵传人、明儒庞嵩的哲学思想较为丰富，在本体论方面继承和发展了陈湛尤其是白沙以道气为本的朴素唯物论；认识论上分大体小体，强调“心”的认识作用；人性观融合了王湛之学，但更偏向于王阳明，先天后天合一而主先天人性后天习染；工夫论也融合了王湛之学，却更偏向于湛若水，主张慎独研几，时时处处体认天理，致其良知；他主张“实用”，倡扬知行合一的实学，对明清哲学中实学思潮的兴起有一定的影响。因黄宗羲的《明儒学案》没有将庞嵩纳入甘泉学案，《明史》也只列其为“循吏”，世人往往不知庞嵩甘泉学派传人的地位，对他的哲学思想从未有过系统的研讨和评价，有必要还其历史的本来面目。

【关键词】庞嵩；哲学思想；概述

明儒庞嵩被称为“弼唐先生”，他的学术思想称为“弼唐之学”。庞嵩先为王阳明学派中人，史载他“早游王守仁门”[1]，因中举成为广东乡试主考官钱德洪门生，后师从粤闽王门代表人物薛侃。湛若水早就认识庞嵩并以其为忘

1 ［清］张廷玉：《庞嵩传》，《明史》卷二八一，北京：中华书局，1974 年，第 7215 页。

年交的学友，并将其与吕泾野并举，嘉许他俩为江门之学的传人。但庞嵩在53岁致仕后才正式拜94岁高龄的湛若水为师，成为其关门弟子，被湛礼聘为“诸院馆长”，遂更明确地认定庞嵩为甘泉学派的衣钵传人。第二年，甘泉先生去世后，庞嵩继续执掌甘泉学派达十余年。霍与瑕、周坦、郭棐、屈大均等对庞嵩的地位和贡献都做过记载和评述，“弼唐之学”即为屈大均所指称。庞嵩在湛师去世后，起到了统合甘泉学派的作用，成为学派的核心和学术领头人。庞嵩弟子霍与瑕记载了庞嵩成为甘泉学派继宗承派新一代宗主的过程：“自公之晚年再拜就弟子列也，而我甘泉先师嘉其志义，遂推为西樵、罗浮、南岳、新泉馆长也。而我同门让其德。既而率远近长幼尊卑一尊先哲之矩度也，而我同门服其行。四时会友，远方云集，展明蕴奥，而我同门莫不敛衽焉。”[1]《广东新语》卷十《学语》亦记载：“四仲月，则大集天关。弼唐谓阳明之所谓知，即朱子之所谓物，朱子之所以格物，即阳明之所以致知，与甘泉体认天理之说不相悖。良知莫非天理，天理莫非良知，原无二旨。当是时，甘泉、阳明二家弟子，各执其师之说，互有异同。自弼唐为之会通，而浙、广二宗，皆于弼唐悦而诚服。于时乡士大夫翕然和之。若何古林则讲学诃林，薛中离则于金山，黄泰泉于白云，钟叔辉于宝潭，杨肖斋、叶允中于归善，叶絅斋于罗浮，王青萝于粤秀。而其在广州者，遇朔望必偕至天关，就正于弼唐。”[2]但黄宗羲的《明儒学案》，却对这位当时公认的湛甘泉衣钵传人只字未提，《明史》也仅列庞嵩于循吏正传而非理学儒林，庞嵩及其“弼唐之学”随着历史的推移在学术史上逐渐湮没无闻。由于庞嵩是湛若水去世后甘泉学派的掌门人，他在融合王湛、遏制王门后学“见在良知”和“主静归寂”的弊端方面作用极大，在甘泉学派中具有承上启下的重要地位，我们有必要抹去历史的尘

1 ［明］霍与瑕：《西樵同门会奠弼唐先生》，《霍勉斋集》卷二〇，桂林：广西师范大学出版社，2014年，第47a页。

2 ［清］屈大均：《学语》，《广东新语》卷十，北京：中华书局，1985年，第310页。

埃，还其历史之本来面目，了解庞嵩及其“弼唐之学”。本文仅对庞嵩的哲学思想作一概述。

对庞嵩的“弼唐之学”进行哲学解构，可以看到这样一幅图景：他的本体论继承和发展了陈湛尤其是白沙，属道气为本的朴素唯物论；认识论上分大体小体，强调“心”的认识作用；人性观融合了王湛之学，但更偏向于王阳明，先天后天合一而主先天人性后天习染；工夫论也融合了王湛之学，却更偏向于湛若水，主张慎独研几，时时处处体认天理，致其良知。由于庞嵩的学术渊源实为王湛两派人物，且领甘泉之遗命，其历史使命在于融通王湛，使得其哲学观有“中”“同”的偏向，以“世之非仁非义、不中不正皆于是乎取中矣”[1]。但他主张“实用”，倡扬知行合一、综合创新的实学，对明清哲学中的实学思潮的兴起有一定的影响。

一、 道气为本的本体论

万斯同在《儒林宗派》卷十四将庞嵩视为陈氏学派的学脉，的确此言不虚。庞嵩对陈白沙思想的继承和发展，充分体现在他的本体论方面。白沙诗超妙自然，表面上看不少风花雪月、琴酒游钓，实多为哲理诗。屈大均的《广东新语》卷十二《诗语》记载了庞嵩对白沙诗的理解，云：“白沙先生善会万物为己，其诗往往漏泄道机，所谓吾无隐尔。盖知道者，见道而不见物；不知道者，见物而不见道。道之生生化化，其妙皆在于物，物外无道。学者能于先生诗深心玩味，即见闻之所及者，可以知见闻之所不及者。物无爱于道，先生无爱于言，不可以不察也。先生尝谓人，读其诗止是读诗，求之甚浅，苟能讽咏千周，神明告人，便有自得之处。庞弼唐云，白沙先生诗，心精之蕴于是乎

1 ［明］庞嵩：《庞弼唐先生遗言》（一），桂林：广西师范大学出版社，2016 年，第167 页。

泄矣。然江门诗景，春来便多，除却东风花柳之句，则于洪钧若无可答者，何耶？盖涵之天衷，触之天和，鸣之天籁，油油然与天地皆春，非有所作而自不容已者矣。然感物而动，与化俱徂，其来也无意，其去也无迹，必一一记其影响，则亦琐而滞矣。此先生之所以有诗也。”[1]

陈白沙受中国传统文化中根深蒂固的道学和气学影响，视世界的本原为“道”，或称“理”，而“道”“理”同时也就是“气”。“道”“气”作为宇宙本体，是“元气塞天地，万古常周流”[2]，“天地间一气而已，屈信相感，其变无穷”[3]，“物囿于形，道通于物，有目者不得见”[4]。湛若水把白沙师的这一理论概括为“盖气与道为体者也”[5]，陈湛皆持道气为本、道通于物的观点。

庞嵩也是从白沙的诗中读到了哲人之心对宇宙的本质和规律的感悟。庞嵩继承和发展了陈白沙、湛甘泉的“道”“气”论，以“道”“气”为天地的本源。他在自然观上禀续陈白沙、湛若水的传承，认为“天地只一气而已”[6]，“道”是气之流行，“理”是气之条理，“心”是气之统会主宰处。他在《达观岩》诗中有“泼哉鸢鱼”[7]，在《望海》诗中有“太一判元始，百川汇鸿蒙”[8]，颇有白沙之风。他甚至还有“五行橐天地，黄土为中央”[9]的原始“五行”宇宙图景。他说：“天地只一气而已，自其一阴一阳，会合太和不偏，万古流行，无有止息，谓之‘道’；自其中有条理，谓之‘理’；自其具于吾而

1 ［清］屈大均：《诗语》，《广东新语》卷十二，第 347—348 页。
2 ［明］陈献章：《五日雨霰》，《陈献章集》，北京：中华书局，1987 年，第 305 页。
3 ［明］陈献章：《云潭记》，《陈献章集》，第 41 页。
4 ［明］陈献章：《论前辈言铢视轩冕尘视金玉（下）》，《陈献章集》，第 56 页。
5 ［明］湛若水：《新泉问辩录》，《甘泉文集》卷八，清同治丙寅年（1866）重刻本。
6 ［明］庞嵩：《庞弼唐先生遗言》（一），第 82 页。
7 ［明］庞嵩：《庞弼唐先生遗言》（二），第 362 页。
8 ［明］庞嵩：《庞弼唐先生遗言》（二），第 406 页。
9 ［明］庞嵩：《庞弼唐先生遗言》（二），第 388 页。

为吾心之生生者谓之‘性’。”[1]“天地间只一气而已，吾人得天地之气以有生。凡充满于一身者莫非气，有此气之统会主宰处，则谓之心。自其心之精灵应物、剸裁合理则谓之义。理与气虽异名，非判然二物也。”[2]“大化旋元根，无声亦无臭。时行自物生，处处春光漏。人心曷睹闻，岂以形迹觏。一实殊万分，弥漫遍宇宙。云无亦无无，云有宁有有。虚实动静间，寂感相参透。来也以此生，归也以此复。但保勿自亏，岂能强增凑。月窟通天根，时复倏时姤。盈虚本无常，此理原不朽。云胡一偏者，强向玄关叩。触处固跃如，冥心更何究。婴儿吾自存，坎离每相遘。若自煮空铛，于何问火候。老子固犹龙，学之恐差谬。孔圣真时中，天地等高厚。”[3]

这就是明确地站在朴素唯物主义的立场上，在唯物主义与唯心主义皆极盛行的明代，属“气”唯物论的哲学阵营，由此作为弼唐之学的最根本的哲学世界观和方法论的指导。

若要把“气”唯物论贯彻到底，其方法论本质上则应当持朴素辩证法，以此认识、分析和对待世界。陈白沙和湛若水都是从“天地万物一体”立论，主张理气、心物、性气、心理、性理的“合一”，尤其是湛若水，笔者提出“‘合一’是甘泉学的核心命题”“‘合一’二字，亦能代表甘泉学派的宗旨、宗风”。[4]庞嵩作为甘泉学派的新掌门人，其坚持的宗旨、宗风正是如此，他对自然和社会变化发展的规律的认识，根植于阴阳动静的辩证统一。他继承湛师的“合一”论，认为：“道一而已矣……通有无、贯动静、统心事、合内外、一人己、通古今，同体乎天地万物，未之有遗也。”[5]“道不外一阴一阳之相

---

1 ［明］庞嵩：《庞弼唐先生遗言》（一），第 144 页。
2 ［明］庞嵩：《庞弼唐先生遗言》（一），第 182 页。
3 ［明］庞嵩：《庞弼唐先生遗言》（二），第 439—440 页。
4 戢斗勇：《甘泉学派》，广州：广州出版社，2017 年，第 10 页。
5 ［明］庞嵩：《庞弼唐先生遗言》（一），第 78—79 页。

禅，动静之相乘，旋转周流，无有穷已。”[1]“理气合一、天人合一，故性命合一，非分拆为二物也。”[2]“窃意一阴一阳之谓道，自孔子发之未尝别理气为两事，故精粗显微、天人上下本自一贯，有阴阳便有五行，便有百千万化。”[3]“吾儒学问，合下便一动静、通隐显、彻内外、贯心事、合人己，言不睹不闻便言莫见莫显，言发育竣极便言三百三千，言至诚道德便言九经三重，言尚絅敬信便言无声无臭，至浅易至至精深，至粗迹至神妙。”[4]

庞嵩的哲学方法论强调对立统一和运动变化，其基本属性是朴素辩证法。

二、 区分大体小体的认识论

庞嵩认识论的特色是将心与耳目身体分别为“大体”“小体”，地位不同，功能不同，却有联系而不可分割、不可偏废。庞嵩说：“心志耳目虽有大体小体之分，亦非判然不相蒙也。自心之窍于耳则为聪，自心之窍于目则为明，而耳目所以承事乎亦不可少者。”[5]

心是“大体”，“吾心之本体常灵常明”[6]，“据后天后，悟先天前”[7]，具有先天、先验的灵性。因此，心的认识功能是强大的：“不虑不学，良知良能，天理自然之发见至善本来之面目也。”

而耳目身体是“小体”，庞嵩认为，通过眼耳鼻舌身这些感觉器官得来的认识（即“有识有知”）是靠不住的，里面因物欲的影响夹杂了许多私意计较，

---

1 ［明］庞嵩：《庞弼唐先生遗言》（一），第 139 页。
2 ［明］庞嵩：《庞弼唐先生遗言》（一），第 154 页。
3 ［明］庞嵩：《庞弼唐先生遗言》（二），第 300—301 页。
4 ［明］庞嵩：《庞弼唐先生遗言》（二），第 322 页。
5 ［明］庞嵩：《庞弼唐先生遗言》（一），第 152 页。
6 ［明］庞嵩：《庞弼唐先生遗言》（一），第 111 页。
7 ［明］庞嵩：《庞弼唐先生遗言》（二），第 358 页。

扭曲“心”之“大体”的认识。他说：“有识有知之后，物欲交引，私意横起，便生出许多计较，变出许多机械扭捏，大失其初心。”[1]

然而庞嵩认为理性认识与感性认识是有关联的，对事物本质的认识建立在对表象认识的深化。他说：“有声有色者即具乎无声无臭之妙，不睹不闻者即寓乎有睹有闻之中。”[2]

但是，由于有“大体”和“小体”地位和作用的不同，所以庞嵩认为应“当以心役形，不当以形役心”[3]。因为吾性自足，以心役形，耳目自会聪明。他说：“性窍于耳则自然能聪，非学虑而后聪也。性发于目则自然能视，非学虑而后明也。性发窍于四肢则自然能持能行，非学虑而后运动也。性窍于心思则自然能思虑变化，非学虑然后能感应也。灵体生生，无物不通，故谓之达道，是自然之达，非人力可与也。人力一与，则又涉学虑而非仁义矣。此以见良知良能不是些小性体，真是包涵天下之理，舍此则无性可言矣。”[4]“天命流行，本自无心。二气五行，互相杂揉，纯驳厚薄，便自不同。有常塞而常通者，有始塞而终通者，有始通而终塞者，此之谓气数之命。故富贵贫贱，夷狄患难，有许多殊变，岂求之可得？岂避之可免？若吾性之所得，耳自会聪，目自会明，良心之萌，仁义礼智自会流出，何者不备？此吾常有之富贵，常居之中国，常享之康宁。吾性自足，何待外求？”[5]

庞嵩的这些观点显然是混淆了认识论和伦理道德，这种认识的结果受其心性论的影响。然而，若把这些认识放到心性论的范围内探讨知识与伦理道德的关系，还是有一定启发价值的。

---

1 ［明］庞嵩：《庞弼唐先生遗言》（一），第 85 页。
2 ［明］庞嵩：《庞弼唐先生遗言》（一），第 125—126 页。
3 ［明］庞嵩：《庞弼唐先生遗言》（一），第 152 页。
4 ［明］庞嵩：《庞弼唐先生遗言》（一），第 153 页。
5 ［明］庞嵩：《庞弼唐先生遗言》（一），第 122—123 页。

三、 善良心性的人性论

由“弼唐之学”的哲学本体论进入人性论，我们可以看到，庞嵩从人性的本原意义上属于自然人性论，同时又落脚于在伦理道德的范围和意义上谈心、论良知。

首先，庞嵩认为人是“三才”之一，与天地万物为一体，人性的根源是自然的禀赋，没有任何玄虚的成分。他说：“人与天地参，一诚贯枢纽。会得到一时，造化在予手。”[1] “命原于天，性具于人，理气合一，天人合一，性命合一，非分拆为二物也。”[2] “天道以阴阳立体，地以刚柔成质，人以仁义成德，皆太极动静之理也。圣人之所以主而定，君子之所以修而吉，不越此而已。夫阴阳成天，刚柔成地，仁义成人，皆得于始而生也。反是而向，尽焉则死矣。所谓人之生也直，罔之生也幸而免，可不畏夫！”[3]

其次，庞嵩认为人心、人性也是与道合一的。换句话说，人心、人性的天然禀赋是相同的，纯乎自然就不失为圣。因此，他不把人天生的本能需求当作人欲恶性，而视之为合理的自然本性。但一涉人为，掺入私欲的计较，才有了心性的分别，也就是所谓“气质之偏”。他说：“性道本无二，心一道自一。性上非有加，至德是何物。”[4] “吾性浑然天地万物一体者也。无内外，无人己，无大小，惟心稍放而无以存之。”[5] “窃意一阴一阳之谓道，自孔子发之未尝别理气为两事，故精粗显微、天人上下本自一贯，有阴阳便有五行，便有百千万化。尹自为任，夷自为清，惠自为和，要之心体粹然不杂，纯乎自然，皆

1 ［明］庞嵩：《庞弼唐先生遗言》（二），第 612 页。
2 ［明］庞嵩：《庞弼唐先生遗言》（一），第 154 页。
3 ［明］庞嵩：《庞弼唐先生遗言》（一），第 110—111 页。
4 ［明］庞嵩：《庞弼唐先生遗言》（二），第 620 页。
5 ［明］庞嵩：《庞弼唐先生遗言》（一），第 142 页。

不失为圣。而尹夷惠之得至乎此，未尝不本学问之功也。今徒归咎乎气质之偏而不知所以学，或遽认气质之偏，指此以为学，不知有事何事，勿忘勿助何为，故论说虽多，旨诀虽玄，终非身心之益也。何如某常言‘从隐处做起，从偏处克去’，将以此自力，至作用竟不免以偏胜，欲舍任清从和而不可得，聊以此自解并就针砭也？”[1]

最后，良知是心的“中正”处。庞嵩认为：“人只是一心，岂有两心。”[2]他说：“心只是一个心，知只是一个知。自其天机自动循理而发，不失其正，是谓良知。此知稍涉计较，便是私意而流于过，便不是良知。良者，善也。”[3]

而仁则是“吾心天然中正之则”[4]。良知也就是“初心”，丧失了良知也就是“大失其初心”[5]。他说：“窃谓心只是一个心，知只是一个知，自其天机自动循理而发，不失其正，是谓良知。此知稍涉计较，便是私意而流于过，便不是良知。良者，善也。曾谓知不出于天理，而可谓善乎？自其知之良者，意必俱无，形迹俱泯，是之谓微，是谓道心。自其知之不良者，私意竞起，如滚汤、如奔马，是之谓危，是谓人心。‘危’‘微’二字，点出道心人心面目如此。因道心有人心之累，须用精一以致返本复初之功，精字即兼知行，濯涤磨洗，私欲净尽，即天理浑全，所谓一者在是矣。若周子所谓定之以仁义中正而主静立极，就义理言至，曰刚柔善恶中而已，则欲变化气质以归于中，未可以义理利欲分贴也。”[6]

至于庞嵩十分重视“同心”，在《庞弼唐先生遗言》中到处都可见“同心”说，因是他需要融合各种不同观点，特别是融会王湛两派，所以才如此

---

1 ［明］庞嵩：《庞弼唐先生遗言》（　），第300　301页。
2 ［明］庞嵩：《庞弼唐先生遗言》（一），第131页。
3 ［明］庞嵩：《庞弼唐先生遗言》（一），第73页。
4 ［明］庞嵩：《庞弼唐先生遗言》（一），第74页。
5 ［明］庞嵩：《庞弼唐先生遗言》（一），第85页。
6 ［明］庞嵩：《庞弼唐先生遗言》（一），第320—321页。

强调“同”而避谈“异”。

四、“慎独”“研几”的功夫论

庞嵩的修养功夫论继承和发展了陈白沙的“静养端倪”、王阳明的“致良知”和湛若水的“随处体认天理”，但往往在“随处”之前加上了“随时”或“时时刻刻”，将时空进行了统一，此外，还特别强调“独”和“几”这两个概念，主张在“慎独”和“研几”方面下功夫。

一方面，庞嵩强调“慎独”的作圣之功。他说：“天命之原，独处随见。”[1]“其要只在慎独，则王道自慎独始。”[2]“若识独即吾之良知真切，念念不敢轻忽。”[3]“大率今时之弊，或因动而失静，或偏静而遗动，或不分动静，却笼统全无下手着落处。若识‘独’即吾之良知真切，念念不敢轻忽，时时照管，处处照管，即此心常生常活，常虚常觉，更无别项打搅昏杂，虽谓主静可也，虽谓动静不分可也。故寂然不动即感而遂通，物来顺应即扩然大今而已。然汩没纷华躁动中者，则静中养出端倪，尤其入门径路也。”[4]

另一方面，庞嵩又将“独”与“几”“微”结合起来，认为作圣之功“全在几上着力”[5]，“涵养于微独”[6]。他明确地指出：“某常言‘从隐处做起，从偏处克去’。”[7]“善几方萌，觉得理顺，便自心安；恶几方萌，觉得无耻，便自愧赧。好仁恶不仁，乃天机之动，真知之良者。”“某谓颜子有不善未尝

---

1 ［明］庞嵩：《庞弼唐先生遗言》（一），第 115 页。
2 ［明］庞嵩：《庞弼唐先生遗言》（一），第 81 页。
3 ［明］庞嵩：《庞弼唐先生遗言》（一），第 299—300 页。
4 ［明］庞嵩：《庞弼唐先生遗言》（一），第 81 页。
5 ［明］庞嵩：《庞弼唐先生遗言》（一），第 79 页。
6 ［明］庞嵩：《庞弼唐先生遗言》（二），第 300—301 页。
7 ［明］庞嵩：《庞弼唐先生遗言》（一），第 129 页。

不知，知之未尝复行，全在‘几’上着力，故能不远复无只悔。今时之病，只待发然后救之，故悔而不及。须是开手便要希天行健，自强不息，随时随处，常照常觉，乃克成章。不然，终岁悠悠，所讲虽多，徒为口耳之资而已。”[1]这与湛若水在《格物通》中《诚意格 · 审几》等篇的观点是一致的。

“独”是人置身的环境情况，即独自一人没有旁人监督的状态；而“几”“微”则是人的内心思想、动机、念头刚刚萌芽的状态。在这样的状态下修炼自己的道德情操，当然是十分有效的。

五、 知行合一的实学观

“弼唐之学”的哲学属性还有一个特质，那就是它的务实性。这也同样是继承和发展了陈白沙、王阳明和湛若水的思想，对之进行综合创新，才形成了独具特色的实学。

（一）追求主体的创新

庞嵩作为湛若水的衣钵传人，秉承了岭南文化的主体精神，在他那个特定的时代及赋予他的历史使命，其创新表现为对王湛思想进行的融合，是一种综合性的理论创新。庞嵩一是继承和发展了陈白沙、湛甘泉的“道”“气”本体论；二是对陈湛的某些关键理论进行了概括和发展，如将湛的“随处体认天理”概括为“六字圣符”，又在“随处”前面加上“随时”的时间要素。他还将儒家传统的“允执其中”的“中庸”学说，解释成心学的主体能动性，“中之把柄在我手，故能允执其中”[2]，等等。充分说明庞嵩顺应了明代萌生的、主要体现为人的主体价值觉醒的中国早期启蒙思潮，是甘泉学派发展出启

---

1 ［明］庞嵩:《庞弼唐先生遗言》（一），第 315 页。
2 ［明］庞嵩:《庞弼唐先生遗言》（一），第 83 页。

蒙思想的重要的一环。这些都是创新发展；三是融会王湛之学，消弭分歧，这就阻止了阳明后学的见在良知和主静归寂之弊；四是使得甘泉学派能够承上启下，继续往前发展。而这一切，都在导致王湛后学的发展变化过程中起到了一个方向性引领作用，那就是走向实学启蒙思潮。

（二）注重知行的合一

心学并不像一些论者所说的完全是主观唯心主义，还有像陈白沙、湛甘泉、庞嵩等人属于朴素唯物主义。唯心主义还是唯物主义，只是在解释世界的本原问题上才有意义。当然，世界观对其他观念有相当大的影响，乃需对具体人物、具体观点做具体的分析。从实学的角度来分析，陈白沙的人格气质注重"本然心性"的追求，使人成为"真实"的人，认为"灵台洞虚，一尘不染；浮华尽剥，真实乃见"[1]。他强调孝道，就身体力行以实际行动弘扬儒家孝文化的真髓。他提出"心地要宽平，识见要超卓，规模要阔远，践履要笃实。能是四者，可以言学矣"，"践履要笃实"充分反映了白沙的实践精神。固然在王阳明和湛甘泉的后学那里，的确出现了不讲功夫、不重践履的倾向，但王湛本人皆主张"知行合一"，只是对什么是"知""行"和怎样"合一"的具体解释存在着分歧和争论。庞嵩作为王湛弟子，弼唐之学的最大的特点就在于重视"实""行"。许多史书都评价庞嵩"不言而躬行"，《广东新语》记载叶絅斋云："先生圣儒，不言而躬行。其质行，诸儒不能逮。"[2]叶春及（絅斋）曾任福建惠安县令，官至户部郎中，是历史上有名的"硬颈"县令，其公正、务实和廉明，人称与海瑞有得一比。他在退隐罗浮期间与庞嵩往来论学甚密，他的评价是准确的，说明庞嵩践行的品质是其他心学人物所不逮的。

---

1 ［明］陈献章：《湖山雅趣赋》，《陈献章集》，第 275 页。
2 ［清］屈大均：《学语》，《广东新语》卷十，第 310 页。

庞嵩倡扬的实学，是在实践的基础上综合创新。他站在批评阳明后学偏误的立场上，对陈白沙、湛若水、王阳明等先哲的思想进行综合创新。如他在坚持湛师的“随处体认天理”命题的同时，加上了“时时刻刻”的时间的要素，说：“善无不为，恶无不去，时时刻刻随处体认天理，不敢须臾放过，才是敏事。”[1]再如，庞嵩融汇师祖陈白沙“勿忘勿助”的“自然”之学与湛师的“随处体认天理”，说：炼丹需要火候，更要种子，否则是空用功夫，“甘泉先生以勿忘勿助为圣人之中路，而必先之随处体认天理，为六字圣符，意亦若此”[2]。庞嵩继承和发展湛若水的“二业合一”论，“学是其政，政亦是其学”，“政学之不二”，[3]深得甘泉精髓，不仅成为史上著名循吏，也为学者所重。庞嵩对于王阳明的致良知、格物致知、知行合一等学说，同样进行了继承、创新和发展。而庞嵩的最大贡献，是融汇湛王，在致良知、格物致知、知行合一等理念上找到王湛的相同点。

庞嵩还有许多重视“实”“行”的论述，如：“故本真存乎实心，识道贵于实践。孟子之论仁义不外孝弟，孔子之自歉则曰躬行君子，曰子臣弟友。”[4]“慎行有终。”[5]“真致此良知，真践此天理。”[6]“某谓颜子有不善未尝不知，知之未尝复行，全在‘几’上着力，故能不远复无只悔。今时之病，只待发然后救之，故悔而不及。须是开手便要希天行健，自强不息，随时随处，常照常觉，乃克成章。不然，终岁悠悠，所讲虽多，徒为口耳之资而已。”[7]

弼唐之学的实践品格，决定它的实学定性，同时，在庞嵩的引导和对王

1 ［明］庞嵩：《庞弼唐先生遗言》（一），第 129 页。
2 ［明］庞嵩：《庞弼唐先生遗言》（一），第 145 页。
3 ［明］庞嵩：《庞弼唐先生遗言》（一），第 67 页。
4 ［明］庞嵩：《庞弼唐先生遗言》（一），第 295 页。
5 ［明］庞嵩：《庞弼唐先生遗言》（一），第 296 页。
6 ［明］庞嵩：《庞弼唐先生遗言》（一），第 350 页。
7 ［明］庞嵩：《庞弼唐先生遗言》（一），第 315 页。

门后学流弊的批评下，也决定了王湛后学的主导性流变是走向实学启蒙思潮。

（三）实现功利的价值

岭南心学与其他一些心学流派不同，其中一个重要特征是追逐实利，这也是岭南哲学价值观的一大特征。弼唐之学也包含有十分丰富的重利思想，是其成为实学启蒙思潮的重要佐证。

庞嵩追求实利的主体价值，是对陈湛思想的继承和发展。陈白沙的“率情”“自由”论，只讲“淡”利，不主张“禁”利，“东西岭表非无事，经济术中怕有心”[1]，“仁义几回惊阔论，利名何处不通津”[2]，并不决然否定名利。白沙先生在《诫子弟》一文中，明确阐发了学有用之术、勿学“屠龙之术”的思想，反映出白沙重视实用、实效的务实精神。尤其可贵的是，陈白沙认为人“俯仰宇宙间”，应当顶天立地。他呼唤着除去对人的束缚，“今古一杯真率酒，乾坤几个自由身!”[3]他提出的“自由”虽还未成为政治学意义上的范畴，但从哲学上分析，乃是对主体权益、价值的觉醒，包含了朦胧的启蒙意识。湛若水也主张讲求实利，提出“利济天下”论。他肯定了孟子的“形色天生”的人的动物属性说，把人的欲望视为人性的内容，说：“男女饮食，其欲乎？凡欲皆性也”[4]，一旦义利得到统一，则“德泽至于利济天下，功及生民，上下与天地同流”。[5]

---

1 ［明］陈献章：《次张主事韵送林大参之任广西四首》其二，《陈献章集》，第 631 页。

2 ［明］陈献章：《陈冕来游白沙，至仰船江遇石尤风，舟覆》，《陈献章集》，第 408 页。

3 ［明］陈献章：《题应宪副真率卷》，《陈献章集》，第 556 页。

4 ［明］湛若水：《天关语通录》，《湛甘泉先生文集》卷二十三，桂林：广西师范大学出版社，2014 年，第 1394 页。

5 ［明］湛若水：《泉翁大全集》，《文渊阁四库全书》子部第 716 册，台北：台湾商务印书馆，1986 年，第 371 页。

庞嵩重视实学的实用，认为“古来效用均为贵”[1]，他在办学、从政的实践中，深知实用、实利、实效的价值。他指出：“圣贤实学，时当休息也，固与天下相安于无事；时当更革也，则与天整顿而一新。然必于更革之中寓休息之，实乃于政不豫而事克举。”[2]

庞嵩12岁曾向简直轩学习算法，官任上刻印过顾应祥《测圆算术》四卷，充分说明了他对自然科学的重视。他撰写了《测圆算术》的后序，评价该书：“详说反约，洞发肯綮，即近可以知远观要，可以尽博天地之高深，日月星辰之躔度，元会岁历之始终，莫之能违也。”[3]

尤其值得重视的是，庞嵩强调实用的现实性，着眼于“当下”。廖廷相评述庞嵩“其备倭、易夷俗诸疏，则有体有用，见之施行，尤非空谈性命者比也”[4]。即便是“明德”“新民”之学，庞嵩都要讲求“目前用处”，说：“君子有是学即有是事，有是言即有是行，在一家则行于一家，在一乡则行于一乡，随处体验，各有用处。若今日徒讲，待他日才行，便不是有用之学。”[5]“只在目前体得用得，才是实学。”[6]

可以说，弼唐之学本身具有鲜明的实学特征，它对当时以及后学的影响，也是如此。笔者曾在《甘泉学派》书中提出：甘泉后学“对阳明后学出现的空疏之流弊的批判，为明清实学的出现奠定了哲学基础”[7]。庞嵩作为湛甘泉的衣钵传人，厥功至伟。而他的许多思想，本身就是明代后期实学启蒙思潮萌芽的

---

1 ［明］庞嵩：《庞弼唐先生遗言》（二），第462页。
2 ［明］庞嵩：《庞弼唐先生遗言》（一），第318页。
3 郭树春：《中国科技典籍通汇·数学卷》（二），郑州：河南教育出版社，1993年，第1140页。
4 ［明］庞嵩：《庞弼唐先生遗言》（一），第20页。
5 ［明］庞嵩：《庞弼唐先生遗言》（一），第114—115页。
6 ［明］庞嵩：《庞弼唐先生遗言》（一），第118页。
7 取斗勇：《甘泉学派》，第111页。

不可或缺的内容。

六、 民本廉洁的政治观

庞嵩“弼唐之学”的政治观是极有特色的，因为他是一个史上有名的清官循吏，这是他的圣贤中正之学在政治哲学上的贯彻和实践。他在应天府、南京刑部和曲靖府的14年政绩，充分反映了他民本为上的政治情怀，并体现在政治观的各个方面。

（一）坚定的爱国立场

儒家具有爱国主义的传统，这在庞嵩的师祖陈白沙那里就表现得特别突出。白沙子具有强烈的爱国主义赤子情怀，以“圣贤生处是中华，何处天涯何处家”[1]和“士不居官终爱国”[2]的认识来爱国爱乡。他的家乡新会白沙村离崖门只有40公里，这里是南宋最后被元兵所灭之处。南宋覆灭前，就是在这里与元军殊死一搏，留下了许多可歌可泣的壮烈故事。陈白沙少年即受到文天祥、陆秀夫、张世杰等宋史英烈的影响，被他们爱国主义的大志大义所感染。他曾与陶鲁等创建大忠祠（旧址在崖山官冲），为宋末坚持民族气节的这三位英杰建祠立祀，还倡建慈元庙以传承爱国主义民族精神。

陈白沙的爱国爱乡的传统在庞嵩这里传续。政治上，庞嵩有着坚定的爱国主义立场，在当时倭寇侵扰的形势下，上呈《备倭疏》，积极进言献策，为国分忧。中国的明代时期，日本正处于割据分裂的“战国”（1467—1573）时代，日本内战中的败将溃兵纠集武士、浪人及奸商，武装掠夺中国的东南沿海一带，而中国的巨商和海盗也与倭寇相互勾结，形成了明朝的所谓“倭寇”

1 ［明］陈献章：《次韵吴县博别后见寄》，《陈献章集》，第585页。
2 ［明］陈献章：《命孙田》，《陈献章集》，第410页。

之乱。由于倭患日久，东南督抚诸臣数易无功，朝廷广征平倭之策，庞嵩的《备倭疏》就是在这样的背景下进呈的。庞嵩的《备倭疏》提出了“文武长才”“军中机宜”“应守险要”“训练乡兵”“调用客兵”“民间利病”等六项对策。其中他举荐多个平倭人才，有文臣有武将。这些人中，有的曾被朝廷责罚，但有平倭之才，庞嵩认为可以让其将功折过。例如曾任兵部主事的唐顺之，他专心研究天文地理，熟于战阵兵法，有孔明之才，却被贬隐居常州家乡。果然不久，朝廷便启用唐顺之复职兵部，领兵在海上大破倭寇，成为抗倭名将，59 岁时在督师抗倭途中不幸染病，于通州（今江苏南通）海船上去世。

庞嵩还作了许多诗词推崇抗倭英雄，宣传其事迹，同时抒发自己的爱国主义情感。这些抗倭诗篇有《潮平颂》《福船行为俞总戎（名大猷）》《闻官军平倭》《访史燕峰时练乡兵防倭》《宁德李大华死倭难》《表忠卷为宁德李太华死倭难次韵三首》，等等。他在书信和诗篇中，以满腔热情抒发了自己的爱国主义情感。他说：“今天下荷祖宗灵脉，金瓯无恙，惟是隐忧当防，旧政当讲文事而兼武备，治于未乱，安于未危”[1]；“格天功业起淮梁，嫡绪山河万古常。已见凤鸣仪宇宙，敢谁龙战血玄黄。忠臣自义身前死，朽骨焉图殁后香。愧杀满城冠珮者，国恩深处利名场”[2]；还有如“江湖谁报庙堂忧”[3]“一肩同负救时忧”[4]“浮名敢拟垂身后，独秉丹心一寸全”[5]等。

（二）饱满的爱民激情

“人本”与“民本”的观念，在中国传统文化包括岭南文化里，是政治观

1 ［明］庞嵩：《奉文简公湛先生书》，《庞弼唐先生遗言》（一），第 289 页。
2 ［明］庞嵩：《忠节祠用韵》，《庞弼唐先生遗言》（二），第 512—513 页。
3 ［明］庞嵩：《登岳阳楼》，《庞弼唐先生遗言》（二），第 528 页。
4 ［明］庞嵩：《发江浒留别古林丈并呈同社诸公》，《庞弼唐先生遗言》（二），第 518 页。
5 ［明］庞嵩：《表忠卷为宁德李太华死倭难次韵三首》，《庞弼唐先生遗言》（二），第 558 页。

的基本信条。庞嵩的师祖陈白沙以一个布衣学者对老百姓的苦难有深切的同情，提出“救民”说。他说：“贪官污吏侵渔百姓甚于盗贼，此辈不除，虽有良法美意，舒适孰与行之？”[1]以及“乾坤多少病饥人”[2]，“千山多雨后，百姓苦饥时”[3]。正因为白沙先生深知老百姓的疾苦，他提出的“救民”说，喊出了“断裾犹欲救苍生”[4]，以“切于救民，急先务也”[5]。庞嵩的老师湛若水则提出“畏民”说。他以“天下民庶实为邦本”[6]，发展了《尚书》的“天聪明自我民聪明，天明畏自我民明畏”，在《圣学格物通》中专设《畏民》卷，详论了“畏民”说。他告诫“惟人君，然后能畏民”[7]，因为“君之存亡，以民心之存亡也”[8]，“得其心则得天下，失其心则失天下”[9]，“民心怨背”，“可畏之甚”[10]，“明君不畏方张之强敌，而畏大可见之民心”[11]。他还明确主张“立大公以普天下”[12]。

庞嵩出身于乡村平民家庭，祖上没有出过高官巨贾。五岁母亲去世，完全

---

1 ［明］陈献章：《与刘方伯东山先生》，《陈献章集》，第 127 页。

2 ［明］陈献章：《谢何秋官惠米，追次陈后山韵》，《陈献章集》，第 678 页。

3 ［明］陈献章：《题丁长官祠》，《陈献章集》，第 391 页。

4 ［明］陈献章：《和罗洗马韵》，《陈献章集》，第 677 页。

5 ［明］陈献章：《丁知县庙记》，《陈献章集》，第 35 页。

6 ［明］湛若水：《乞上下一心同济圣治疏》，《泉翁大全集》第二册卷三十六，钟彩钧、游腾达点校，台北：“中央研究院”中国文哲研究所，2017 年，第 931 页。

7 ［明］湛若水：《畏民下》，《圣学格物通》卷十七，《文渊阁四库全书》子部第 716 册，第 159 页。

8 ［明］湛若水：《畏民上》，《圣学格物通》卷十六，《文渊阁四库全书》子部第 716 册，第 154 页。

9 ［明］湛若水：《畏民上》，《圣学格物通》卷十六，《文渊阁四库全书》子部第 716 册，第 151 页。

10 ［明］湛若水：《畏民上》，《圣学格物通》卷十六，《文渊阁四库全书》子部第 716 册，第 151 页。

11 ［明］湛若水：《畏民上》，《圣学格物通》卷十六，《文渊阁四库全书》子部第 716 册，第 152 页。

12 ［明］湛若水：《再论圣学疏》，《泉翁大全集》第二册卷三十六，《文渊阁四库全书》子部第 716 册，第 929 页。

是在苦难中成长。他继承和发展了儒家尤其是陈白沙和湛若水的民本思想，提出了一系列“亲民”“识民”“苏民”“养民”“足民”的观点。

首先，庞嵩解释了“亲民”说。他是从“天地万物一体之爱”来认识《大学》的“亲民”理念，甚至提出将“民”提高到与“君”同等的地位，“爱民即是尊天皇”[1]，“惟报君与民”[2]。他解说道：“终日相接，常与人同，稍有皮肤尔，汝便不是亲。惟决去私意，视人为我一气周流，痛痒关切，是谓新（亲）民，非有外也。”[3]

其次，庞嵩创造了“识民”说。他在《政告予者答之》诗中与同族堂弟庞尚鹏谈论怎样待民，鲜明地提出了“识民之依”的民本观：“大君即吾父，百姓为吾儿。天下本一家，爱敬无二歧。尽心尽吾职，岂敢他求知。吾祖耕鹿门，颇识民之依。愿推衣与食，忍见啼寒饥。虽有尧舜心，敢谓无其咨。偏反常棣华，愧乏甘棠枝。昔予忝京兆，民乃留生祠。惺弟按全浙，生祠重见之。兹予过常邑，行道传口碑。见予问同姓，述旧喜以悲。不有按治良，何以安流移。为建长生位，以系吾民思。徐氏实倡义，民心同秉彝。民风足征厚，岂以笑貌私。寄谢诸父老，种德弘镃基。”[4]庞嵩认为“识民”不仅要“识民之依”，即了解和满足民众的切身利益和需要，还要知晓民众的“痛痒”，为民众排忧解难。他说：“宇宙本一家，万物吾同体。痛痒长相关，岂其隔道里。”[5]“视人之痒痛即己之痒痛，视天下之痒痛即一人之痛痒，寒自与衣，饥自与食，疾病痛苦自急疗救，凡物之不得其所，即为之处宁。有一人一国天下之不遂其生，不若其性的，君子之所恶者，终身虚名之累而已。”[6]

---

1 ［明］庞嵩：《孤志吟》，《庞弼唐先生遗言》（二），第 458 页。
2 ［明］庞嵩：《又赠别霍子勉衷应召补鄞县尹》，《庞弼唐先生遗言》（二），第 417 页。
3 ［明］庞嵩：《语录》，《庞弼唐先生遗言》（一），第 112 页。
4 ［明］庞嵩：《政告予者答之》，《庞弼唐先生遗言》（二），第 438—439 页。
5 ［明］庞嵩：《别皮吴唐三丈》，《庞弼唐先生遗言》（二），第 382 页。
6 ［明］庞嵩：《语录》，《庞弼唐先生遗言》（一），第 142 页。

再次，庞嵩提出了“苏民”说。庞嵩经历了在应天府救灾而活民千万的实践，明确地提出“疲民可苏”[1]。他认为“皇恩浩荡涓埃竭，铮铮不改衷肠铁。民穷岂令汗更横，民柔岂忍淫威轶”[2]。他提出律法的“声色刑威”[3]应当用于使民众安居乐业，“戢暴在安民”[4]，而不可在民众头上耍淫威。因此，应当让民众休养生息、脱贫致富。

又次，庞嵩阐述了“慰民”说。他认为对于民众的勤勉付出要有回报，不能像自然灾害那样让民众的辛勤汗水付诸东流。他说：“八月已无雨，冬来尚暵云。硕苗含稿穗，遐土尽焦焚。作旱疑凶冦，荒年岂大军。欲赓云汉什，何以慰民勤。”[5]

复次，庞嵩论证了“养民”说。他说：“有大同和睦：乾即吾之父，坤即吾之母。性体父母遗，藐然兹下土。民皆吾同胞，物乃吾侪与。天下本一家，兄弟浑散处。顾彼有我私，藩篱隔狙牾。……卑弱幼吾幼，高年长吾长。鳏寡残疾徒，兄弟失所仰。在我宜抚之，我心重养养。”[6]

最后，庞嵩充实了“足民”说。他把“足国”与“足民”相提并论，要为百姓的生活培根浚源，这样才能使百姓和衷共济。他说：“矧兹南北禩，所守在疆边。士马愿夙饱，日费浑几千。子行慎足国，常股通车船。务期化斥卤，万灶繁朝烟。子行慎足民，生生浚其源。反裘以负薪，皮敝毛亦穿。培根在剔蠹，本固枝叶蕃。和衷乃有济，仲伯吹篪埙。万物皆可爱，吾道有正传。咨彼太极翁，何以独爱莲。岂徒羡虚直，出污泥不沾。吾言愧予耄，或可方韦弦。”[7]

---

1 ［明］庞嵩：《安夷民易夷俗疏》，《庞弼唐先生遗言》（一），第 241 页。
2 ［明］庞嵩：《孤志吟》，《庞弼唐先生遗言》（二），第 458 页。
3 ［明］庞嵩：《策勋鲸海册为来潮推》，《庞弼唐先生遗言》（二），第 473 页。
4 ［明］庞嵩：《策勋鲸海册为来潮推》，《庞弼唐先生遗言》（二），第 473 页。
5 ［明］庞嵩：《久旱》，《庞弼唐先生遗言》（二），第 502 页。
6 ［明］庞嵩：《辟隘》，《庞弼唐先生遗言》（二），第 386—387 页。
7 ［明］庞嵩：《盐提举崔君转福建副都转运使赠以诗》，《庞弼唐先生遗言》（二），第 444 页。

庞嵩作为醇儒，将儒家特别是心学思想作为指导，运用于治政，政治理想十分高远。他说："圣贤之学，为天地立心，为生民立命，为往圣继绝学，为万世开太平。然其要在正心始。吾心灵明，只此天理；天理本体，原自中正。诚体之无私达之顺应，则其心为重中正之心，其行为中正之行，其言为中正之言。施之君臣、父子、兄弟、夫妇、朋友之间，无不各得其当。以此见之政事，无有不治者。"[1]庞嵩的"亲民""识民""苏民""养民""足民"的民本观，是在儒家心学基础上对陈白沙的"救民"说和湛若水的"畏民"说的直接继承和发展，应当认真加以梳理和阐释，使之更加系统化、理论化。

（三）平等的民族意识

嘉靖三十一年（1552），庞嵩升任云南曲靖知府（正四品）。曲靖是云南少数民族聚居地区，山高林密，民族杂居，经济文化极为落后，向来被官府认为难以治理。庞嵩到任后，他将民本的政治理念应用于少数民族地区的管理，十分重视维护各民族的团结，从发展文化教育和生产生活入手，为少数民族地区的社会经济和文化发展多做实事，深受曲靖人民的爱戴。

庞嵩曾与堂弟庞尚德探讨诚信待人之道，认为这是他的做人之本，也是他在曲靖少数民族地区取得成就的基本经验。他说："语云信而后谏，又云吾斯之未能信。夫所谓信者，却照内观，力行真积，以养至诚。动物之本，凡一息自欺，一毫忽略，言不顾心，行不顾言，鬼神已瞰破矣。犹将指摘细，故哓哓自鸣曰：吾忠矣，吾忠矣，其谁信之？故戒谨不睹，恐惧不闻，参前倚衡之功不可一时放过，惟吾弟勉之。愚兄碌碌，别无长进，亦只守此，颇见蛮陌可行之验，但恨所积尚浅，所及有限耳。"[2]庞嵩于嘉靖三十六年（1557）在曲靖编

1 ［明］庞嵩：《语录》，《庞弼唐先生遗言》（一），第147页。
2 ［明］庞嵩：《寄惺庵弟都宪》，《庞弼唐先生遗言》（一），第312—313页。

刻印发《同文篇》，沟通汉字与当地三种少数民族语言文字，将中原文化的书籍翻译成少数民族文字在曲靖地区传播，促进文化交流。他以儒家蒙学来启迪少数民族学子的“赤子之心”，以孟子、王阳明的良知良能之教起愚化智，去恶从善，使各族民众从外在的风习到内在的本性都得到教化而走向文明进步。庞嵩在曲靖还“行乡约保甲，以变夷俗”[1]，《安夷民易夷俗疏》还提出了赐姓易俗。以有效的制度加以管理，才使这块“难治”之地，治理得井井有条，风气教化日盛。庞嵩“为官一任，造福一方”，全心全意为少数民族地区的社会经济和文化发展多做实事。他认为只有施惠民之策，为百姓造福，给老百姓的经济带来实实在在的好处，才能受到老百姓的爱戴。史书上记载的“疏浚盘龙”和“躧勘矿场”等，就是其中的“实事”。

（四）鲜明的法制精神

庞嵩在儒家特别是心学家中，是一个十分鲜明的强调法制的人物。他的法制理论主要反映在《南京刑部志》《备倭疏》《安夷民易夷俗疏》等著述中，贯彻于治理应天府、曲靖府和南京刑部等的实践。

(1)《刑部志》法制思想。从思想理论上分析，庞嵩在嘉靖三十二年（1553）47 岁始担任南京刑部郎中，三年内先后上呈《备倭疏》和组织撰写了《南京刑部志》。其中《南京刑部志》集中体现了庞嵩的法制思想，主要有：首先，提出了“崇宪章”“臣子奉宪章”[2]，即推崇法制、依法办事的思想。因为法制是处理义利公私关系的法宝，而“义利公私之辨，惟神不可欺也”[3]，即法律是神圣不可侵犯的，法律的执行也是神明有鉴，不可胡来的。其次，提

1 ［明］郭棐：《粤大记》，黄国声、邓贵忠点校，广州：中山大学出版社，1998 年，第 389 页。

2 ［明］庞嵩：《南京刑部志总叙》，《庞弼唐先生遗言》（一），第 190 页。

3 ［明］庞嵩：《南京刑部志总叙》，《庞弼唐先生遗言》（一），第 192 页。

出了要用律志、“榜文”等使官员百姓知法懂法，知“治之制”“治之有法”。明朝用制定和公示“榜文”的方式，严明官员的职责和法令的规定，其中有刑部十九榜、都察院十榜、工部五榜等，榜文用木板、铁板制作，悬挂在各部及府、州、县衙门，供官民察看对照。再次，提出了“圣人者，奉天以立制，厥讨有罪”[1]，即有法必依，执法必严的思想。复次，提出“欲立治法，必本治人”[2]。要做到“治之有人”，需要建设高素质的法制队伍。最后，还提出法制可起到教育的作用，惩前毖后、治病救人，“使人愈久而有余惕也”[3]。

（2）《备倭疏》法制思想。《备倭疏》中提出：“兵法曰：善用兵者修道而保法，而能为胜败之政。”[4]指的是法制与战争胜败的关系，是决胜负、定生死、系存亡的关键。庞嵩从两个方面来追问，一方面是“法令孰行”？另一方面是“赏罚孰明”？庞嵩答曰：“退者不诛，散者不问，是法令不行也；有功者未见显扬，冒功者遽尔超擢，是赏罚不明也。如是，则未战之先，识者已知其必败矣……屡战屡北未获收功者以此。然则为今之策将若之何？夫计非一端，而莫大于‘明赏罚，行法令’。”[5]

（3）治边疏法制思想。《安夷民易夷俗疏》是庞嵩治理曲靖经验的总结。曲靖是西南边境汉族与少数民族杂居地区，处理好各民族的关系是治理曲靖的首要问题，而治理方式就包括了法治。例如，“专责流官”要靠法制，加强考察监督，“查考如有到任未久即求外差，及全不到任所，潜住省下并邻府地方者，即劾黜退，以惩不恪”[6]。对于官员冒领公费开支以及讲排场铺张浪费的现象，也要严明制度加以约束。为了便于管理，庞嵩针对少数民族无姓氏的情

---

1 ［明］庞嵩：《南京刑部志总叙》，《庞弼唐先生遗言》（一），第 190 页。
2 ［明］庞嵩：《南京刑部志总叙》，《庞弼唐先生遗言》（一），第 191 页。
3 ［明］庞嵩：《南京刑部志总叙》，《庞弼唐先生遗言》（一），第 192 页。
4 ［明］庞嵩：《备倭疏》，《庞弼唐先生遗言》（一），第 216 页。
5 ［明］庞嵩：《备倭疏》，《庞弼唐先生遗言》（一），第 216—218 页。
6 ［明］庞嵩：《安夷民易夷俗疏》，《庞弼唐先生遗言》（一），第 236 页。

况，还乞请朝廷将一千姓氏赐予僰猡各夷，并颁布法令，使各寨姓氏及族长名字造册上报，迁移查考来历，同姓不得通婚，“礼刑既齐，人知畏守，有耻且格，夷风可正矣”[1]。

（五）自觉的廉洁品格

庞嵩作为史上著名的清官循吏，他的官品也受到陈白沙、湛若水等先师的影响。白沙先生是布衣处士，希望形成和谐的官民关系，明确提出“廉以养公”[2]的口号，他主张彻底铲除贪官污吏，因这些侵渔百姓的贪官污吏阻碍法治的实行，“窃谓徭法虽更，必痛惩一二贪黩，然后法行之可久也”[3]。他认为无论是否为官，都要有骨气，讲气节，“乐则行之，忧则违之”[4]，“世情不可尽徇，尽徇则失己”[5]。湛若水虽然官至南京礼吏兵三部尚书，也主张廉洁是官员的基本品德。他把毕生所有的俸余都用于教育，兴办和提供馆谷的书院近40所，遍布大江南北，培养学生近4 000名。庞嵩在谒选之前，一直是做社会基层的教师，自办学馆，培养学生，以此为业养家糊口。筮仕后仍保持平民本色，一生勤俭简朴，其廉洁的品德人皆称颂。庞嵩的廉洁思想，主要体现在以下几个方面：

一是艰苦朴素。他赞同堂弟庞尚鹏提出的“刻厉清苦正居官第一义”[6]之言，一生简单淳朴。《议谥公册开载曲靖府知府弼唐庞公传》称：“公不置媵妾，不治居第，食无重味，一切便服，毫无丝缟，尽粗素之布也。俸禄之外，不受一丝一粟于人，而施予不吝。田租之入，不足以周岁，每取给与市鬻，怡

1 ［明］庞嵩：《安夷民易夷俗疏》，《庞弼唐先生遗言》（一），第246页。
2 ［明］陈献章：《复祝主簿》，《陈献章集》，第218页。
3 ［明］陈献章：《与刘方伯东山先生》，《陈献章集》，第127页。
4 ［明］陈献章：《与宝安诸友》，《陈献章集》，第218页。
5 ［明］陈献章：《复李世卿》，《陈献章集》，第220页。
6 ［明］庞嵩：《寄悭庵弟都宪》二，《庞弼唐先生遗言》（一），第311页。

然甘之。里居多步行，惟走谒当道，创为二人舆乘焉。”[1]

二是从不扰民。正如《广东通志》本传载，庞嵩“岁时单骑行县，以壶浆自随。所至肃然，一蔬片楮不以烦民，人目为庞青天”。他在与庞尚鹏探讨官员的“刻厉清苦”时，对“刻厉”提出了自己的看法，认为应当“计时丰歉”而权变治苛：“书中所述刻厉清苦正居官第一义。而督理逋负为之酸楚，尤见催科中之‘抚’字也。大率已往者须计时丰歉，为之分年渐完其见征，有收则责在必纳，有征无收者亦须为处补。身为朝廷官犹治家，然使父母饥饿而曰吾保爱赤子会得谓之孝乎？仁义张弛，要在有权而已，民穷赋增，本为军国之备。”[2]这种分时权变治苛的做法，既能完成国家所必需的税赋征缴，又不会变成扰民害民的苛政，体现出对百姓的“抚”和“保爱”。

三是学政一致。庞嵩认为：“常觉吾身之检点将无不周，时言时动，罔或违悖，安民之具，由此焉出矣，此至简至易之学。”[3]区大伦也赞誉了庞嵩的这一品德，说：“先生于学，心悟之，于境验之；口出之，于身体之。学是其政，政亦是其学。惟先生政学之不二，故能会甘泉、阳明之旨而一之也，可谓践履笃实之儒矣。”[4]

四是不患得失。庞嵩总结了自己为官的体会，提出官员要有“定性”，且“定性在我”。他说：“仕途中有许多毁誉得失，有许多震撼激撞，其来无端，未易镇定，故须是隐独之中、些微所在，真能信得，然后千回百折，可以不坏信，即有诸己之谓，定性在我，非徒闻见知识也。”[5]

五是慎独慎言。他从陈白沙的勿忘勿助的“自得”之学来认识“慎

---

1 《议谥公册开载曲靖府知府弼唐庞公传》，载《庞弼唐先生遗言》（一），第 61 页。
2 ［明］庞嵩：《寄惺庵弟都宪》 二，《庞弼唐先生遗言》（一），第 311 页。
3 ［明］庞嵩：《语录》，《庞弼唐先生遗言》（一），第 101 页。
4 ［明］庞嵩：《附录》，《庞弼唐先生遗言》（一），第 67 页。
5 ［明］庞嵩：《语录》，《庞弼唐先生遗言》（一），第 134 页。

独”，说：“致力于勿忘勿助之间，以致乎戒惧慎独之功、反身修德之力，是谓得之。”[1]“天惟一也故不言而大生，地惟一也故不言而广生，圣惟一也故不言而广大备。……故格物知止、戒惧慎独，皆所以致精所以求一也。”[2]“天地本无言，万物自化生。美利利天下，保合归鸿冥。弥纶六合普，岂大色与声。造化吾具足，空虚亦何名。所以圣门学，默识阐其精。赐也匪不敏，性道晚斯聆。如愚有颜子，齐心顿忘情。圣衷念念契，万祀师其贞。多言每多蔽，常晦始常明。戒哉慎尔言，毋徒发盈庭。”[3]

庞嵩的上述廉洁观点，是其成为循吏的思想理论基础，具有鲜明的“民本”意识，与当代民主观虽有差异，但在当时仍是老百姓所拥戴的清官品德，至今仍有一定的借鉴意义。

综上所述，庞嵩是理学醇儒，心学翘楚。霍与瑕说“弼唐之学”，“其内外之一、显微之合、大小之兼、天人之贯”[4]，是包罗万象、博大精深的。他的思想主要来源于陈白沙、湛若水和王阳明，既有白沙宗自然的道意，又有甘泉主合一的中正，还有阳明致良知的践履。庞嵩的另一位弟子周坦一语概括“弼唐之学”的本质：“先生之学，其即圣贤中正之学也”[5]，此为对“弼唐之学”最精到的评述。廖廷相评述庞嵩“弼唐之学”之所以不被人们所认识时，说道：“《明史》疏通两家（按：王湛）者，举蒋道林、周静庵、洪觉山、唐一庵诸人，而不及先生，殆为政事所掩。若黄黎洲姚江甘泉两学案均失载，则疏略矣。”[6]幸有明儒郭棐《粤大记》列庞嵩入“理学正传”，屈大均《广东新语》专列“弼唐之学”，人们才得以知晓，庞嵩不仅是一个政治家，还是一个

---

1 ［明］庞嵩：《语录》，《庞弼唐先生遗言》（一），第95页。
2 ［明］庞嵩：《语录》，《庞弼唐先生遗言》（一），第79—80页。
3 ［明］庞嵩：《慎言》，《庞弼唐先生遗言》（二），第384—385页。
4 ［明］霍与瑕：《弼唐庞先生遗言序》，载《庞弼唐先生遗言》（一），第26页。
5 ［明］周坦：《弼唐庞先生遗言序》，载《庞弼唐先生遗言》（一），第31页。
6 ［清］廖廷相：《序》，载《庞弼唐先生遗言》（一），第21页。

学者。“弼唐之学”的成就不仅在于融合王湛，而且建立了自己独特的思想理论体系。

可惜的是，时至今日，庞嵩在哲学理论上的创新和超越，被其融合王湛的学术使命所冲淡，他为王湛后百年学术走向，即实学和启蒙思潮所做出的努力及贡献，早已融入于这场学术史的大变局之中，而他的名字，仅仅成为这一历史思潮中的一朵浪花，被后浪推前浪而稍现即逝，有待后人去捕捉和评说。

王阳明的生命存在论阐释

广东白云学院马克思主义法学院教授、博士
广东省岭南心学研究会会长
宁新昌

【摘　要】王阳明的学问是他的人生阅历，也是他的人格精神。世界是人的一世之界，人存在于世界当中，人和世界本无间隔。人是“天地之心”，“心只是一个灵明”，人是世界的诠释者，“心”是意义的发现者。人生活于“人情事变”当中，“人情事变”即人的生活世界。在“人情事变”中人由“慎独”确证自己的存在，“心”是无执的，“无善无恶心之体”；“性”是圆满的，“吾性自足”；“良知是心之本体”。“心”“性”“良知”是绝对的存在，“物”只是相对。人的自由首先在于“静”与“定”，“静”是“精一”，不是无念，“定者，心之本体”。人总是在面向未来中敞开自己，“乐是心之本体”，“诚是心之本体”，“洒落为吾心之体”。人因“致良知”而活出“真己”存在，在“致良知”中“昭明”世界的意义。“良知”体现一个人的生命存在，也是人的精神境界。

【关键词】世界；心；性；良知；人格

一

王阳明的学问源自他的成长经历，得之于他对人生的理解，他的哲学是其人生的真实写照，更是从生命中汲取而来的“绝对精神”。“绝对精神”一词是借用语，这里意在突出绝对和精神，王阳明哲学中所蕴涵的绝对精神就是他的“心”“性”和“良知”。

王阳明的祖上出自琅琊王氏家族，他出身于仕宦之家，父亲王华为明成化十七年（1481）状元，官拜南京吏部尚书。[1]父亲对他人生影响较大。

他的一生，命运多舛。十三岁，母亲离世。他曾三次科举，其间有人语：“此子取上第，目中无我辈矣。”[2]三十五岁，他上书皇帝为言官戴铣、薄彦徽等人辩诬，正德帝怒，棍杖四十，下诏入狱，后贬为龙场驿丞。[3]至龙场途中，遭奸人追杀，差点丢了性命。龙场三年，悟性命之道。他平定宁王朱宸濠叛乱，却被诬陷其私通宁王，理由是弟子冀元亨曾论学于朱宸濠门下，[4]以此做出有罪推断，冀因此备受酷刑，几近于死。正德十六年（1521），五十岁，他官拜兵部尚书。五十一岁，完成“致良知”理论，朝廷有人“倡议禁遏王学”。五十四岁，礼部尚书席书力荐他入阁，未果。[5]五十七岁，他平思、田叛乱。同年，因病上书皇帝“乞骸骨”，“不俟命竟归，行至南安卒”[6]。

他的成长经历造就了他的人格，形成了他的学问。他是一位思想的探寻者，其学说从最初的“泛滥词章”“出入佛老”，到“龙场悟道”所谓的前三变，再到后来的“默坐澄心”“致良知”，乃至圆熟化境的后三变，皆鲜明地表达了他的生命历程。他感受过人间的亲情、友情、善良和正义，也领教过世道的非笑、欺慢、算计和陷害，更知晓“百死千难”的意义。并最终领悟

1 黎业明：《湛若水年谱》，上海：上海古籍出版社，2009 年，第 3 页。
2 《王阳明全集》，吴光等编校，上海：上海古籍出版社，1992 年，第 1223 页。
3 《王阳明全集》，第 1227 页。
4 《王阳明全集》，第 1275 页。
5 《王阳明全集》，第 1293 页。
6 《王阳明全集》，第 1541 页。

“圣人之道，吾性自足，向之求理于事物者误也”[1]。

正是基于对人生负面价值的真切感受，他才深刻认识到“心”“性”“良知”的真实、强大和有力。“吾性自足”，即我的“性”是自足圆满的，是绝对的、无待的，它是一种终极性的存在，也是人的立命之根，正是它支撑起人的生命。“向之求理于事物者误也”，因为外在的事物皆属相对和有限，“竹子之理”“一草一木之理”，以及一切外在事物之理皆不能为人提供精神家园。

他早年受教于娄谅，娄谅与胡居仁、陈白沙皆为吴与弼的弟子，阳明曾与湛若水、吕柟等一起论学，湛若水是白沙的衣钵传人，吕柟是明代程朱理学的代表薛瑄的嫡传弟子。他们三人虽然学术立场不同，学术观点迥异；但他们有共同的志业，并最终都成为有明一代的学术宗师。不过，阳明学说独树一帜，影响更为深远。

王阳明的成长环境和人生阅历不仅锻造了他的性格，他“不修边幅”，“豪迈洒脱”，也造就了他的修养方式，他“居夷三载，处困养静，精一之功，因已超入圣域，粹然大中至正之归矣”[2]。

二

在阳明的思想中，世界是人的世界，人和世界本无阻隔，“一气流通”。人是世界的主体，是世界的诠释者；“心”是意义的发现者。《传习录》有这样一段问答，很能说明他对世界的理解。

> 问：“人心与物同体。如吾身原是血气流通的，所以谓之同体；若于

1 《王阳明全集》，第 1228 页。

2 《传习录注疏》，邓艾民注，上海：上海古籍出版社，2015 年，第 5 页。

人便异体了，禽、兽、草、木益远矣！而何谓之同体？”

先生曰：“你只在感应之机上看。岂但禽、兽、草、木？虽天地也与我同体的，鬼神也与我同体的。”

请问。

先生曰：“你看这个天地中间，甚么是天地的心？”

对曰：“尝闻人是天地的心。”

曰：“人又甚么教做心？”

对曰：“只是一个灵明。”

“可知充天塞地中间，只有这个灵明。人只为形体自间隔了。我的灵明，便是天地鬼神的主宰。天没有我的灵明，谁去仰他高？地没有我的灵明，谁去俯他深？鬼神没有我的灵明，谁去辨他吉凶灾祥？天地鬼神万物，离却我的灵明，便没有天地鬼神万物了。我的灵明，离却天地鬼神万物，亦没有我的灵明。如此，便是一气流通的，如何与他间隔得？”[1]

所谓“同体”，是在“感应”意义上说的，“感应”是“心”的感应，因为“心”有“灵明”，有了“灵明”，便有对于“万物”的“感”与“应”，这也就是所谓的“一气流通”。所以，正是“灵明”打通了“形体”与“万物”的间隔，而形成了“同体”的状态。“灵明”的意义在于它是“天地鬼神的主宰”，天地鬼神离不开“心”的“灵明”，离开“心”的“灵明”，天地鬼神就失去了意义。即没有“心”之“灵明”，谁仰它的高，谁俯它的深，谁去辨它的吉凶灾祥。这就是“心”之存在的主体的及本体的意义。当然，“心”之“灵明”也离不开天地鬼神万物，因为没有它们，“心”之“灵明”也会失去意义。

---

1 《传习录注疏》，第 277—278 页。

人存在于世界当中，并与这个世界浑然一体。由于每个人的存在都是有限的，他不可能长生不老，如若死去，他的世界亦将不复存在。《传习录》记录：

问："天地鬼神万物，千古见在，何没了我的灵明，便俱无了？"

曰："今看死的人，他这些精灵游散了，他的天地万物尚在何处？"[1]

由此可见，世界是由人之"灵明"建构起来的世界，它不同于一般意义上的世界。所谓世界就是人存在的一世之界。

当有人诘难宇宙万物的客观存在时，阳明做了这样的解释：

先生游南镇，一友指岩中花树问曰："天下无心外之物。如此花树，在深山中自开自落，于我心亦何相关？"先生曰："你未看此花时，此花与汝心同归于寂。你来看此花时，则此花颜色一时明白起来。便知此花不在你的心外。"[2]

对于"花在心中"，需要说明一下：(一）阳明不是在知识论上论述"花"的，他是在价值论上说明"花"的意义的，即在"心"或"良知"的观照("看")下，"此花颜色一时明白起来"，这说明了"此花"的价值和意义。(二）关于"此花"的客观存在性，他没有否定，只是说在你未看"此花"时，"此花"与你的"心同归于寂"，这里的"寂"不是"空寂"的寂，而是"寂然不动"的"寂"，亦即静寂之"寂"，静寂之"寂"是存在，不是空无。(三）他的论述潜含着，你的世界就是你的"心"，或曰你的"灵明"建构起

1 《传习录注疏》，第 277 页。
2 《传习录注疏》，第 231 页。

来的世界，你的世界就是你对于世界的认识（“看”），你的认知是什么，你的世界就是什么。你的世界观就是你的世界。

所以，阳明的心学不同于程朱理学，王阳明的思维不同于朱熹的对象性思维，他批评朱熹的“析心理为二”。所谓对象性思维，就是在主客体分立的基础上，主体对于客体对象的思维把握。西方近代以来的哲学，这一思维方式表现比较明显，它追求知识的普遍必然和客观有效。王阳明基于自己的世界观，一反对象性的思维方式，提出自己“心即理也”的哲学命题，其中包含了他的非对象性的哲学思维方式，在主体参与中感受世界的意义，并把世界的价值之源落实到绝对“心”的存在上。

三

“心”是世界的本体，是一切事物存在的根据，所以说，“心即理也”[1]，“心外无事，心外无理，心外无学”[2]。

所谓“学”，首先是觉悟，即对于“心”的觉悟。在这一点上他不同于朱熹哲学的对于事物的认识，朱熹“格物致知”中“格物”是即物穷理，他的“格物”乃是“正心”。

他要追求“心”的存在、“心”的光明。他承孟子学说，孟子说：“学问之道无他，求其放心而已矣。”孟子求“心”，追求“心”的存在，而不致“放失”。两者本质上是一致的，即都是在生命存在论意义上论“心”的。

“心”是生命的根本，“至善”之“理”皆在“心”中，不在外物，所谓“心即理也”，“心外无理”“心外无物”。弟子徐爱受程朱理学影响，不明此理，问于阳明：“朱子以为‘事事物物皆有定理’，似与先生之说相戾。”阳明

---

1 《传习录注疏》，第 8 页。
2 《王阳明全集》，第 239 页。

解释："于事事物物上求至善，却是义外也。至善是心之本体，只是明明德到至精至一处便是。"[1]

"至善"是最高的善，也是绝对的善，它是心之本体。如若把"至善"之源放置于物上，也就是把绝对建立在相对上。世界上的一切事物都是相对的，金钱名利这些东西都是相对的存在，相对事物何以能成为绝对善的根基？何以能说明人存在的理由？何以能成为人类社会生活的价值源头？

另外，在外物中寻找善的源头还会落入告子的"义外"之说。告子"义外"思想立足于其"生之谓性""食色，性也"的人性论，这种形下意义上的人"性"不能成为人的立命之根。他举例说明"性"与"义"之间的关系："性，犹杞柳也；义，犹桮棬也。"（《孟子・告子上》）"桮棬"之"义"虽具有人之行为规范的意义，但它并不内在于人本身，故其道德的本真性就受到质疑，道德讲的是人之行为的真诚善良。还有，这种相对意义的"义"（行为规范的变化）同样不能为人提供精神家园。这就是孟子、王阳明对于"义外"学说的基本态度。

徐爱仍然困惑，即不懂事理，何以做事？他继续问："如事父一事，其间温凊定省之类，有许多节目，不亦须讲求否？"[2]

阳明认为这些要讲，但首先要讲的是"求得此心"，因为"此心若无人欲，纯是天理，是个诚于孝亲的心，冬时自然思量父母的寒，便自要求去求个温的道理；夏时自然思量父母的热，便自要去求个凊的道理，这都是那诚孝的心发出来的条件。却是须有这诚孝的心，然后有这条件发出来。譬之树木，这诚孝的心便是根，许多条件便是枝叶。须先有根，然后有枝叶。不是先寻了枝叶，然后去种根"[3]。

---

1 《传习录注疏》，第 7 页。
2 《传习录注疏》，第 8 页。
3 《传习录注疏》，第 8 页。

阳明强调“心”作为“根”的意义，所谓的外在事物之“理”只是条件、枝叶，“心”是人之生命存在的根，是人在生活中做人做事的根本。若要说事物有理，就需要在“理”的前面加个“心”。如学生所问：“心即理之说，程子云‘在物为理’，如何谓心即理？”阳明说：“在物为理，‘在’字上当添一‘心’字，此心在物则为理。如此心在事父则为孝，在事君则为忠之类。”[1]这就是“心外无理”的意思。

“心外无物”说是“心”为万事之本源，物者，事也。“心外无物”亦即“心外无事”，一切事物的价值之源皆在于“心”，无“心”即无事，无“心”不成事。故阳明此处的“心”就是道德理性，道德理性是道德实践的依据。

不唯如此，在“万物一体”的意义上，“心外无物”，可以诠释成“物”在于“心”中，若此则是一种境界，此境界如张载的“民吾同胞，物吾与也”，程颢的“仁者以天地万物为一体，莫非己也”。阳明说：“大人者，以天地万物为一体者也。其视天下犹一家、中国犹一人焉。若夫间形骸而分尔我者，小人矣。大人之能以天地万物为一体也，非意之也，其心之仁本若是，其与天地万物而为一也。”[2]

“心”不离开“物”的存在，“心”“物”关系是体用关系。所谓“目无体，以万物之色为体。耳无体，以万物之声为体。鼻无体，以万物之臭为体。口无体，以万物之味为体。心无体，以天地万物感应之是非为体”[3]。人之眼、耳、鼻、舌是以色、声、臭、味为内容，“心”则以天地万物之感应是非为内容，此处的“无体”之“体”是内容的含义。此处的“心”具有认知意义，更具有先验道德意义，它是宇宙本体之所在。

“良知”和外物的关系，同样是体用关系。他说：“良知之虚，便是天之

1 《传习录注疏》，第 269 页。
2 《王阳明全集》，第 698 页。
3 《传习录注疏》，第 232 页。

太虚；良知之无，便是太虚之无形。日、月、风、雷、山、川、民、物，凡有貌象形色，皆在太虚无形中发用流行，未尝作得天的障碍。圣人只是顺其良知之发用，天地万物俱在我良知的发用流行中，何尝又有一物超于良知之外，能作得障碍？"[1]即所有的外物都体现的是"良知"的存在，而不是"良知"的障碍，所有的有形之物皆是"太虚之无形"的"发用流行"，"天之太虚"就是"良知之虚"。这样，外在的一切物事，包括功名利禄，艰难困苦，都不会、也不应成为人之"良知"流行的障碍。

四

对人而言，世界不仅是"日、月、风、雷、山、川"之类，还有"人情事变"，或者说，"人情事变"才是人的世界，才是人的基本存在。所以，当弟子陆澄问阳明"象山在人情事变上做工夫之说"，阳明解释说：

> 除了人情事变，则无事矣。喜怒哀乐，非人情乎？自视听言动以至富贵、贫贱、患难、生死，皆事变也。事变亦只在人情里，其要只在"致中和"，"致中和"只在"谨独"。[2]

人情有喜怒哀乐，事变乃人的所视、所听、所言、所动，以及人的富贵、贫贱、患难、生死等。而"致中和"意在回归"心"之本体，"中"是"心"之中，"和"是"心"之和。"中者，天下之大本也；和者，天下之达道也。"工夫之要在"谨独"，亦即"慎独"。"慎独"工夫是自己的事，所以，须"知功夫只在自己，不去责人"，这就是道德。工夫的意义在于对人而言的

1 《传习录注疏》，第227页。
2 《传习录注疏》，第36页。

"动心忍性，增益不能处"。[1]

"心"的意义在于它的本来自足，无所依恃，在于它"明莹无滞"[2]，"虚灵不昧"[3]。在"人情事变"中，它不迷惑于任何情绪，"不怨天，不尤人"，"不滞于喜怒忧惧"，"遇大故"不滞于"哀哭"，遭"毁谤"不滞于"毁谤"，等等。从而呈现其自身的纯粹，"无善无恶心之体"，"心"是无执的、自由的，从不计较于世俗的货色名利。阳明说：

> （人）若于货色名利等心，一切皆如不做劫盗之心一般，都消灭了，光光只是心之本体。看有甚闲思虑？此便是寂然不动，便是未发之中，便是廓然大公。自然感而遂通，自然发而中节，自然物来顺应。[4]

从不困于"货色名利"，纯粹就是"心之本体"，"光光只是心之本体"即无"甚闲思虑"，无"闲思虑"并非"空"，也不是"无"，而是"心"的本然性存在，即是一个"良知"。王阳明正是要通过意识的先验还原，回到"心"的无前提的本初状态，即绝对的、纯粹的、自明的状态。在王阳明那里就是"未发"的"中"与"已发"的"和"。

阳明的学问源自他对自我生存境遇的思考，他不是学院派哲学家，他是一位政治家，他的学说不是记诵、词章、训诂之类，而是关于人的生命之学。

具体言之，在对道德本体"心"还原的过程中，既是认知，也是修养。任何人都有情绪，都有脾气，但要控制调节，这需要意志力，这种意志力来自于人的"心""性""良知"，它是一种纯粹的道德理性，"良知""不滞于喜、

---

1 《传习录注疏》，第 244 页。
2 《传习录注疏》，第 257 页。
3 《传习录注疏》，第 34 页。
4 《传习录注疏》，第 52 页。

怒、忧、惧”[1]。在“良知”的统摄下，人们的情绪才有可能达到“已发”的“和”，“喜怒忧惧”也“不外于良知”的存在。[2]

阳明重视“静”的工夫，所谓“处困养静”。阳明的“困”主要是仕途之困，龙场三年使他有工夫真正“静”下心来思考人的命运，迫使他放下世俗的一切，包括富贵、贫贱、患难，甚至生死，回到绝对的内心，回到了“性”，这时他真切领悟到了外在事物的相对性，而唯有“性”才是绝对的存在，它是人的生命之根。他看透了世俗的一切，包括死生，他说：

> 人于生死念头，本从生身命根上带来，故不易去。若于此处见得破，透得过，此心全体方是流行无碍，方是尽性至命之学。[3]

他曾根据自己“养静”的经验，要求弟子静坐，使他们“一时窥见光景，颇收近效”[4]。此处“光景”即是性体。但并非要他们“坐禅入定”[5]。

一般言之，“静”的意义在于，它是一种消极自由，即道德个体与宇宙体系的分离，回归到“心”的绝对。所谓绝对，即它不受制于货色名利，以及自己的情绪。其主要内容是：(1)“静”是“精一之功”，即“惟精惟一，允执厥中”，故“静”是“心”静，是纯精专一，“静”非无念，也非虚无，它建立在无内外、无将迎的基础上，“心普万物而无心”，“情顺万事而无情”。(2)“静”不是有意刻求，“若只好静，遇事便乱，终无长进。那静时功夫亦差，似收敛而实放溺也”[6]。“放溺”即是心物为二，“心”溺物也。(3)“静”

---

1 《传习录注疏》，第 134 页。
2 《传习录注疏》，第 134 页。
3 《传习录注疏》，第 232 页。
4 《传习录注疏》，第 222 页。
5 《传习录注疏》，第 223 页。
6 《传习录注疏》，第 185 页。

更不是“玩弄光景”，不是在静坐中出现幻觉，歧出邪念。

对人来说，更重要的是在事上磨练，因为人是社会性存在，事是人的实践，也是人的境遇。他说：“人须在事上磨，方能立得住，方能静亦定，动亦定。”[1]“立得住”是人格的挺立，不论是静动，还是造次、颠沛，人若能淡定、镇定、坚定，所呈现者是“心”的存在，“定者，心之本体。”[2]所以“定”是定力，是一种坚强的意志方式。它来自生活磨练，来自“动心忍性”。

阳明一生，走在仕途，有感于政者之事不仅是“政者，正也”，也有“贪于政者不能分人以事”[3]。政治是利益的集中体现，他居于权力世界，深知其中的残酷，人性的险恶，以及为己工夫的重要。他曾感慨：

> 人在仕途，比之退居山林时，其工夫之难十倍。[4]

仕途工夫难于山林，山林可以怡养情性，悠然自得；仕途则不然，既有陷阱，也有荆棘，从政者需要正确对待，做好自己。

> 毁谤自外来的，虽圣人如何免得，人只贵于自修，若自己实实落落是个圣贤，纵然人都毁他，也说他不着。[5]
>
> 依此良知，忍耐做去，不管人非笑，不管人毁谤，不管人荣辱，任他功夫有进有退，我只是这致良知的主意不息，久久自然有得力处，一切外事自能不动。[6]

---

1 《传习录注疏》，第 28 页。
2 《传习录注疏》，第 39 页。
3 《墨子·尚贤中》。
4 《王阳明全集》，第 219 页。
5 《传习录注疏》，第 217 页。
6 《传习录注疏》，第 210 页。

人若着实用功，随人毁谤，随人欺慢，处处得益，处处是进德之资。[1]

这是处世，也是做人。别人的非笑、毁谤、欺慢，你管不了，所能做的就是自己。做好自己乃是一种智慧，不仅要知其几，而且要变其通。以纯粹实践理性处理之，切忌受任何情感、情绪的影响。他说：

祸福之来，虽圣人不能幸免，圣人只是知几，遇变而通耳。[2]

世界的终极存在是自己的“心”“性”，“心”“性”“自足”，纯真至善，圆融无碍，所以，君子所学，务求在己。“毁誉荣辱”也可以促使自己磨炼“心”“性”，砥砺前行。他说：

君子之学，务求在己而已。毁誉荣辱之来，非独不以动其心，且资之以为切磋砥砺之地。[3]

他批评世人把自己的性命看得太重，在生死面前苟且处世，委曲求全，他认为这样活着毫无意义。比干、龙逢之所以是圣贤，就在于明白活着的意义。他说：

只为世上人都把生身命子看得来太重，不问当死不当死，定要宛转委曲保全，以此把天理却丢去了。忍心害理，何者不为？若违了天理，便与禽兽无异，便偷生在世上百千年，也不过做了千百年的禽兽，学者要于此

1 《传习录注疏》，第 210 页。
2 《传习录注疏》，第 234 页。
3 《王阳明全集》，第 207 页。

处看得明白。比干、龙逢只为他看得分明，所以能成就得他的人。[1]

以上所说皆是工夫一类，人是修炼得来的，人生在世，祸福难免，遇到坎坷实属正常，生活中的一个细节可能导致失败，而要人成功则需要诸多因素促成。因此需要正确对待人生当中的坎坷，阳明的学问在于提醒人们，生活中负面价值对于人而言也有积极意义，它是人之得以强大、坚毅的源泉所在。

五

阳明晚年用力于“致良知”学说。所谓“致”，一是扩充义，二是使事事物物皆得其理。“良知是心之本体”，但它也内在地包含了“诚”“定”“乐”“洒落”等内容，或者说，它们之间相互内在，它们都皆属“心之本体”。扩充“心”之“良知”，也需要有对“乐”“诚”“定”“洒落”的自觉和扩充，如果没有性格上的“乐”、品行上的“诚”、意志上的“定”、情感上的“洒落”，何以落实“良知”的意义，何以实现事事物物皆得其理？

“乐是心之本体”，儒者追求“孔颜之乐”，《论语·雍也》：“一箪食，一瓢饮，在陋巷，人不堪其忧，回也不改其乐。”阳明告诫弟子：

> 乐是心之本体，虽不同于七情之乐，而亦不外于七情之乐；虽则圣贤别有真乐，而亦常人之所同有，但常人有之而不自知，反自求许多忧苦，自加迷弃。虽在忧苦迷弃之中，而此乐又未尝不存，但一念开明，反身而诚，则即此而在矣。[2]

---

1 《传习录注疏》，第 216 页。
2 《传习录注疏》，第 142 页。

阳明把“乐”看成是“心之本体”，认为此“乐”不同于七情之乐，但也不离开人之七情。圣贤和常人的不同就在于对“乐”的自觉，圣贤之所以为圣贤，是因为他不迷失在“忧苦”当中，即使遇有“大忧、大怒、大惊、大惧之事”[1]，也能保持积极乐观。当弟子问阳明：“乐是心之本体，不知遇大故，于哀哭时，此乐还在否？”他则说：“须是大哭一番了方乐，不哭便不乐矣；虽哭，此心安处是乐也；本体未尝有动。”[2]人非草木，孰能无情，遇大故而“哀哭”，是自然之事，但人不能被这种“哀”之情绪束缚住，更不能迷失了，人还需要回到“乐”之本体，此“心”“本体未尝有动”，“哀”需要“乐”，“苦”需要“乐”，即使绝望也需要“乐”。当然，“乐”不是喜悦、快乐，“乐”是积极乐观，“乐”是信心、信念，“乐”是人生的信仰。

在时间维度上“乐”是指向未来的，也是对自己的敞开，“反身而诚，乐莫大焉”，“诚”乎其身，才是最大的乐事。所以，“诚者，天之道也；思诚者，人之道也”。“诚”是“天道”，“思诚”是工夫。阳明说：“‘诚’字有以工夫说者。诚是心之本体。求复其本体，便是思诚的工夫。明道说‘以诚敬存之’，亦是此意。《大学》‘欲正其心，先诚其意’。”[3]在面向未来中做好当下“诚”的工夫，“诚”是诚实、真诚，也是对于“天道”的践履；“诚”是人的根本所在，也是为学之要义，“圣人之学，只是一诚而已”[4]。

儒者也需要有对“洒落”的追求。昔者孔子曾经“与点”，在于曾点的“不器”，[5]即“君子不器”，君子不拘泥于具体物事，由于他有更加宽广的情怀。阳明欣赏曾点，也曾赋诗：“铿然舍瑟春风里，点也虽狂得我情。”[6]这句

---

1 《传习录注疏》，第 142 页。
2 《传习录注疏》，第 241 页。
3 《传习录注疏》，第 80 页。
4 《传习录注疏》，第 200 页。
5 《传习录注疏》，第 31 页。
6 《王阳明全集》，第 787 页。

诗比较真实地反映了他那狂放洒脱的性格，他不会“乡愿”，也不愿苟且。他需要“率性”地活着、本真地存在。他说：

> 我在南都已前，尚有些子乡愿的意思在；我今信得这良知真是真非，信手行去，更不着些覆藏。我今才做得个狂者的胸次，使天下之人都说我行不掩言也罢。[1]

阳明理解的“洒落”，即“君子所谓洒落者，非旷荡放逸，纵情肆意之谓也，乃其心体不累于欲，无入而不自得之谓耳”[2]。洒落不是放荡不羁，得意忘形，而是心之超然和己之“自得”，是“从心所欲而不逾矩”，“是洒落生于天理之常存，天理常存生于戒慎恐惧之间”。“洒落”当中有“天理”，对待“天理”需要“戒慎恐惧”。“戒慎恐惧”，就是“敬畏”，所以“洒落为吾心之体，敬畏为洒落之功”[3]。

对于“心之本体”的自觉，实际就是“致良知”，“良知”者，“真吾”也，或曰“真己”。“吾之所谓真吾者，良知之谓也”[4]，人在“致良知”、亦即“知行合一”中呈现“真己”的存在。他说：

> 这个真己，是躯壳的主宰。若无真己，便无躯壳。真是有之即生，无之即死。汝若真为那个躯壳的己，必须用着这个真己。便须常常保守着这个真己的本体。[5]

---

1 《传习录注疏》，第253页。
2 《王阳明全集》，第190页。
3 《王阳明全集》，第190页。
4 《传习录注疏》，第83页。
5 《传习录注疏》，第82页。

同时，在“致良知”中使事事物物皆得其理，各得其宜，把“良知”应用于人之生活的方方面面。他说：

> 若鄙人所谓致知格物者，致吾心之良知于事事物物也；吾心之良知，即所谓天理也；致吾心良知之天理于事事物物，则事事物物皆得其理矣。致吾心之良知者，致知也；事事物物皆得其理者，格物也；是合心与理而为一者也。[1]

所以，“良知”的价值在于“昭明”世界的意义，“良知是天理之昭明灵觉处”，“良知”的世界是“天理”的世界。一个人的“良知”实际就是他的世界。他讲：

> 人的良知，就是草木瓦石的良知。若草木瓦石无人的良知，不可以为草木瓦石矣。岂惟草木瓦石为然？天地无人的良知，亦不可为天地矣。盖天地万物与人原是一体，其发窍之最精处，是人心一点灵明。[2]

世界是“良知”的世界，是“良知”撑起了人生活的意义，是“良知”赋予了事物以价值。人与万物之一体，关键在于“人心一点灵明”，在于人心的“良知”。

“良知”是超越的所在，即“良知是造化的精灵。这些精灵，生天生地，成鬼成帝，皆从此出，真是与物无对。人若复得他完完全全，无少亏欠，自不觉手舞足蹈，不知天地间更有何乐可代！”[3]“良知”是绝对，复得“良知”是

1 《传习录注疏》，第 100 页。
2 《传习录注疏》，第 230 页。
3 《传习录注疏》，第 222 页。

人生之最大快乐。“良知是造化的精灵”，是天地万物之本体，是鬼帝之根源。它化生天地，它化成鬼帝，或曰天地鬼帝都是“良知”存在的体现。犹如佛家所说，“青青翠竹皆是法身，郁郁黄花无非般若”。“自不觉手舞足蹈”则属一种“高峰体验”，是一种无我的、豁达的、极乐的，与万物为一的人生体验。这就是“良知”和“致良知”的意义。

总而言之，王阳明的哲学本质上是生命存在论，他的学问是他的人生经历，也是他的人格精神。世界是人的一世之界，人存在于世界当中，人和世界本无间隔。人是“天地之心”，“心只是一个灵明”，人是世界的解释者，“心”是意义的发现者。“人情事变”是人的生活世界，鸢飞鱼跃，必有事焉，是道也，亦工夫也。[1]在“人情事变”中人由“慎独”确证自己的存在，由“动心忍性”而“增益不能”。“心”是无执的，“无善无恶心之体”；“性”是圆满的，“吾性自足”。“良知”是“至善”的，“良知是心之本体”。“心”“性”“良知”是绝对的存在，“物”只是相对。人的自由首先在于“静”与“定”，“静”是“精一”，不是无念，“定者，心之本体”。人总是在面向未来中敞开自己，“乐是心之本体”，“诚是心之本体”，“洒落为吾心之体”。人因“致良知”活出“真己”存在，在“致良知”中“昭明”世界的意义。“良知”体现一个人的生命存在，也是一个人的精神境界。

1 《传习录注疏》，第 274 页。

孙中山心理建设思想对心理育人的意义

中山职业技术学院教育学院副教授　沈绮云

【摘　要】孙中山在《建国方略》的首篇提出“心理建设”思想，他认为“心理建设”是建国的基础，国家政治都是人的心理所向。他提出，全国人民正心诚意接受革命，每个人都为革命而奋斗，革命方可成功。他提出“知难行易”说，破除国人心中“知之非艰，行之惟艰”的旧有观念，并列举十事来证明；他深入阐述知行关系，强调科学认知的艰难，列举实践出真知的历史演进过程的实例，同时也阐明实践与理论结合的重要性。孙中山的心理建设思想蕴含着丰富的哲学内涵，对当今中国社会心理建设依然具有借鉴意义，对高校心理育人工作也提供了丰富的“中国元素”，注入了强大的“中国力量”。

【关键词】孙中山；心理建设；建国方略；心理育人；意义

一百年前，中华民族正面临危难时刻，内外交困、水深火热。孙中山先生第一个发出“振兴中华”的号召，并且身体力行，百折不回，用自己的实际行动实践救国之使命、建国之理想。孙中山先生在救国救民的征途上奋斗三十余年，屡战屡败，屡败屡战。他从自己的经历中领悟到：“中国革命难，不在清政府之强”，“惟惜中国人民尚未有此思想，尚未发此愿”。[1]所以，他不断地宣传革命，教育国民改变旧有思想和观念，以让革命深入人心。1917—1919年，在革命低谷阶段，孙中山先生考察总结其他国家的经验，并结合中国革命建设的实践，在深入研究的基础上，将自己的建国思想撰写成《建国方略》。[2]他把《心理建设》（即《孙文学说》）作为首篇，表明了他对国民精神、精神文明和心理文明的重视。

一、《心理建设》的主要内容

（一）心理建设是国家建设的基础

孙中山先生在《建国方略》的首篇《心理建设》中指出：“夫国者，人之积也。人者，心之器也。国家政治者，一人群心理之现象也。是以建国之基，当发端于心理。”[3]在孙中山看来，国家政治，都是人的心理所向。一个国家建立的基础是国民的心理，也就是人心。国民对共和的认同，人心对共和的拥戴是建国的基础。只有全体国民“正心诚意”，接受共和，而后“修、齐、治、平可望可几也”[4]。

孙中山说：“吾之所向，一往无前，愈挫愈奋，再接再厉，用能鼓动风潮，造成时势。卒赖全国人心之倾向，仁人志士之赞襄，乃得推覆专职，创建共和。”[5]孙中山将推翻旧制、创建民国之功归于全国人心倾向于革命，全国人民都在心理上认同革命，支持革命，这种社会心理认知已成潮流，成为社会共

---

1 孙中山：《孙中山全集》第1卷，北京：中华书局，1981年，第8页、第443页。

2 朱晓玲：《孙中山国民心理建设思想初探》，《南京师大学报》（社会科学版），1999年第1期，第30—35页。

3 孙中山：《建国方略》，北京：中国长安出版社，2011年，第51页。

4 孙中山：《建国方略》，第50页。

5 孙中山：《建国方略》，第51页。

识，从而能够造成时势。国人对革命认同的心理改变，与孙中山以及大批仁人志士对革命的宣传、再接再厉的革命实践密不可分。“中国革命事业，实全国人心理所成。”[1]因此，革命要从国人的心中革起，只有促使民众觉醒，使人人都意识到自己有革命的责任，才能够让革命深入人心；让人人都能够在自己的心理上革命，支持革命，政治上的革命才有希望成功。

（二）破除“知之非艰，行之惟艰”观念，创立“知难行易”学说

孙中山在《心理建设》自序中指出，“知之非艰，行之惟艰”是禁锢和阻碍人们的思想，阻碍国民进行革命之“行”的桎梏，也是导致革命难以深入人心的一个“大敌”，此观念“以吾之计划为理想空言而见拒也，亦若是而已矣”。因此，为了破除这个危害人们对革命看法的“心理之大敌”，扫除国民思想上对推翻专制统治的认知障碍，让革命深入人心，孙中山先生以《心理建设》作为《建国方略》的第一篇，深入阐述“知难行易”，揭示知与行的辩证关系，扫清人们的认知障碍。

孙中山在《心理建设》中，用饮食、用钱、作文、建屋、造船、筑城、开河、电学、化学、进化等十事为证，深入阐释“知难”而“行易”之说，以证明“行之非艰”，而“知之惟艰”，以解除世人的思想痼疾。

孙中山认为，“夫中国近代之积弱不振、奄奄待毙者，实为‘知之非艰，行之惟艰’一说误之也”[2]。他以进化论观点，将世界人类进化分为三个时期：一是由草昧进文明，为不知而行时期；二是由文明再进文明，为行而后知时期；三是由科学发明而后，为知而后行时期。中国人被“知易行难”之古说和王阳明“知行合一”之格言所困，故近代“中国人几乎忘其远祖所得之知皆从冒险猛进而来，其始则不知而行之，其继则行之而后知之，其

---

1 孙中山：《孙中山全集》第3卷，北京：中华书局，1984年，第20页。

2 孙中山：《建国方略》，第38页。

终则因已知而更进于行”[1]。孙中山先生认为，近一二百年以来欧洲的突飞猛进，以及日本自明治维新以后五十年来，其社会之文明，学术之发达，工商之进步，且较之欧洲更快，皆因科学为之也。这也是自科学发明之后，人类于知而后行也。

（三）能知必能行，不知亦能行

孙中山对知与行之间的关系进行了详细的论述。他认为，“能知必能行”，“不知亦能行”。[2]“知”是高于“行”的，而“行”是“知”的基础；有了“知”，“行”则水到渠成；但是“不知”，也是可以“行”的。

孙中山用自己的革命经历，阐述“能知必能行”的道理，因为他看到了世界进化的潮流，欧美各国的文明进步，对比中国的落后衰败，借鉴他国“以行之先例”，而后制定革命方略，并身体力行地发动、号召民众推翻帝制，建立共和。

孙中山认为“知难行易”的另一个原因是“不知亦能行”。他认为，人类的进步，都是从“不知而行”开始的，这是自然规律，是人类发展的必由之路，而且是不以科学发明而为之改变的规律。他说，“故人类之进化，以不知而行者为必要之门径也”[3]。人类正是在不断的练习、实践、探索、冒险的过程中发展进步，乃至创造文明的。

孙中山将推动社会文明进化的发展，归于三类人的作用。“上所谓文明之进化，程于三系之人：其一、先知先觉者即发明家也；其二、后知后觉者即鼓吹家也；其三、不知不觉者即实行家也。”[4]发明家往往最早觉醒，发现真理；

1　孙中山：《建国方略》，第 39 页。
2　孙中山：《建国方略》，第 43 页。
3　孙中山：《建国方略》，第 59 页。
4　孙中山：《建国方略》，第 42 页。

鼓吹家往往是最好的宣传家，宣传真理；实行家往往是普通民众，是践行者。社会在这三类人的共同推动下获得文明的进步和发展。孙中山先生认为，“乃今之后知后觉者，悉中此病，所以不能鼓吹与论、倡导文明，而反足混乱是非、阻碍进化也。是故革命以来，而建设事业不能进行者，此也”[1]。所以，革命的要义就是要唤醒这些“后知后觉者”，唤醒广大民众，改变旧有的、保守的、消极的思想和观念，开始进行国家改造和社会重建。

（四）改造国民性，发扬民族精神

为何中国作为一个文明古国，却在近代以来频频陷入内忧外患之中？一百多年以前，中国为什么贫弱至此呢？孙中山认为，“夫国之贫弱，必有一定之由也”[2]。但是，中国的贫弱并不是因为土地面积小、土地贫瘠、国民人数少、国民愚钝等四个原因所致；而是因为官吏贪污、政治腐败所致。“今经革命之后，专制已覆，人民为一国之主，官吏不过为人民之仆，当受人民之监督制裁也。”[3]

在孙中山看来，中国从强盛的文明国家一落千丈，最大的原因就是消极的国民性。中国人曾经有辉煌的历史和灿烂的文化，在中国人长久以来的观念中，自认是世界中心，也接受过很多其他国家的纳贡朝拜，于是形成了唯我独尊、目无他国的孤立封闭的状态。直至近代以来，闭关锁国的局势被帝国主义坚船利炮的外力所打破，但是中国人的思想却还是处于封闭落后的状态。虽然拥有广袤的土地，丰富的资源，但却国将不国，百姓饥寒交迫，朝不保夕。国家民族存亡之际，国民却呈现出一盘散沙的状态。

孙中山对当时中国社会封建家族和宗族有深刻认识，他认为，中国

1　孙中山：《建国方略》，第 42 页。
2　孙中山：《建国方略》，第 60 页。
3　孙中山：《建国方略》，第 60 页。

“只有家族主义和宗族主义，没有国族”[1]，国人缺乏群体意识，民族意识淡漠，[2]他呼吁“吾国人果知天下兴亡，匹夫有责，则人人当自奋矣！”[3]他号召要恢复民族精神，每个国人都要行动起来，不懈奋斗，大家要联合成一个团结的民族，为推翻旧制共同奋斗，“为救亡之急务，而能万众一心，举国一致”[4]。

孙中山认为改造国民性，首先要促使国人从悲观心态转向积极心态。他说，“中国国民之性质，其最大之弊为悲观”[5]。他看到国人“顾虑之念”“畏难之心”[6]太重，原因在于“夫中国人民知识程度之不足，固无可隐讳者也。且加以数千年专制之毒，深中乎人心”[7]。因此，要唤醒国民的民族意识，转变悲观消极心态，需要大力发展教育，“振兴之基础，全在于国民知识之发达”[8]。通过教育提升国民的认知水平，“宿学人才，精练技术”[9]。改变长期以来所形成的消极的、闭塞的、故步自封的心理状态，发展国民的“心性文明”，加强国民的心理建设，提高国民的整体素质。

二、 高校心理育人的内涵

2017 年 12 月，教育部下发《高校思想政治工作质量提升工程实施纲要》，

---

1 孙中山：《孙中山全集》第 9 卷，北京：中华书局，1986 年，第 267、185 页。

2 袁书卷：《孙中山的国民心理建设思想及其启示》，《人民论坛》，2012 年第 27 期，第 128—129 页。

3 孙中山：《建国方略》，第 61 页。

4 孙中山：《建国方略》，第 63 页。

5 孙中山：《孙中山全集》第 3 卷，北京：中华书局，1986 年，第 63 页。

6 孙中山：《孙中山全集》第 6 卷，北京：中华书局，1985 年，第 198 页。

7 孙中山：《建国方略》，第 47—48 页。

8 孙中山：《孙中山全集》第 2 卷，北京：中华书局，1982 年，第 424 页。

9 孙中山：《建国方略》，第 63 页。

心理育人被列入立德树人"十大育人"工程之一。心理育人即通过心理的方式来育人[1]。具体来说，就是通过心理健康教育的知识、方法和技术，疏导学生的心理问题，促进学生提高心理素质，实现"育人"的目的。《高等学校学生心理健康教育指导纲要》明确指出，教育教学、实践活动、咨询服务、预防干预"四位一体"的心理健康教育工作格局基本形成。心理育人的主要任务是要推进心理健康教育课程教学的规范化，扩大实践活动的覆盖面，提高咨询服务的质量，提高心理危机预防和干预的实效。

（一）心理育人的目标

立德树人是心理育人的根本目标。心理育人要培育什么样的人？《高等学校学生心理健康教育指导纲要》明确指出，党的十九大报告提出要"着力培养德智体美全面发展的社会主义建设者和接班人"。习近平总书记2018年在全国宣传思想工作会议上指出，要"培养担当民族复兴大任的时代新人"。所以，时代对心理育人提出的要求是要有理想、有本领、有担当，这是心理育人的目标，同时也是高校思想政治教育的目标。

心理育人面向的对象是全体学生，要促进全体学生的健康成长和全面发展。"育心"的目标是"育人"。所以，要坚持育心与育德相统一。"育心"解决的是不仅仅是心理健康问题，而且应该包括心理发展和心理成长问题。"育人"解决的是全面发展的问题。"育心"和"育德"的目标都指向"育人"。党的十九大提出，"加强社会心理服务体系建设，培育自尊自信、理性平和、积极向上的社会心态"，为心理育人指出了一个方向，也提出了一个要求，即心理育人不仅要加强人文关怀和心理疏导，而且还要培养学生的积极心态和积极人格。

---

1 马建青：《心理育人的内涵、功能与实施》，《思想理论教育》，2018 年第 9 期，第 87—90 页。

（二）心理育人的内容

笔者在实际工作中，总结发现心理育人目标的实现分“两步走”。第一步，是通过心理育人，促使全体学生从心理不健康状态达到心理健康状态；第二步，促使全体学生从心理健康状态达到全面发展的状态（见图1）。

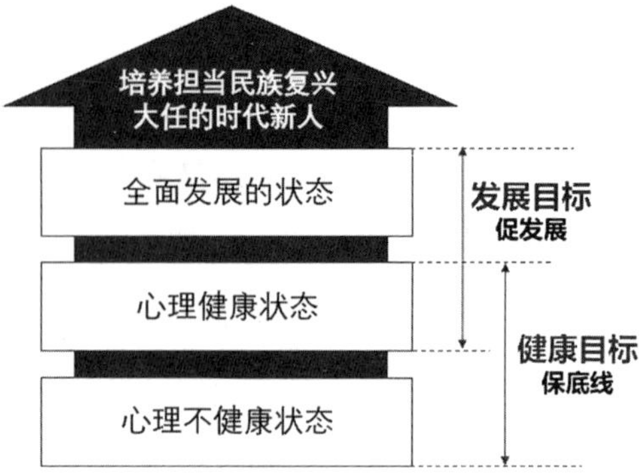

图1　心理育人的目标

心理健康是指个体在生理、心理、社会功能良好的状态。根据中国学者对心理健康研究的最新观点，认为，心理健康是指个体内部心理过程和谐一致、与外部环境适应良好的稳定的心理状态，[1]共包括五个维度（见图2），是指个体在自我认知方面的自尊自信；在认知效能上的理性乐观；在情绪体验上的稳定平和；在人际交往上的和谐；在社会适应上的良好。

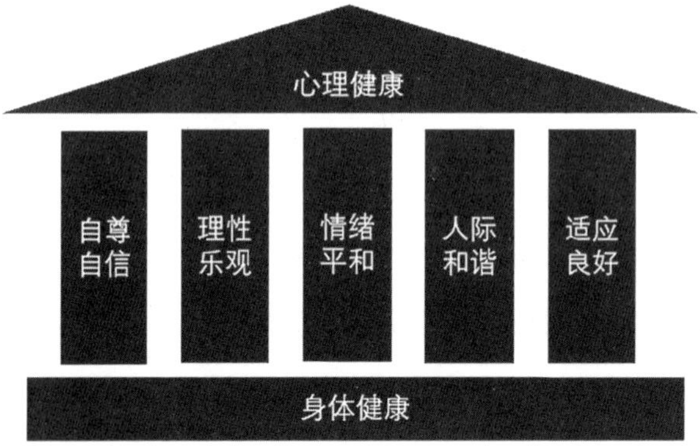

图2　心理健康的五要素

1　傅小兰、张侃、陈雪峰、陈祉妍：《中国国民心理健康发展报告（2017—2018）》，北京：社会科学文献出版社，2019年（Kindle电子书）。

全面发展的状态是指个体达到全人发展的状态（见图3）。[1]一是指个体内部知、情、意协调，生理、心理、心灵协调发展；二是指个体内部和内外协调的积极状态。

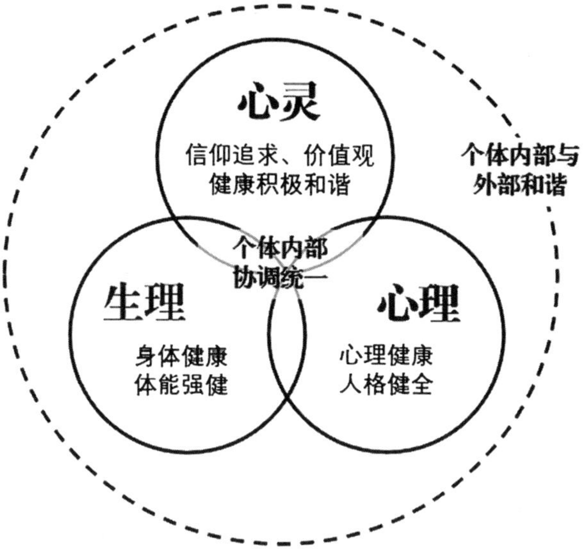

图3　全面发展的两协调

心理育人第一步的目标是培育学生的心理健康素养，促进学生成为一个身心健康的人。第二步的目标是培育学生的积极心理品质和人格发展，促进学生成为一个全面发展的人。最终的目标是培育全体学生成为能够担当民族复兴大任的时代新人。

心理育人工作是一个系统工程。该系统包含了教育教学、实践活动、咨询服务、预防干预四个部分，每个部分都可以自成体系，有各自运行的理论依据和运行方式，如此便形成了四维融通的心理育人内容体系。其中，教育教学是心理育人工作的主渠道，普及心理健康和应对心理疾病的知识和理念，教授维

1　沈绮云:《高职院校心理健康教育的职业导向改革——基于校企合作协同育人理论的视角》,《职教论坛》，2014年第26期，第15—18页。

护和促进心理健康的技术，以及应对心理危机的态度和方法。实践活动是心理育人的第二课堂，与第一课堂有效呼应。通过广泛开展心理训练活动，促进学生的心理体验，提高和巩固其对心理调适技术的应用。咨询服务是心理育人的重点，着力促进学生解决心理问题。心理咨询聚焦于发挥学生的自我潜能，调动自身资源，提高解决心理问题的能力。预防干预是心理育人工作的难点，着眼于预防心理危机，帮助处于危机中的个体充分挖掘资源以应对心理危机，并树立希望，提高心理韧性。

三、 孙中山心理建设思想对心理育人的意义

孙中山的《心理建设》成文于一百多年前，其思想在当时的中国具有启蒙意义。孙中山所提出的心理建设思想，目的在于启迪民智。他号召国人改变心态、改变状态，用积极的践行改革旧有的观念，改变积弱的中国。在孙中山看来，心理建设是国家建设的基础；只要人人都有革命的行动，有群体意识，有民族精神，国家就有希望。孙中山的心理建设思想，对高校心理育人，有可供借鉴之处。

（一）“人者心之器也”：心理发展对人格培育意义重大

“人者，心之器也”，是说一个真正健康的、完全意义上的人是有“精神之用”的人，是用“心”指挥“器”的人。[1] “心”就是心理、思想、精神、心性，“器”就是人的身体，人脑是心理的物质基础。孙中山以其医学背景，对人和人的心理做出这样的解释，是容易让国人理解的。

孙中山认为，“我们要人类进步，是在造就高尚人格。要人类有高尚人

1 王静等：《孙中山的心理建设思想及其现实意义》，《心理学报》，2019 年第 11 期，第 1281—1290 页。

格，就在减少兽性……道德既高尚，所作的事情，当然是向轨道日行，日日求进步，所谓‘人为万物之灵’。”[1]国民的心理，国民的人格，都是国家建设需要关注的重要内容。树立新的国民道德是国民新人格的核心，因为道德人格高尚是人区别于禽兽、人之所以为人的标志。心理建设要从道德、信仰、志趣等方面进行塑造和提升。

对于如何提升道德，培养高尚人格，孙中山以其学贯中西的知识结构和宽广视野，将西方近代的博爱、平等的道德思想和中国固有的道德观念相结合，提出了合乎中国国情和世界发展大势以及革命需要的新的道德思想，包括忠孝、仁爱、信义、和平在内的“公民道德”和“正心、诚意、修身、齐家、治国、平天下”的“固有道德”。[2]孙中山对忠孝进行了新的解释，认为“要忠于国忠于民”；将仁爱诠释为博爱。他把爱和平的精神扩充到“世界大道德”中，以求世界和平的“大同”。[3]孙中山的这些思想，直至今日，对社会心理建设，对个体的心理发展和人格完善都有积极意义。

（二）“不知亦能行”：促进心理育人实践活动广泛发展

在高校心理育人体系中，心理育人实践活动是一个面向全体学生开展心理实践体验活动的模块，这些心理活动包括：心理素质拓展活动、心理游戏体验活动、心理发展探索活动以及文体娱乐活动等，其宗旨在于通过广泛的宣传普及心理健康知识，传播自尊自信、乐观向上的现代文明理念和心理健康意识。心理育人实践活动的开展具有拓展心理育人第一课堂，促进学生实践、体验、感受、发展的重要意义。

---

1 孙中山：《孙中山全集》第 8 卷，北京：中华书局，1986 年，第 316 页。

2 胡波：《修脑 · 修心 · 修行——孙中山的修身观简论》，《孙中山研究》，广州：广东人民出版社，2016 年，第 149 页。

3 王蓓：《孙中山政治心理思想研究》，北京：中国社会科学出版社，2004 年，第 119 页。

虽然今天已步入21世纪的第2个十年，但是国人对心理健康的认识仍旧不够全面，有很多偏狭之处，甚至还有很多误解。所以，推进心理健康素养教育，提高民众的心理健康认知水平，是社会心理建设的主要内容之一。孙中山的“知难行易”“能知必能行”“不知亦能行”等观点虽然有一定的局限性，但在促进社会心理建设方面仍然具有借鉴意义。

高校心理育人的初级目标是普及心理健康知识，提高学生的心理健康水平，提高学生的心理健康素养，培养学生成为身心健康的人。在推进心理育人的工作中，为了促进学生对心理健康知识的理解，同时也是为了提高学生的感受和体验，笔者早在2007年，学校尚未开设《大学生心理健康教育》必修课之前，就开始培育学生心理健康教育骨干——大学生心理健康协会（简称“心协”）会员，通过对他们的培训，提高他们对心理健康的认识，教授他们心理健康教育宣传普及的基本方法，让他们成为心理健康教育的宣传队、播种队和“生力军”，成为高校心理育人的不可或缺的学生骨干力量。除了宣传心理健康知识，提高学生维护心理健康的意识之外，笔者设计和实施了以心理素质拓展活动为主要内容的“心理健康服务月”活动，由大学生心理健康协会组织开展和实施，在学生中引发积极影响。翌年5月，开展学校首届“5·25心理健康文化月”，与上一年下半年的“心理健康服务月”相呼应，成为学校心理健康教育的固定项目，纳入“第二课堂”成绩单，心理育人实践活动逐渐普及化、项目化、专业化。心理育人实践活动涵盖手语表演、原创心理漫画比赛、心理素质拓展游戏、心理影片展播、团体心理辅导活动、心理作文比赛、心理演讲比赛、心理知识竞赛、心理剧等多项具有心理学特色的实践项目，广受学生欢迎。每年的心理健康教育文化月开幕式、闭幕式，以及心理演讲比赛、心理剧等活动，往往“一票难求”，心理健康教育活动成为学校的一道亮丽的“风景线”，心协的手语表演成为心理健康教育的一张“名片”。

高校心理育人的终极目标是培养担当民族复兴大任的时代新人，这是立德树人的最高要求。心理育人的二级目标是培养全体学生达到全面发展的状态，全面发展意味着个体在生理、心理、心灵三个维度的内部统一与知、情、意的协调，并且还要达到个人与他人、个人与环境、个人与世界之间能够建立健康的联结，有积极的适应；全面发展意味着个体成为一个在心理、道德、人格等多个方面的和谐。孙中山精神在培养学生积极心理品质发展的方面，提供了很多可以借鉴和实践的理念和素材。笔者在心理育人工作的深化方面，吸纳孙中山研究的成果，渗透到积极人格培养、积极心理品质培养等教学和实践活动中，充分弘扬文化自信，将更多孙中山精神元素、中国元素纳入到心理健康教育各项工作中，为心理育人注入强大的“中国力量”。

笔者在高校从事心理育人工作十多年，今天再读孙中山的《心理建设》，深感“知而后行”和“能知必能行”背后的含义之深刻。作为心理健康教育工作者，看到学生所面临的种种压力和心理问题，深感加强心理健康教育的重要性和必要性。但是，要如何开展心理育人工作，需要考虑社会环境、学校实际和学生的接受能力等诸多因素；虽然困难重重，但是不“行”（实践）是不行的。所以，在如何“行”的问题上，笔者进行了深入思考和积极实践。基于积极心理学理念，并结合本校地处伟人故里——孙中山故乡这个有利条件，确定开展系列积极教育导向的心理育人活动。将心理活动结合中山文化，将孙中山精神、博爱精神融入其中，打造了一批有影响力的“品牌”实践活动。以手语表演为开端和引领，开发积极心理健康教育活动，吸引广大学生积极参与心理育人活动的实践，推动广大学生在实践中体验，在体验中感受，在感受中领悟，在领悟中成长。这是心理育人对孙中山“不知亦能行”等知行观的实践。

（三）“知难行易”：积极心理对社会心态培育意义深远

众所周知，孙中山毕生致力于革命，推翻旧制，创建共和。他目标坚定，一往无前，虽屡战屡败，但再接再厉，从不气馁，从不放弃，始终保持着革命的斗志、革命的热情。他的乐观主义态度、坚韧不拔的精神和直面困难的勇气，无不闪耀着积极心理的光辉。

每个人都有自己独特的信念、世界观、人生观、价值观，以及与人交往的准则，甚至是更加明确的政治信仰和强烈的事业心，这些构成了个人的人生意识和主导性的认知系统。[1]孙中山先生的积极心理，是建立在他对自己的道德、信仰、志向、人格的高要求基础上的。他认为人有了好的道德，个人才会发展，社会才会进步，国家才能强盛。他认为，人要忠于国家、忠于人民。他将“仁爱”扩展为“博爱”，他认为“仁”应该是“救世、救人、救国”，力倡将中国旧有的仁爱发扬光大，呼吁国人心存救国、救民、救世的志向，立大志，求大同，号召国人要“正心、诚意、修身、齐家、治国、平天下”。他坚定自己的政治信仰，并为之坚持不懈地奋斗；他不断地冒险，反复践行，百折不回。正是因为在他的心中，始终有信仰、有方向、有希望，他的行动始终不曾偏离他的信仰、他的希望和他的方向。孙中山的心理格局形成之后，便会不断同化、整合或改变那些干扰信息，达到调节或消除认知不协调所带来的心理紧张感和不适感，从而能够以一种积极的心态、坚定的信念和坚强的意志直面生活和应对挑战。

习近平总书记说：“幸福是奋斗出来的。”奋斗是一种行为，是一种实践活动，而幸福是人的一种主观心理感受；如果没有为幸福生活而努力奋斗的行动，那人们也很难获得物质的富有和心理上的幸福。一百多年以来，中华民族的革命史是一部奋斗史，充满艰辛和血泪；如果没有无数先辈前仆后继、艰苦卓绝、坚持不懈地奋斗，就没有今天的幸福生活。

孙中山作为一代伟人，其精神成为中华民族文化的宝贵财富，将永远闪耀

---

1 胡波：《修脑·修心·修行——孙中山的修身观简论》，《孙中山研究》，广州：广东人民出版社，2016 年，第 152 页。

在历史的星河。孙中山的心理建设思想、他的知行观等理论，在今天仍然值得我们去深入研究，值得我们继续深入探索和实践。孙中山对国民精神、人格培育的思想，对今天的心理育人工作依然有借鉴意义。我们在心理育人工作中，除了借鉴及使用西方心理学的理论和方法之外，还需要深入研究中华优秀传统文化中的精髓，理解、提炼、吸收、转化，探索心理育人的中国化之路。